La tregua
by Primo Levi

Copyright ⓒ 1963 Giulio Einaudi editore s. p. a.
All rights reserved.
Originally published in Italy by Giulio Einaudi editore s. p. a.
Korean translation rights ⓒ 2010 Dolbegae Publishers

이 책의 한국어판 저작권은 Giulio Einaudi editore s. p. a.와 독점 계약한 도서출판 돌베개에 있습니다.
저작권법에 의해 한국 내에서 보호를 받는 저작물이므로 무단전재나 복제, 광전자 매체 수록 등을 금합니다.

옮긴이 이소영

한국외국어대학교 이탈리아어과와 동대학원을 졸업했다.
이탈리아 로마 라 사피엔차 국립대학교에서 레비의 증언문학에 대한 연구로 문학박사 학위를 받았다.
현재 한국외국어대학교 이탈리아어과에서 강의하고 있다.

휴전

프리모 레비 지음 | 이소영 옮김 | 서경식 해설

2010년 9월 13일 초판 1쇄 발행
2024년 4월 25일 초판 5쇄 발행

펴낸이 한철희 | 펴낸곳 돌베개 | 등록 1979년 8월 25일 제406-2003-000018호
주소 경기도 파주시 회동길 77-20(문발동)
전화 (031) 955-5020 | 팩스 (031) 955-5050
홈페이지 www.dolbegae.co.kr | 전자우편 book@dolbegae.co.kr

책임편집 김태권 | 편집 소은주·이경아·조성웅·좌세훈·권영민·김진구·김혜영
교정·교열 김수연 | 표지디자인 민진기디자인 | 본문디자인 박정영·이은정
마케팅 심찬식·고운성·조원형 | 제작·관리 윤국중·이수민 | 인쇄·제본 영신사

ISBN 978-89-7199-409-2 03880
책값은 뒤표지에 있습니다.

이 도서의 국립중앙도서관 출판시도서목록(CIP)은 e-CIP 홈페이지
(http://www.nl.go.kr/cip.php)에서 이용하실 수 있습니다.(CIP제어번호: CIP2010003249)

휴전

La tregua

프리모 레비 지음 — 이소영 옮김

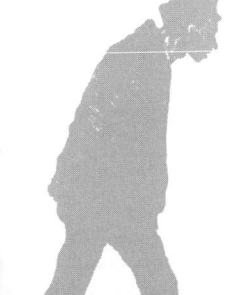

돌베개

차례

작가의 말	7
해빙	17
대수용소	28
그리스인	49
카토비체	88
체사레	109
승리의 날	131
꿈꾸는 사람들	148
남으로	164
북으로	184
쿠리제타	196
옛 길들	212
숲과 길	228
휴가	247
연극	269
스타리예 도로기에서 이아시로	284
이아시에서 국경선으로	302
다시 깨어나기	322
옮긴이의 말	331

부록 1 프리모 레비와 『일 조르노』지의 인터뷰 336
부록 2 프리모 레비 작가 연보 344
부록 3 작품 해설 358

작가의 말[+]

나는 1919년 토리노에서 태어났다. 집안은 피에몬테 주에서 거주하는 유대인계로 경제적으로는 중산층이었다. 유대인이라고 해도 그 양태는 제각각이었다. 종교적 계율과 전통을 엄격하게 지키는 사람이 있는가 하면, 전혀 무관심하여 이탈리아인의 사고방식이나 삶의 방식을 수용하며 살아가는 이들도 있었다. 나에게 유대인이라는 사실은 막연한 무언가를 의미할 뿐 특별한 문제가 아니었다. 그것은 내 민족의 오랜 역사를 조용히 자각하고 종교에 대해서는 일종의 호의적인 의구심을 품고 책과 추상적 논쟁의 세계에 확연히 기우는 경향을 보이는 것을 의미했다. 그 이외의 것에 관해서 나는 내 친구들이나 그리스도교 학우들과 다르다고는 생각하지 않았고, 함께 있더라도 편하게 있을 수 있었다.
어릴 때 나는 여러 가지 진로를 생각했다. 열두 살부터 열네 살 사이에는 언어학자, 열네 살부터 열일곱 살 사이에는 천문학자가 되고 싶었다. 열여덟 살에 대학을 진학할 때는 화학과를 선택했다. 만약 일련의 긴 사

[+] 이 글은 레비가 청소년판 『휴전』(1965년)에 쓴 서문이다.

건에 연루되지 않았다면 작가가 되리라고는 생각하지도 않았을 것이다. 내가 태어난 해를 보면 쉽게 추측할 수 있겠지만 나는 파시스트 시대에 성장기를 보냈고 학문을 배웠다. 나는 파시즘의 억압적 의미를 완전하게 이해하지는 못했지만, 이른바 파시즘 문화의 가장 비속하고 비논리적인 측면에 대해서는 막연한 짜증과 반감을 느끼고 있었다. 1938년 이탈리아에서 인종법이 공포되었다. 그것은 독일에서 유대계의 소수민족과 그 외 '국가의 적들'에게 죽음의 그물을 덮어씌우고 있던 것과 같은 가혹한 법 조치는 아니었다. 하지만 그것은 유대인과 그 외 국민의 사이를 갈라놓고 불과 90년 전에 사라진, 게토의 슬픈 기억을 되살아나게 만들었다. 그리고 부조리하고 불공정하며 압제를 초래할 법률들이 차례로 만들어졌다. 신문은 연일 기만과 모욕으로 넘쳐났다. 그것은 진실의 잔인하고도 우스꽝스러운 역전, 전복이었다. 유대인은 '항상' 인민과 국가의 적이었을 뿐만 아니라, 정의나 도덕을 부정하는 자였으며, 과학이나 예술을 파괴하는 자였고, 비밀스러운 책모로 사회라는 건조물의 토대를 좀먹는 벌레였고, 일촉즉발의 전쟁에 대한 책임이 있었다. 하지만 이 집요한 중상모략은 15년간의 파시즘 통치로 잠들어 있던 이탈리아인의 양심에 시약으로 작용했다. 그것을 믿고 복종하는 자와 믿음과 복종을 거부하는 자 사이에 분명한 구분선이 그인 것이었다. 그리고 (유대인뿐만 아니라) 만인의 눈을 파시즘과 나치즘의 본성에 눈뜨게 만들었다.

1943년 여름에 파시즘 정권이 무너졌을 때, 나는 그것을 역사의 자연스러운 정의의 발현이라고 생각했고, 기뻐했으며 열광했다. 하지만 그 후

이어진 험난한 투쟁의 시기에 대해서 나는 전혀 준비가 되어 있지 않았다. 그것이 닥쳐올 것은 필연적이었음에도. 나는 결심이 서 있지 않았으며, 경험이 부족했다. 그리고 전투를 치른다는 전망에 두려웠다. 하지만 그렇더라도 산으로 들어갔고, '정의와 자유' 운동의 빨치산 부대에 참가했다. 그것은 아직 형성 중인 부대였으며, 무기도 없고 아주 빈약했다. 그리고 몇 주 지나지 않아 파시스트군의 대규모 소탕작전에 맞닥뜨렸다. 많은 이들이 도망치는 데 성공했지만 나와 몇 명의 대원은 붙잡혔다. 심문을 받을 때, 나는 유대인임을 인정했다. 그것은 파시스트가 나를 이탈리아의 강제수용소나 감옥에 집어넣을 것이라고 기대했기 때문이었다. 하지만 1944년 2월, 나는 독일군의 손에 인도되었던 것이다.

당시 독일인의 수중에 들어간다는 것은 그 어떤 유대인에게도 공포스러운 운명에 직면하는 것을 의미했다. 수세기 동안 독일이나 동구 전역에 잠재해 있던 반유대주의는 히틀러에게서 그 예언자와 대변자를 발견했고, 히틀러는 수백만이라는 독일인에게서 순종적이고 열성적인 협력자 부대를 발견했다. 유대인은 이미 여러 해 전부터 공적 생활에서 추방되어 있었으며, 극빈 상태로 내몰렸고, 여지없이 새로운 게토에 억류되었으며, 군사공장에서의 강제노역에 시달렸다. 하지만 1943년경 비밀리에 전대미문의 계획이 실행으로 옮겨지기 시작했다. 그것은 너무나 무시무시한 계획이었기 때문에 공적 문서에서도 '적합한 조치', '유대인 문제의 최종적 해결'과 같은 불길한 암시로 지시되어 있을 뿐이었다. 이 계획은 간단하고도 소름끼치는 것으로, 모든 유대인은 죽어야 한다는 것이었다. 노인, 환자, 아이를 포함하여, 예외 없이 모두 다. 유럽에 대한 침략이 계속 이어짐에 따라 나치의 수중으로 들어간 수백만의 유대인 전부 다, 그러니까 독일, 폴란드, 프랑스, 네덜란드, 러시아, 이탈리아, 헝가리, 그리스, 유고슬라비아의 유대인을 모두 살육해야 했다. 그러나 무방비 상태라 해도 수백만 명이나 되는 인간을 조용히 살해한다는 것은 쉬운 일이 아니었다. 그래서 그 이름도 유명한 독일인의 기술력과 조직력이 동원되었다. 특별한 장치들과 이전에는 한 번도 구상된 적조차 없는 새로운 기계들이 만들어졌다. 배의 짐칸을 돌아다니는 쥐들에게 하듯이 독가스로 한 시간 내에 수천 명의 인간들을 살해하고 그 시체들을 태울 수 있는 진짜 죽음의 공장들을 만든 것이다. 그 살육의 최대 중심지가 아우슈비츠라고 불리는 장소였다. 아우슈비츠에는 하루에 3대, 5대 혹은 10대의 화물열차가 유럽의 구석구석에서 포로들을 태우고 도착했다. 그리고 도착해서 몇 시간 안에 말살 작전은 완료되었다. 그 즉석 살인을 면한 자는 극히 적었다. 독일군은 젊고 건장한 남녀만을 뽑아 강제노동수용소로 보냈던 것이다. 하지만 그 수용소에서도 항상 죽음이 기다리고 있었다. 굶주림과 추위에 의한 죽음 혹은 굶주림, 추위, 피로로 인해 오는 병에 의한 죽음. 그리고 더 이상 노역을 시킬 수 없다고 판단된 자는 전원 즉석에서 말살 공장으로 보내졌다.

독일군은 나를 바로 그 아우슈비츠로 보냈다. 나는 중노동에 적합하다고 판단되어 부나-모노비츠의 노동수용소로 보내졌다. 이 수용소의 포로들은 모두 어떤 거대한 화학공장에서 일을 했다. 나는 부나에서 1년 동안 생활했는데, 그동안에 내 동료 중 4분의 3이 죽었고 그 자리는 곧바로 새로운 대량의 포로들로 대체되었지만 그들 또한 마찬가지로 죽을 운명이었다. 나는 극히 드문 행운이 겹친 덕분에 목숨을 부지할 수 있었다. 나는 병에 한 번도 걸리지 않았고, 한 '자유로운' 이탈리아인 노동자로부터 음식을 받았으며, 마지막 몇 개월은 화학자로서의 능력을 살려서 눈과 진흙더미 속에서가 아니라 거대한 공장의 한 실험실에서 일할 수 있었다. 게다가 조금이나마 독일어를 알고 있었으며, 가능한 한 빨리, 더 잘 그 말을 배우려고 노력했다. 그것이 강제수용소라는 무정하고 복잡한 세계에서 상황을 이해하는 데에 얼마나 중요한지 알고 있었기 때문이다.

아우슈비츠는 1945년 1월에 소비에트군에 의해 해방되었다. 하지만 이탈리아에 빨리 귀국하고 싶다는 우리들의 희망은 실망으로 바뀌어야 했다. 이유는 알 수 없었지만, 어쩌면 그저 전쟁이 유럽 전역에 그리고 특히 러시아에 남겨놓은 극도의 혼란 때문이었는지, 우리들의 귀국은 10월이 되어서야 겨우 실현되었다. 그것은 폴란드, 우크라이나, 벨로루시, 루마니아, 헝가리, 오스트리아를 통과하는, 예측 불가능하고 부조리한 너무도 긴 여정을 거쳐야 했다.

이탈리아에 귀국한 나는 나 자신과 가족을 부양하기 위해 서둘러 일을 찾아야만 했다. 하지만 내가 운명적으로 겪어야 했던 평범치 않은 체험, 아우슈비츠의 지옥 같은 세계, 기적적인 구출, 죽거나 살아남은 동료들의 얼굴과 말, 되찾은 자유, 기진맥진하게 하면서도 놀라운 귀환의 여정,

이 모든 것들이 내 속에서 억누를 수 없을 정도로 치올라왔다. 나는 이것들을 이야기할 필요가 있었다. 그것들이 악몽과 같이 내 안에만 머물러 있지 않도록 하는 것이, 그것들을 내 친구들뿐만 아니라 만인에게, 가능한 한 폭넓은 대중에게 알리는 것이 중요하다고 생각했다. 글을 쓸 수 있게 되자마자 나는 바로 작업을 시작했다. 맹렬하게 그리고 체계적으로. 단 하나의 기억까지 잊힐까 봐 두려워하며. 이렇게 해서 아우슈비츠에서의 1년간의 포로생활을 그린 내 처녀작 『이것이 인간인가』가 탄생했다. 나는 특별한 노력이나 문제도 없이 깊은 만족감과 안도감을 느끼면서 그 책을 썼다. 그 일들이 '저절로 써지는' 것 같은, 나의 기억에서 종이로 곧장 이어지는 길이라도 발견한 듯한 인상을 받았다.

『이것이 인간인가』는 성공을 거두었지만, 나 자신을 완전한 작가로 느끼게 할 정도는 아니었다. 나는 내가 말해야 했던 것을 말했고, 화학자로서의 일을 재개했다. 나에게 펜을 쥐도록 강요한 그 필요성을, 이야기해야 할 그 필연성을 나는 더 이상 느끼지 않았다. 하지만 이러한 새로운 경험은 내 일상적인 직업의 세계에서는 너무 생소한 것이었다. 쓴다는 체험, 무에서의 창조, 올바른 말을 찾고 발견하는 일, 균형 잡힌 표현력이 넘치는 어떤 문장을 만들어내는 일은 너무나도 강렬하고 행복한 경험이었기 때문에 또다시 그런 시도를 하고 싶어졌다. 나는 아직 해야 할 말을 한참 가지고 있었다. 그것은 숙명적이고 불가피하며 공포스러운 일이 아니라, 슬프고도 유쾌한 모험, 광활하고 기묘한 국가들, 여행길의 무수한 친구들의 나쁜 짓, 제2차 세계대전 후 유럽의 다채롭고 매력적인 혼돈 등이었다. 당시 유럽은 자유에 취해서 새로운 전쟁의 불안에 떨고 있었다.

이것이 『휴전』, 즉 긴 귀환의 여정을 그린 이 책의 주제이다. 이전과는 달라진 사람에 의해, 열다섯 살이나 더 나이를 먹었을 뿐만 아니라 좀더 평온해지고 침착해졌으며 문장 구성에 더욱 주의를 기울이고 보다 더 의식적인, 요컨대 좋든 좋지 않든 작가라는 모든 의미에서 약간은 더 작가다워진 사람에 의해 이 책이 쓰였음을 쉽게 알 수 있으리라고 생각한다. 하지만 오늘날에도 나는 나 자신을 작가라고는 생각하지 않는다. 나는 내가 처한 이중적인 조건에 만족하고 있으며 각 조건의 장점들을 잘 알고 있다. 이러한 이중적인 조건은 내가 쓰고 싶을 때만 쓸 수 있게 해주었고, 생활을 위해서 어쩔 수 없이 쓰도록 나를 강요하지 않는다. 다른 측면에서 보면 일상적인 나의 직업은 내게 어떤 작가에게나 필요하다고 여겨지는 많은 것을 가르쳐주었다(그리고 지금도 가르쳐주고 있다). 그것은 구체성과 정확함, 그리고 정량을 분석할 때의 엄밀함을 통해 하나하나의 단어가 지니는 '무게를 가늠하는 법'을 가르쳐주었다. 무엇보다도 객관성이라 불리는 정신 상태에 나 자신이 익숙해지도록 해주었다. 다시 말해 인간만이 아니라 사물의 본질적인 존엄성을 받아들이고 그들의 진실을 인정하는 것에 익숙해지게 만들어준 것이다. 만약 일반론, 공론空論, 허위에 빠지고 싶지 않다면 인간이나 사물의 본질적인 존엄은 왜곡할 것이 아니라 겸허하게 받아들이지 않으면 안 될 것이다.

가혹한 밤들 우리는 꿈꾸었네
치열하고 격렬한 꿈들
온몸과 온 마음으로 꿈꾸었네
돌아가기를, 먹기를, 이야기하기를.
짧고 낮게
새벽의 기상 소리 울릴 때까지
'브스타바치'[+]
그러면 가슴속 심장이 산산이 부서졌지.

이제 집을 되찾았고
우리 배는 부르고
이야기도 끝마쳤다네.
때가 되었네. 조만간 또다시 듣게 될 것이네
이국의 기상 소리,
'브스타바치'.

1946년 1월 11일

[+] Wstawać (폴란드어) 기상.

해빙
Il disgelo

✤   1945년 1월 초, 이미 가까워진 러시아 붉은 군대의 진격으로 독일군은 황급히 슐레지엔의 광산에서 철수했다. 다른 곳에서는 엇비슷한 상황 속에서 독일군들이 화염과 무기로 라거✤들을 그 수감자들과 함께 파괴하는 데 주저함이 없었지만, 아우슈비츠 지역에서는 다르게 행동했다. (히틀러가 개인적으로 지령한 것으로 보이는) 상부의 명령에 따라 노동 가능한 모든 사람을 무조건 '회수'했던 것이다. 그리하여 모든 건강한 헤프틀링✤들은 경악스런 상황 속에서 부헨발트와 마우트하우젠으로 독일군과 함께 철수하게 되었고✤ 병자들은 그대로 버려졌

✤ Lager (독일어) 캠프, 수용소.
✤ Häftling (독일어) 포로.
✤ 아우슈비츠로부터의 광기 어린 퇴각 행군은 독일의 군사적 패배에 따른 혼란의 와중에 이행되었으며, 그 결과는 참담했다. 포로들은 3~4일 동안 눈 속을 쉬지 않고 걸은 후에, 중간에 덮개 없는 화물열

다. 여러 징후들로 판단컨대, 애초에 독일군은 수용소에 살아 있는 사람은 단 한 명도 남겨두지 않으려 했던 것으로 보인다. 그러나 격렬한 야간 공습과 러시아 군대의 빠른 진격으로 독일군은 생각을 바꾸지 않을 수 없었고 자신들의 임무와 작업을 미처 끝마치지 못한 채 도망치듯 퇴각해야 했다.

부나-모노비츠 수용소*의 병동 막사에 남은 우리 인원은 800명이었다. 이 중 약 500명은 러시아군이 도착하기 전에 병으로, 추위로, 기아로 죽었고, 200명은 구출되고 난 직후 수일 내로 죽었다.

첫번째 러시아 정찰대가 수용소에 모습을 보인 것은 1945년 1월 27일 정오 무렵이었다. 샤를과 나는 그들을 맨 먼저 알아본 사람들이었다. 우리는 우리 병실 동료들 중 제일 먼저 죽은 쇼마지의 시신을 공동 매장 구덩이로 옮기고 있었다. 이미 구덩이는 꽉 차 있어 더 이상 시신을 매장할 수 없었으므로 우리는 썩은 눈 위로 들것을 엎었다. 산 자와 죽은 자 모두에게 인사를 하기 위해 샤를은 베레모를 벗었다.

그들은 네 명의 젊은 기마병들로 기관총을 둘러메고 수용소를 경계 짓는 길을 따라 조심스레 전진하고 있었다. 철조망에 다다르자 그들은 멈

차를 타고 부헨발트와 마우트하우젠의 수용소로 이동한 후, 다시 노동을 재개해야 했다. 실제로 이 퇴각 행군을 이야기로 쓴 사람은 아직 없다. 작가에게 보내온 편지를 근거로 계산하면 아우슈비츠 출신의 수인들 중에서 추위와 기아, SS의 총격에서 살아남은 사람은 전체의 4분의 1밖에 안 되는 듯하다. SS는 한 사람도 산 채로 두어서는 안 된다는 명령을 상부로부터 받았다.

* 1942년 폴란드의 모노비츠라는 마을에 세워진 아우슈비츠 제3수용소를 이르는 말. 이곳은 원래 이게파르벤 공장 단지가 있던 곳으로, 여기 수용된 수인들은 모두 부나라는 합성고무를 만드는 공장에서 일을 하게 되어, 이 수용소를 부나 수용소라고도 부른다.

춰 서서 주위를 둘러보고 소심하게 짤막한 몇 마디를 주고받았다. 그러고는 널브러진 송장들과 파괴된 막사들과 얼마 안 되는 우리 생존자들 위로 낯선 당혹감에 사로잡힌 시선을 던졌다.

우리에게 그들은 놀라우리만치 육체적이고 실제적으로 보였다. 거대한 말들 위에 앉아 공중에 매달린 것처럼(길은 수용소보다 높았다) 잿빛 눈과 잿빛 하늘 사이에 광폭하게 휘몰아치는 해빙기의 습한 바람을 맞으며 붙박인 듯 서 있었다.

우리가 지난 열흘 동안 꺼져버린 별들처럼 헤매고 다녔던 죽음으로 가득한 무無—이제 그것은 우리가 보기에 어떤 견고한 중심을, 응축된 핵을 찾은 것 같았고 실로 그러했다. 바로 네 명의 무장한 사람들, 그러나 우리를 겨누어 무장한 것이 아닌 사람들, 두꺼운 털모자 아래 투박하고도 어린아이 같은 얼굴을 한 평화의 전령들을 찾은 것이다.

그들은 인사를 하지도, 미소를 짓지도 않았다. 음울한 광경에서 시선을 떼지 못하게 하고 입을 봉해버리는, 감히 무어라 할 수 없는 혼란스런 감정이 동정심과 더불어 그들을 짓누르고 있는 것 같았다. 그것은 우리가 익히 알고 있던 바로 그 부끄러움이었다. 가스실로 보내질 인원 선발이 끝난 뒤, 그리고 매번 모욕을 당하거나 당하는 자리에 있어야 했을 때마다 우리를 가라앉게 만들던 그 부끄러움, 독일인들은 모르던 부끄러움, 타인들이 저지른 잘못 앞에서 올바른 자가 느끼는 부끄러움, 그런 잘못이 존재한다는 것에, 그런 잘못조차 존재하는 이 만물의 세상 속에 돌이킬 수 없이 자신이 끌어들여졌다는 것에, 그리고 자신의 선한 의지는 아무엇도 아니거나 턱없이 부족하고 아무런 쓸모도 없었다는 것에 가책을 느끼게 만드는 바로 그 부끄러움이었다.

그렇게 우리에게는 자유의 순간을 알리는 종소리조차 무겁고 폐쇄적으로 울렸으며, 우리의 마음을 기쁨으로, 동시에 추악함이 드러누운 우리의 기억들과 의식들을 깨끗이 씻어버리고 싶게 만들던 저 고통스러운 수치심으로 가득 채웠다. 절대로 일어날 수 없는 일이라는 것을, 우리의 과거를 지워버릴 만큼 그렇게 순수하고 좋은 일은 결코 일어날 수 없으리라는 것을, 또한 상처 자국들은 영원히 우리 안에, 그 자리에 있었던 이들의 기억 속에, 그 일이 벌어졌던 그 장소에 그리고 우리가 두고두고 하게 될 이야기 속에 남아 있으리라는 것을 느꼈기 때문에, 자유의 순간은 우리의 마음을 괴로움으로 가득 채웠다. 그 누구도 전염병처럼 퍼지는 치유될 수 없는 상처의 본성을 우리보다 더 잘 이해할 수는 없었기 때문이다. 그리고 이것은 우리 세대와 내 민족의 끔찍한 특권이기도 했다. 인간의 정의가 상처를 없애준다고 생각하는 것은 어리석은 일이다. 상처는 마르지 않는 악의 샘이다. 그것은 가라앉은 자들의 몸과 마음을 갈가리 찢어놓고 그들을 비굴하게 만들고 영혼의 빛을 꺼뜨린다. 상처는 압제자들에게는 악명으로 되돌아가고 생존자들 속에서는 증오로 영속한다. 모든 이의 한결같은 바람과는 반대로 복수에 대한 갈증으로, 도덕적 굴종으로, 거부로, 피로로, 체념으로, 수천 가지 방식으로 돋아나는 것이다.

당시에는 잘 분간이 되지 않아서 많은 사람들이 그저 죽을 것 같은 피로감이 갑자기 밀려오는 것이라고만 느꼈던 이런 상처들이 우리에게 자유의 기쁨과 함께 찾아온 것이다. 그렇기에 우리 가운데에는 구원자들을 향해 달려간 사람도, 엎드려 기도한 사람도 소수에 지나지 않았다. 다른 이들이 철조망을 무너뜨리는 동안 샤를과 나는 납빛 사지들로 가득 찬 구덩이 옆에 서 있었다. 그러고는 빈 들것을 들고 동료들에게 소식을 전하기 위해 막사로 돌아왔다.

남은 나절 동안은 내내 아무 일도 일어나지 않았다. 그것은 우리에게 별반 놀랄 일도 아니었다. 오래전부터 우리는 그런 일에 익숙해져 있었다. 우리 방의 죽은 쇼마지의 침상은 곧 늙은 틸레가 차지했고, 내 두 프랑스 동료들은 역겨운 기색이 역력했다.

당시 내가 알던 바로는, 틸레는 소위 '붉은 삼각형'*으로 독일인 정치범이었고 수용소에서 가장 나이 많은 축에 들었다. 그 때문에 당연히 그는 수용소의 귀족 계급에 속해 있었다. (적어도 마지막 몇 년간은) 육체노동을 하지 않았고 집에서 옷가지며 먹을 것을 받았다. 바로 이러한 이유에서 독일인 '정치범'들은 병동 막사에 수용되는 일이 극히 드물었고 한편으로 거기서 여러 특권을 누렸다. 무엇보다도 그들은 가스실로 보내지는 '선발'을 당하지 않아도 되었다. 자유의 순간이 왔을 때 틸레는 유일하게 남은 독일인 정치범이었기에, 도망치는 SS*로부터 전염성이 높은

✢ 아우슈비츠 수용소에 수용된 사람들은 범죄자, 정치범, 유대인의 세 부류로 나뉘었다. 모두 줄무늬 옷을 입고 다녔지만 범죄자들은 상의에 박힌 숫자 옆에 초록색 삼각형을, 정치범은 붉은색 삼각형을, 유대인은 붉은색과 노란색 유대인 별을 달았다.
✢ 'Schutz-staffel'의 약자, 나치스 친위대. 1929년 히틀러의 경호대로 창설되었다. 그 후 독일군 내에서도 나치스 이데올로기를 광신적으로 체현한 특수군으로서의 성격을 지니게 되었다. SS의 임무는 유대인을 포함한 나치스의 적들을 탐색하고 체포하는 것, 강제수용소의 관리와 방어 등이었다.

환자들이 있던 우리 병실 외에도 결핵 구역과 이질 구역을 포함하는 블록+ 20호의 카포+ 역할을 위임받았다.

독일인답게 그는 굉장히 진지하게 이 임시 임무를 맡았다. SS부대가 떠나고 러시아군이 도착하기까지 열흘간, 각자가 기아와 추위, 그리고 질병과 마지막 싸움을 하고 있는 동안에 틸레는 바닥이나 반합의 상태, (산 자든 죽은 자든 간에 한 사람에 하나씩 할당된) 담요의 수를 점검하면서 자신의 새로운 영지를 부지런히 감찰했다. 우리 병실을 점검하던 어느 날에는 아르튀르에게 정리정돈과 청소를 잘한다고 칭찬하기까지 했다. 틸레의 색슨어 사투리는커녕 독일어도 모르는 아르튀르는 그에게 "비외 데구탕",+ "퓌탱 드 보슈"+라고 대답했다. 그럼에도 그날 이후 틸레는 명백히 권력을 남용하여 우리 병실에 있던 편안한 변기통을 쓰려고 매일 저녁 우리 병실로 오는 습관을 붙였다. 그 변기통은 수용소 전체에서 유일하게 규칙적으로 관리가 이루어졌고 유일하게 난로 근처에 있었다.

그날까지 늙은 틸레는, 그러니까 내게는 낯선 자였고 따라서 적이었다. 게다가 그는 힘있는 자였으므로 따라서 위험한 적이었다. 나 같은 사람들에게는, 다시 말해 수용소에 있는 대다수의 사람에게는 다른 식의 해석이란 있을 수 없었다. 수용소에서 보낸 기나긴 한 해 동안 나는 수용소의 복잡한 위계 구조에 대해 조사해볼 기회도 호기심도 가져본 적이

+ Block 부나 수용소는 블록이라고 부르는 나무 막사 60여 개로 이루어져 있었다.
+ Kapo (독일어) 막사반장.
+ Vieux dégoûtant (프랑스어) 구역질 나는 늙은이.
+ Putain de boche (프랑스어) 더러운 독일 놈.

없었다. 사악한 힘을 가진 어두컴컴한 건물은 완전히 우리 위, 저 높은 곳에 있었고 우리의 시선은 바닥을 향해 있었다. 그럼에도 자기 당을 위해 치렀던, 그리고 자기 당 내에서 치렀던 수없는 싸움으로 단단하게 굳어버린 늙은 군인 틸레, 수용소에서 보낸 10년간의 잔혹하고 불확실한 삶으로 돌처럼 굳어버린 틸레, 그가 바로 자유를 맞은 내 첫 밤의 동료이자 마음을 터놓을 벗이었던 것이다.

우리는 눈앞에 벌어진 상황을 두고 토론을 하기에는 하루 종일 할 일이 너무나 많았다. 그럼에도 우리는 그것이 우리 삶 전체를 통틀어 아주 중대한 순간임을 느끼고 있었다. 아마도 우리는 시간적 여유를 갖지 않기 위해 무의식적으로 무언가 할 일을 찾고 있었던 것인지도 모른다. 자유 앞에서 우리는 당황했고, 공허했고, 위축됐으며, 자유가 우리에게 어울리지 않는다고 느꼈기 때문이다.

이윽고 밤이 되자 병든 동료들은 잠들었다. 샤를과 아르튀르도 순진무구한 잠에 빠져 있었다. 그들은 수용소에 들어온 지 불과 한 달밖에 안 되었기 때문에 아직 나쁜 독이 들지 않은 것이다. 오직 나 홀로, 기진맥진해 있는데도 피로 그 자체와 병 때문에 잠을 이루지 못했다. 사지는 뻣뻣하고 피가 머릿속에서 발작하듯 요동쳐댔다. 열이 온몸을 침범하는 것이 느껴졌다. 하지만 이것이 다는 아니었다. 마치 둑이 무너진 듯, 모든 위협이 줄어든 것처럼 보이는 순간, 생生의 편으로 돌아가려는 희망이 미칠 듯 간절한 것이기를 그만둔 바로 그 순간에 나는 더욱 거대한 새로운 고통에 압도되었다. 그것은 전에는 다른 절박한 고통들 때문에 의식의 가장자리로 밀려나 묻혀 있던 고통이었다. 그것은 추방과 이역만리에 있는 집으로 인한 고통, 고독과 잃어버린 친구들과 잃어버린 청춘, 그리고 주위에 널린 시체 더미로 인한 고통이었다.

부나에서 보낸 한 해 동안 나는 내 동료들의 5분의 4가 사라지는 과정을 지켜보았다. 그러나 나는 죽음의 구체적 존재를, 죽음에 포위당한 고통을 한 번도 겪어본 적이 없었다. 죽음의 더러운 숨결이 한 발짝 떨어져 창문 밖에, 옆 침대에, 나 자신의 혈관 속에 도사리고 있는 고통을 당한 적은 없었다. 그렇게 나는 비참한 생각들에 잠긴 채 병든 몸으로 비몽사몽간에 누워 있었다.

그러나 곧 누군가 다른 사람이 깨어 있음을 알아차렸다. 잠든 동료들의 무거운 숨소리에 더해, 꺽꺽하고 불규칙한 헐떡임이 기침과 꺼질 듯한 한숨과 신음 소리와 교차되어 간간이 들려왔다. 틸레는 울고 있었다. 노인의 힘겹고 염치없는 울음, 노인의 알몸처럼 견딜 수 없는 울음이었다. 그는 어둠 속에서 아마도 나의 움직임을 알아챘던 것 같다. 우리 둘 다 그날까지 각자 나름의 이유들로 원했던 고독이 나에게만큼이나 그에게도 무거웠던 것임에 틀림없었다. 한밤중에 그가 나에게 "깨어 있나?"라고 물어왔던 것이다. 그러고는 대답을 기다리지 않고 내 침상까지 힘들게 기어 올라오더니 마음대로 내 곁에 앉았다.

그와는 서로를 이해하기가 쉽지 않았다. 언어 때문만은 아니었다. 그날 그 긴긴 밤에 가슴속에 들어앉은 생각들이 헤아릴 길 없고, 놀랍고도 끔찍하고, 무엇보다 혼란스러운 것들이었기 때문이다. 그에게 나는 향수로 인해 마음이 괴롭다고 말했다. 울음을 멈춘 그는 말문을 열었다. "10년, 10년 세월이야!" 침묵의 10년이 흐른 후, 한 줄기 귀에 거슬리는 기괴한, 동시에 장엄한 목소리로 그는 〈인터내셔널가〉*를 부르기 시작했고, 심란해진 나는 미심쩍어하면서도 감동을 받았다.

✚   다음 날 아침 우리에게 자유의 첫 표식들이 속속 드러났다. (러시아 군인들에게 동원된 것이 분명한) 20명가량의 폴란드 남녀 민간인들이 도착했다. 그들은 별다른 열성 없이 막사들 사이를 정리하고 청소하느라 분주히 움직였고 시체들을 치우기 시작했다. 정오 무렵, 겁에 질린 한 아이가 고삐를 쥐고 암소 한 마리를 끌고 왔다. 아이는 우리에게 그 암소는 우리를 위해 러시아 군인들이 보내준 것이라는 말을 전하고는 짐승을 놔두고 번개같이 달아났다. 어떻게 그랬는지는 알 수 없지만 그 불쌍한 짐승은 몇 분 내로 도살되어 내장이 꺼내지고 토막쳐졌으며, 그 가죽은 생존자들이 숨어 깃든 수용소 구석구석으로 흩어졌.
다음 날부터 우리는 또 다른 폴란드 처녀들이 동정심과 역겨움으로 창백해진 채 수용소를 돌아다니는 것을 보았다. 그녀들은 병자들을 재차 씻기고 상처를 되는대로 치료했다. 또 수용소 한가운데에 파괴된 막사들의 잔해를 가져다가 커다랗게 불을 지피고 임시변통한 용기에 수프를 끓였다. 마침내 3일째 되는 날, 수용소에 사륜마차가 들어오는 것이 보

✽ 제 1, 2, 3차 인터내셔널의 찬가였고 1944년까지 소비에트연방의 국가國歌였다. 지금까지도 이 노래는 사회주의자와 몇몇 공산당의 비공식적인 찬가로 사용되고 있다.

였다. 해프틀링인 얀켈이 마차를 신나게 몰고 있었다. 그는 젊은 러시아계 유대인으로 아마도 생존자들 가운데 유일한 러시아인이었던 듯하다. 그러다 보니 자연스레 통역 임무와 소비에트의 명령을 전달하는 연락장교의 임무를 맡게 되었다. 마른 채찍 소리를 울리는 가운데 그는, 자신이 생존자 전원을 날마다 30~40명씩 소그룹으로 나누어 제일 위중한 병자들부터 차례로, 이미 거대한 나병원으로 변해버린 아우슈비츠 중앙 수용소로 옮기는 임무를 맡았다고 알렸다.

그새 우리가 오래전부터 염려하던 해빙기가 왔고 눈이 녹아내림에 따라 수용소는 황량한 습지로 변해갔다. 시체와 쓰레기 더미들은 부옇고 축축한 공기를 들이마실 수조차 없게 만들고 있었다. 죽음 또한 수확을 멈추지 않았다. 병자들이 수십 명씩 자신들의 차가운 침상에서, 진흙탕 거리 여기저기에서 마치 번개 맞은 사람들처럼 죽어나갔다. 그리 멀지 않은 전선에서 아직도 교전 중인 러시아 군인들이 수용소에 고기를 배급해올 때면, 엄청난 식욕을 가진 생존자들은 맹목적으로 우리의 오랜 배고픔이라는 거만하고 단호한 명령에 따라 위가 터지도록 음식물을 허겁지겁 쑤셔 넣었다. 배급은 불규칙적으로 때로는 조금, 때로는 아예 안 오기도 했고, 또 때로는 터무니없이 많이 오기도 했다.

그러나 내 주위에서 일어나는 모든 일들에 대해 나는 간간이 그리고 어슴푸레하게밖에는 알 수 없었다. 피로와 병이 잔혹하고 비열한 짐승처럼 내 어깨로 달려들기 위해 내가 모든 방어 태세를 벗어던질 그 순간을 숨어서 기다리고 있는 것 같았다. 열로 무감각해진 나는 반쯤만 의식이 있는 상태로 누워 있었다. 샤를이 형제처럼 내 곁을 지켰다. 갈증과 관절을 쑤셔대는 예리한 통증이 나를 괴롭혔다. 의사도 약도 없었다. 목도 아프면서 얼굴의 절반이 부어올랐다. 피부는 불그스레하고 꺼칠했으며 마치 화상을 입은 것처럼 따가웠다. 아마도 나는 한꺼번에 여러 가지 병으로 시달리고 있었던 것 같다. 얀켈의 마차에 오를 차례가 왔을 때에는 더 이상 두 다리로 서 있을 수조차 없는 지경이 되었다.

샤를과 아르튀르가 나를 들어 마차에 올려주었다. 다 죽어가는 일단의 병자들과 함께였다. 내 처지가 그들과 별반 다르게 느껴지지 않았다. 이슬비가 내리고 있었다. 하늘은 낮고 침침했다. 얀켈의 말들이 느릿한 발걸음으로 머나먼 자유를 향해 나를 데려가는 동안, 마지막으로 내 두 눈 아래로는 내가 고통받고 내가 성숙했던 곳인 막사들과, 거대한 크리스마스트리와 교수대가 나란히 서 있는 점호 광장, 그리고 노예의 문이 스쳐갔다. 그 문에 적혀 있는, 이미 공허해져버린 우롱의 세 단어를 아직도 읽을 수가 있었다. '아르바이트 마흐트 프라이', '노동이 자유케 하리라.'✢

✢ Arbeit Macht Frei. (독일어)

대수용소
Il Campo Grande

+ 부나에서는 '대수용소', 정확히 말해 아우슈비츠에 대해 많은 것을 알 수 없었다. 이 수용소에서 저 수용소로 옮겨 다닌 해프틀링들은 아주 드물었다. 그들은 말수가 적었고(해프틀링은 누구나 말수가 적었다) 그다지 믿음이 가지도 않았다.

얀켈의 마차가 그 유명한 문턱을 넘어섰을 때 우리는 놀라 어안이 벙벙했다. 거주자 1만 2,000명의 부나-모노비츠는 여기에 비하면 작은 마을이었다. 우리가 들어온 이곳은 하나의 끝없는 거대도시였다. 목재로 된 단층 '블록'들이 아니라 벽돌이 그대로 드러난 사각형의 음침한 3층 건물들이 수도 없었고 하나같이 똑같은 모양이었다. 그 건물들 사이로 가로세로로 곧게 뻗은 포장도로들이 시선 닿는 데까지 끝없이 나 있었다. 모든 것이 황량하고 적막하고 낮은 하늘 아래 짓눌려 있었으며, 진흙으로 빗물로 포기로 가득했다.

그토록 긴 우리 여정의 매 굽이마다 그랬듯이 여기서도 우리는, 우리가 시급하게 필요로 하는 수많은 다른 것들이 있는데도 우선적으로 목욕을 한 다음에야 그것들이 받아들여진다는 사실에 놀랐다. 그러나 그것은 굴욕의 목욕은 아니었다. 기괴하고 악마적이고 종교 의식적인 목욕, 우리가 수용소 세계로 추락했음을 표시하던 그 목욕처럼 검은 미사의 목욕은 아니었다. 그렇다고 해서 수개월 뒤 우리가 미군의 손에 넘어갈 때 실시된 목욕처럼 효과적인 것도, 살균을 위한 것도, 기술적으로 뛰어난 것도 아니었다. 오히려 그것은 러시아식 목욕이었고 인간적인 차원의 것이었으며 즉흥적이고 대충하는 식이었다.

당시 상태의 우리에게 목욕이 과연 적절한 것이었을까 하는 의문을 제기하려는 것은 물론 아니다. 오히려 목욕은 필요한 것이었고 달갑지 않은 것도 아니었다. 그러나 그 목욕 속에는, 그리고 그 세 번의 잊지 못할 '씻음' 각각에는, 글자 그대로의 구체적인 기능 이면에, 하나의 거대한 상징적 그림자가 드리워져 있음을 쉽게 알 수 있었다. 그것은 자신의 영역 속으로 차츰차츰 우리를 빨아들이는 새로운 권력의 무의식적인 욕구, 우리의 이전 삶의 흔적을 벗겨내고 우리를 자신의 규격에 맞는 새로운 인간으로 만들려는 욕구, 우리에게 자신의 표식을 찍으려는 욕구였.

두 명의 소비에트 간호사들이 건장한 팔뚝으로 우리를 마차에서 내려놓았다. "포 말루, 포 말루!"(천천히, 천천히!) 이것이 내가 들은 첫번째 러시아 말이었다. 원기왕성하고 능숙한 두 여자였다. 그녀들은 수용소의 시설물들 가운데 대충 수리된 한 곳으로 우리를 데려갔다. 그녀들은 우리 옷을 벗기더니 바닥을 덮고 있던 나무 평상 위에 누우라는 몸짓을 했다. 그러고는 자비로운 손길로 그러나 민첩하게 우리 몸에 비누칠을 하고 문지르고 마사지를 하고 나서는 머리끝부터 발끝까지 물기를 닦아주었다.

아르튀르가 자신을 '리브르 시투아양'*이라 선언하면서 자코뱅적 도덕주의에 입각한 항의를 여러 차례 한 것을 제외하고 일은 우리 모두에게 순조롭게 진행되었다. 아르튀르의 잠재의식 속에서 이 맨살에 닿는 여성의 손길은 조상 대대로 내려오는 금기들에 저촉되는 것이었다. 그런데 그룹의 맨 마지막 사람 차례가 되었을 때 일은 심각한 난관에 부딪혔다. 그가 말을 할 수 있는 상태가 아니었기 때문에 우리 중 아무도 그가 누구인지 알지 못했다. 대머리에 몸집이 작은 그 남자는 포도나무 덩굴처럼 옹이가 지고 피골이 상접한, 모든 근육이 끔찍하게 수축되어 온몸이 오그라든, 한마디로 유령이었다. 간호사들은 마치 무생물 덩어리를 다루듯 그를 번쩍 들어 마차에서 내려놓았다. 이제 그는 바닥에 옆으로 누워 있었다. 이마가 닿도록 무릎을 구부리고 팔꿈치는 옆구리에 딱 붙인 채, 쐐기 같은 손가락을 양어깨에 대고서 필사적인 방어 자세로 딱딱하게 몸을 말고 있었다. 당황한 러시아 수녀들은 그를 똑바로 눕혀 몸을 펴려고 애썼지만 아무 소용이 없었다. 그는 생쥐처럼 날카로운 비명을 질러

* libre citoyen (프랑스어) 자유 시민.

댔다. 게다가 그의 사지가 힘에 밀려 늘어났다가도 손을 놓자마자 곧바로 원래 자세로 돌아가버리는 바람에 헛수고만 할 뿐이었다. 그녀들은 결정을 내렸고 그를 그 자세 그대로 샤워실로 데려갔다. 그녀들은 상부로부터 정확한 지시를 받았기에, 얽히고설킨 나무처럼 딱딱한 그의 몸 타래 속을 스폰지로 비누칠을 하려 애쓰면서 마찬가지로 최선을 다해 그를 씻겼다. 마지막으로 미지근한 물 두어 통을 위에서 부으면서 꼼꼼히 그의 몸을 헹구어주었다.

샤를과 나는 김이 나는 벌거벗은 몸으로 동정심과 전율을 동시에 느끼며 그 광경을 지켜보고 있었다. 그의 한쪽 팔이 펼쳐진 순간 문신으로 새겨진 번호가 얼핏 보였다. 20만 번대라면, 그는 보주 사람 중 한 명이었다. "봉 디외, 세 텅 프랑세!"✚ 샤를이 말했다. 그러고는 조용히 벽 쪽으로 돌아섰다.

✚   우리는 셔츠와 팬티를 배급받은 다음, 포로 이력에서 마지막으로 머리를 완전히 밀어버리기 위해 이발사에게 인도되었다. 이발사는 야생적이고 활기 넘치는 눈을 한 갈색머리의 거구였다. 그는 사정없이 과격하게 자신의 기술을 발휘했고 무슨 이유에선지는 몰라도 어깨에 기관총을 둘러메고 있었다. 그는 나에게 "무솔리니 같은 이탈리아 놈"이라고 하더니, 내 두 프랑스 동료에게는 "라발✚ 같은 프랑스 놈"이

✚ Bon Dieu, c'est un français! (프랑스어) 맙소사, 프랑스인이잖아!

라고 험상궂게 말했다. 일반적인 통념이 개별적 사례들을 이해하는 데 얼마나 도움이 되지 않는지 알 수 있는 대목이었다.

여기서 우리는 헤어졌다. 병이 다 나은 데다 비교적 건강이 좋은 샤를과 아르튀르는 프랑스인 그룹에 합류했고 나의 시야에서 사라졌다. 병든 나는 간호병동으로 옮겨졌고 약식으로 진찰을 받았다. 그리고 급히 새로운 '감염병동'으로 격리되었다.

이곳은 취지상 병동이었고, 실제로 중환자들로 넘쳐났다. (아닌 게 아니라 독일군은 도망치면서 모노비츠, 아우슈비츠, 비르케나우에 병세가 가장 심각한 병자들만 남겨두었고, 러시아군은 이들을 모두 대수용소로 옮겼다.) 그러나 몇십 명 되지도 않는 의사들부터가 대부분 환자이고 약품과 의료 기구는 전무한 데 반해, 적어도 5,000명은 되는 수용자들 가운데 4분의 3이 치료를 받아야 했으므로 그곳은 치료하는 장소도 아니었고 그런 곳일 수도 없었다.

내가 배정받은 병실은 천장까지 고통과 신음으로 가득 찬 거대하고 어두운 방이었다. 대략 800명쯤 되는 환자들에게 당직의사는 한 명밖에 없었고 간호사는 단 한 명도 없었다. 그러다 보니 환자들은 자신들이 가장 시급하게 필요로 하는 것들과 좀더 위중한 동료들이 필요로 하는 것까지 직접 해결해야 했다. 그곳에서 딱 하룻밤을 머물렀을 뿐이지만, 그 밤은 내 기억 속에 악몽으로 남아 있다. 침대에 또는 바닥에 널브러져

✤ Pierre Laval 1883~1945. 제2차 세계대전 당시 비시 프랑스를 이끌어 독일에 협조했으며, 이로 말미암아 반역자로 처형되었다.

방치된 시체들만 해도 아침에 열두어 구는 되었다.

다음 날 나는 침대가 스무 개밖에 되지 않는 작은 방으로 옮겨졌다. 그 침대들 중 하나에서 나는 고열에 시달렸다. 의식이 간간이 있을 뿐인 상태로 먹지도 못하고 심한 갈증으로 괴로워하면서 사나흘 동안 누워 있었다. 닷새째 되던 날, 열이 내렸다. 몸이 깃털처럼 가벼웠고 추위와 배고픔을 느꼈다. 그러나 머릿속은 깨끗이 비워졌고 눈과 귀는 그간 병 때문에 어쩔 수 없이 가져야 했던 휴식으로 예리해진 듯했다. 나는 이제 세상과 다시 접촉할 수 있을 정도가 되었다.

그 며칠간 내 주위에서는 눈에 띄는 변화가 일어났다. 죽음의 마지막 거대한 낫질이 있고 난 후 집게가 끝난 것이다. 죽을 사람들은 다 죽었고 나머지 모든 사람들에게 삶은 소란스레 흐르기 시작했다. 유리창 너머로 눈발이 짙었지만 수용소의 죽음의 길들은 더 이상 황량하지 않았다. 오히려 무질서하고 활기차고 시끌벅적한, 하릴없이 오가는 것 자체가 목적인 듯한 왕래로 가득했다. 저녁 늦게까지 명랑한 외침이나 성난 고함, 누군가를 부르는 소리, 노랫소리들이 수용소 안에 울려 퍼졌다. 이 모든 것에도 불구하고 나와 내 이웃 침대 동료들의 관심은 우리 가운데 가장 어리고 무방비 상태인, 가장 순진무결한 어린아이 후르비넥에게 쏠리지 않을 수 없었다. 죽을 힘을 다해 삶을 외치는 그 고집스런 존재에게.

후르비넥은 아무도 아니었다. 죽음의 자식, 아우슈비츠의 자식이었다. 아이는 세 살가량 되어 보였고 아무도 그에 대해 아는 바가 없었다. 아이는 말할 줄 몰랐고 이름도 없었다. 후르비넥이라는 이상한 이름은 우리가, 아마도 여자들 중 한 명이 그랬을 터인데, 어린아이가 가끔씩 내뱉는 분명치 않은 소리들 가운데 하나를 후르비넥으로 해석하여 그에게 붙여준 것이었다. 아이는 허리 아래로 마비가 되었고 위축된 두 다리는 꼬챙이처럼 가늘었다. 그러나 수척한 삼각형의 얼굴 속에 푹 꺼진 아이의 두 눈은 끔찍하리만치 생생하게 빛을 발하고 있었고, 요구와 주장들로, 침묵의 무덤을 깨부수고 나오려는 의지로 가득했다. 아이에게는 결여된, 아무도 그에게 가르쳐주려 한 적 없는 말들, 그 말의 필요성이 아이의 시선 속에서 터질 듯한 절박함으로 압박해왔다. 야생적인 동시에 인간적인 시선, 성숙하고 심판하는 듯한 시선, 너무나 큰 힘과 고통을 담고 있어서 우리 가운데 그 누구도 견딜 수 없던 시선이었다.

헤넥을 제외한 그 누구도 말이다. 헤넥은 내 옆 침대 동료로 건장하고 원기 왕성한 열다섯 살 헝가리 소년이었다. 그는 하루 중 절반을 후르비넥의 침대 곁에서 보냈다. 그는 아버지보다는 어머니 같았다. 만약 우리가 임시로 함께 생활하는 것이 한 달 넘게 연장되었더라면, 후르비넥은 분명 헤넥에게서 말하는 법을 배웠을 것이다. 지나치게 다정하고 지나치게 경박한, 하도 쓰다듬고 입맞춤을 해대서 아이를 얼떨떨하게 만들면서도 아이의 친밀한 마음은 회피하던 폴란드 처녀들에게 배우는 것보다는 당연히 나았을 것이다.

반면에, 차분하고 고집이 센 헤넥은 아이가 발산하는 슬픈 힘의 영향을 받지 않은 채 그 작은 스핑크스 옆에 앉아 있었고, 아이에게 먹을 것을 갖다주고 담요를 정리해주고 싫은 기색 없는 능숙한 손놀림으로 씻겨주었다. 그리고 참을성 있고 느린 목소리로, 물론 헝가리어로 아이에게 말을 했다. 일주일이 지난 뒤 헤넥은 진지하게 그러나 거만한 기색이라고는 없이, 후르비넥이 '말을 했다'고 발표했다. 무슨 말이었는데? 그는 알지 못했다. 헝가리어는 아니고, 어려운 낱말이었다. '마스-클로', '마티스클로' 같은 무슨 말인데. 밤에 우리는 귀를 기울였다. 정말이었다. 후르비넥이 있는 구석 쪽에서 이따금 어떤 소리가, 어떤 말이 들려왔다. 사실, 매번 정확히 같은 말은 아니지만 그래도 확실히 분절적인 단어였다. 좀더 정확히 말하자면 아주 조금씩 다르게 발음되는 단어들이었고, 하나의 어간 혹은 어근을 두고, 아니 어쩌면 어떤 명사를 두고 여러 가지 변화를 시도한 것들이었다.

후르비넥은 살아 있는 날까지 자신의 고집스러운 시도를 계속했다. 연이은 날들 동안 우리는 그의 말을 너무 알아듣고 싶은 나머지 다들 조용히 한 채로 그에게 귀를 기울였다. 우리 중에는 유럽의 모든 언어를 구사하는 사람들도 있었다. 그러나 후르비넥의 말만큼은 미스터리로 남았다. 물론, 그것이 어떤 메시지나 계시는 아니었다. 어쩌면 자신의 본명이었을지도 모른다. 혹시라도 누군가 그에게 이름을 지어주었다면 말이다. 어쩌면 (우리가 세운 가정들 중 하나인데) '먹다' 또는 '빵'을 뜻한 것인지도 모른다. 또 어쩌면, 우리 중 보헤미아어를 아는 사람이 제법 설득력 있게 주장한 것처럼, 보헤미아어로 '고기'를 뜻한 것인지도 모른다.

아우슈비츠에서 태어나, 한 번도 나무를 본 적이 없었을 세 살배기 아이

후르비넥, 야수 같은 가공할 권력으로부터 추방당한 인간 세계로 들어오기 위해 마지막 숨을 거둘 때까지 한 인간으로서 투쟁했던 후르비넥, 그 조그만 팔에도 아우슈비츠의 문신이 새겨져 있던, 이름 없는 후르비넥. 1945년 3월 초, 후르비넥은 자유롭지만 진정 구원받지는 못한 채 죽었다. 그에 대한 건 아무것도 남아 있지 않다. 그는 이렇게 나의 말을 통해 증언한다.

✛   헤넥은 좋은 동료였고 끝없는 놀라움의 원천이었다. 그의 이름도 후르비넥처럼 임의로 붙인 것이었다. 그의 진짜 이름은 쾨니히인데 두 폴란드 처녀들이 엔리코의 폴란드식 줄임말인 헤넥으로 바꾸어 불렀다. 이 두 처녀는 헤넥보다 적어도 열 살은 더 많았는데도 그에게 은근히 호감을 품고 있었고, 곧 그것은 노골적인 욕망으로 바뀌었다. 고통에 찬 우리의 소우주에서 유일하게 헤넥-쾨니히만은 병자도, 회복기 환자도 아니었다. 오히려 육체와 정신의 눈부신 건강을 만끽하고 있었다. 그는 작은 키에 온화한 모습이었지만 운동선수 같은 근육을 가지고 있었다. 후르비넥과 우리에게는 다정하고 친절했지만, 그러나 조용하게 유혈의 본능을 품고 있었다. 다른 사람들에게는 '뼈 방앗간'이자 치명적 함정이었던 라거가 그에게는 훌륭한 학교가 되어주었다. 수개월 내에 그는 기민하고 예리하고 잔인하며 신중한 육식동물적인 젊은이가 되어 있었다.

우리가 함께 보낸 긴긴 시간 동안 그는 자신의 짧은 인생의 골자를 들려주었다. 그는 루마니아와의 접경지대인 트란실바니아의 숲 속, 한 농장에서 태어나 자랐다. 일요일이면 그는 아버지와 함께 총을 들고 숲으로 가곤 했다. 총은 왜? 사냥하려고? 그래요. 물론 사냥하기 위해서죠. 하지만 루마니아 사람들을 쏘려고도 가져갔어요. 왜 루마니아 사람들에게 총을 쏴? 왜냐하면 루마니아 사람들이니까요. 헤넥은 어이없을 정도로 단순하게 내게 대답했다. 그들도 가끔씩 우리한테 총을 쏴요.

그는 가족 모두와 함께 잡혀서 아우슈비츠로 이송되어 왔다. 다른 가족들은 곧 죽임을 당했다. 그는 열네 살 학생이었지만 SS에게 자신이 열여덟 살이고 벽돌공이라고 말했다. 그렇게 해서 그는 비르케나우✦에 들어오게 되었다. 그러나 비르케나우에서는 자신의 진짜 나이를 주장했고 어린이 블록에 배치되었다. 아이들 중 가장 나이가 많고 가장 튼튼했으므로 그는 이들의 카포가 되었다. 비르케나우에서 아이들은 철새와 같아서, 며칠이 지나면 실험 블록으로 옮겨지거나 곧장 가스실로 보내졌다. 헤넥은 상황을 금세 알아차렸다. 훌륭한 카포로서 스스로를 '조직'✦했고, 한 영향력 있는 헝가리인 해프틀링과 굳건한 관계를 구축했으며 해방이 올 때까지 살아남았다. 어린이 블록에서 선발이 있을 때 가스실로 누구를 보낼지 고르던 이가 바로 그였다. 그는 가책을 느끼지 않았을

✦ 1941년 폴란드 브제진카라는 마을에 세워진 아우슈비츠 제2수용소를 이르는 말. 이 수용소에는 대량 학살과 시체 처리를 위한 거대한 장비가 갖춰져 있었다.

✦ 불법적으로 일을 꾸미는 것, 혹은 그렇게 해서 얻은 것. 제2차 세계대전 시기에 수용소에서뿐만 아니라 전 유럽에서 이 말을 이렇게 기묘한 의미로 썼다고 한다. 유명한 독일군 '조직'이 자주 도둑질을 하고 사기를 쳐서 피점령국에 손해를 입힌 것을 비꼬아서 쓴 표현이다(『이것이 인간인가』 114쪽 참조).

까? 아니다. 왜 그랬어야 한단 말인가? 혹시 살아남을 다른 방법이라도 있었단 말인가?

수용소가 철수할 때 그는 현명하게도 몸을 숨겼다. 숨어 있던 창고의 조그만 창문을 통해 그는 독일군들이 아우슈비츠의 경이로운 물품 창고들을 황급히 비우는 것을 보았고, 출발하는 북새통 속에서 독일군들이 깡통에 든 상당량의 식료품들을 길에 흘리는 것을 놓치지 않고 보고 있었다. 그것들을 주워 담느라 지체할 수 없었던 독일군들은 대신 장갑차를 몰아 뭉개버리려 했다. 많은 깡통들이 부서지지 않고 그대로 진흙과 눈 속에 박혔다. 밤중에 헤넥은 자루를 들고 나가 그 환상적인 보물들을 주워 담았다. 찌그러지고 납작하게 눌렸지만 고기, 돼지비계, 생선, 과일, 비타민 따위가 그 안에 가득 들어 있었다. 당연히 그는 이 사실을 아무에게도 말하지 않았다. 내가 그의 옆 침대 동료이고 파수꾼으로 그에게 유용할 수 있었기 때문에, 나에게는 사실을 털어놓았다. 사실 헤넥은 비밀스런 일들로 수용소의 여기저기를 돌아다니느라 많은 시간을 보내는 반면, 나는 꼼짝없이 누워 있었기에 나의 파수꾼 역할이 그에게는 상당히 유용한 것이었다. 그는 나에게는 신뢰를 갖고 있었다. 그는 내 침대 밑에 자루를 정리해두었고, 이후 며칠 동안 나에게 병자로서의 내 상태와 업무에 비추어 적당하다고 판단한 만큼의 식량을 덜어가도록 허락함으로써 적정한 보수를 지급했다.

✢ 후르비넥이 유일한 어린이는 아니었다. 다른 아이들도 있었는데 비교적 건강 상태가 좋았다. 그들은 매우 폐쇄적이고 제한적인 자기들만의 조그만 '클럽'을 결성했다. 거기에 어른들이 간섭하는 것은 눈에 띄게 불쾌해했다. 그들은 야생적이고도 분별 있는 작은 짐승들이었고 자기들끼리는 내가 이해하지 못하는 언어로 대화했다. 이 클럽에서 가장 권위 있는 멤버는 다섯 살밖에 되지 않은 페터 파벨이었다. 페터 파벨은 누구와도 말하지 않았고 누구의 도움도 필요로 하지 않았다. 아이는 튼튼하고 잘생긴 금발로, 총명하고 침착한 얼굴을 하고 있었다. 아침이면 아이는 3층에 있는 자신의 침대에서 천천히 그러나 확실한 움직임으로 내려와 샤워실로 가서는 반합에 물을 담아 세심하게 씻었다. 그리고 정오경에 같은 반합에 죽을 타기 위해 잠깐 나타나는 때 말고는 온종일 어디론가 사라져 있었다. 마지막으로 저녁을 먹으러 돌아왔고, 먹고 나서는 다시 나갔다. 잠시 후 휴대용 변기를 가지고 돌아와 난로 뒤 한구석에 놓고는 몇 분 동안 그 위에 앉아 있다가 변기를 들고 다시 나갔고, 변기 없이 돌아와서 천천히 자기 자리로 올라갔다. 그리고 담요와 베개를 꼼꼼하게 정리하고는 자세를 바꾸는 일 없이 아침까지 잤다.

이곳에 온 지 며칠이 지났을 때, 나는 아는 얼굴 하나가 나타나는 것을 불편한 마음으로 지켜보았다. 부나-모노비츠의 마스코트, 클라이네 키 푸라의 불쾌하고도 애처로운 모습이었다. 부나에서는 모두가 그를 알고 있었다. 그곳 포로들 가운데 가장 어렸던 그는 불과 열두 살이었다. 그에게는 모든 것이 이례적이었다. 보통 어린아이들은 살아서 들어올 수 없는 라거에서 지낸 것부터가 그러했다. 그가 왜, 어떻게 해서 라거에 들어오게 되었는지 아무도 알지 못했고, 동시에 모두가 그에 대해 지나치리만큼 많이 알고 있었다. 그는 줄을 서서 행진하여 노동하러 가는 일도 없었고 관리들의 블록에서 반쯤 격리된 상태로 살았기 때문에, 그가 처한 상태 역시 이례적인 것이었다. 마지막으로 그의 외양도 현저하게 이례적이었다.

그는 너무 빨리, 괴상하게 성장했다. 짧고 땅딸막한 상체에 기다란 팔다리가 뻗어나와 거미 같았고, 얼굴 윤곽은 어린아이다운 맛이 없지는 않았지만, 그 창백한 얼굴 아래쪽에 거대한 턱이 코보다 더 앞으로 튀어나와 있었다. 클라이네 키푸라는 모든 카포들의 카포인 라거카포의 졸개였고 그의 보호를 받았다.

그의 보호자 외에는 아무도 그를 좋아하지 않았다. 권력의 그늘 아래 잘 먹고 잘 입고 노동에서 면제된 그는 마지막 날까지 험담과 고자질과 뒤틀린 애정으로 가득한, 총애받는 자의 모호하고 경박한 생활을 영위했다. 정치부와 SS에 익명으로 신고되는 가장 떠들썩한 사건들에 그의 이름이 부당하게(내 희망이지만) 늘 쉬쉬하며 거론되었다. 그래서 모두가 그를 두려워하고 피했다.

이제 아무런 힘도 없는 라거카포는 서쪽으로 행군하는 중이었고, 가벼운 병에서 회복되고 있던 클라이네 키푸라는 우리의 운명을 따랐다. 그는 침대 하나와 반합 하나를 가지고 우리의 림보*에 자리 잡았다. 헤넥과 나는 그에 대해 불신과 어떤 적대적인 연민을 느끼고 있었기 때문에, 몇 마디 되지 않지만 조심스럽게 말을 건넸다. 하지만 그는 우리 말에 거의 대답을 하지 않았다. 이틀 동안 그는 입을 다물고 있었다. 완전히 몸을 웅크리고는 허공에 시선을 고정시킨 채 가슴팍에 주먹을 꽉 쥐고 침대에 누워 있었다. 그러다가 갑자기 말문이 터졌고 이제 우리는 그의 침묵이 아쉬웠다. 클라이네 키푸라는 꿈을 꾸듯이 혼잣말을 했다. 그는 경력을 쌓고 카포가 된 꿈을 꾸고 있었다. 미쳐서 그러는지 아니면 유치하고 못된 놀이를 하는 것인지 알 수가 없었다. 천장에 가까운 침대 저 높은 곳에서 그는 끝없이 부나의 행진곡을, 매일 아침저녁으로 우리의 피곤한 발걸음을 맞추게 하던 무자비한 그 리듬을 노래하고 휘파람으로 불어댔다. 그리고 독일어로 거만하게 있지도 않은 노예 군중을 향해 고함을 질렀다.

"기상, 돼지들아, 알아들었나? 침대를 정리할 것, 신속하게. 신발을 닦을 것. 모두 집합, 이 검사, 발 검사. 발을 보여봐, 썩어 빠진 것들아! 또 더럽잖아, 너, 똥덩어리 조심해. 농담 아니야. 너, 나한테 한 번만 더 걸리면 화장터로 가는 거다." 그러더니 독일군들이 하는 식으로 냅다 소리를 질렀다. "줄 서, 삐져나오지 않게 똑바로, 열 맞춰. 칼라 내리고. 음악에 보조를 맞춰. 두 손을 바지 재봉선에." 그리고 나서 잠깐 쉬더니 거만하

✢ Limbo 세례받지 못한 순진한 아이나 덕망 있는 이교도 등이 죽어서 가는 곳. 육체적 고통은 없으나 영원히 천국에 오를 수 없다는 정신적 형벌을 받는다. 단테의 『신곡』에서 지옥을 구성하는 아홉 개의 원 중 가장 형벌이 가벼운 제1원을 말한다.

고 날카로운 소리로 말했다. "여기는 요양소가 아니다. 여기는 독일 라거다. 아우슈비츠다. 굴뚝으로 나가지 않으면 여기서 못 나간다. 상황은 그렇다. 맘에 안 들면 고압선을 건드리러 가는 수밖에!"

클라이네 키푸라는 며칠 뒤 사라졌고 우리는 모두 안도의 한숨을 쉬었다. 나약하고 병들었지만 그러나 되찾은 자유에 대한 불안하고 소심한 기쁨으로 가득했던 우리들 사이에서 그의 존재는 시체처럼 우리의 기분을 상하게 했고, 그가 우리 마음속에 불러일으킨 동정심은 혐오감과 한데 뒤섞여 있었다. 우리는 부질없이 그를 정신착란에서 끌어내려고 애썼다. 그러나 이미 라거는 그의 내면까지 너무 많이 감염시켜버렸다.

✦   간호사 업무를 수행하던(사실, 상당히 못했지만) 두 폴란드 처녀는 이름이 한카와 야지야였다. 한카는 머리를 밀지 않은 것으로 보아, 더구나 그 오만불손한 태도로 보아 전 카포였음이 틀림없다. 나이는 스물네 살 정도 되어 보였고, 중키에 푸르죽죽한 피부를 가졌으며 용모는 투박하고 상스러웠다. 과거와 현재의 고통과 희망 그리고 동정으로 가득한 저 연옥의 분위기 속에서도 그녀는 거울 앞에서, 아니면 줄로 손톱과 발톱을 다듬으면서, 또는 냉담하고 빈정거리는 헤넥 앞에서 뽐내며 걷는 것으로 하루를 보냈다.

그녀는 야지야보다 계급상 더 높거나 아니면 스스로 그렇다고 생각했다. 그러나 사실, 그렇게도 보잘것없는 야지야를 권위로 누르는 데는 많은 것이 필요치 않았다. 야지야는 아픈 사람처럼 불그스레한, 몸집이 작고 소심한 처녀였다. 하지만 그녀의 핏기 없는 육신의 껍데기는 은밀하고도 끊임없는 폭풍으로 심히 요동치고, 속은 갈가리 찢기고 시달리고 있었다. 그녀는 남자를, 아무 남자라도, 즉시, 모든 남자를 절실히 원했고 필요로 했고, 남자가 없어서는 안 되었다. 수용소에서 그녀의 시선 아래로 지나가는 모든 남자가 그녀를 끌어당겼다. 마치 자석이 철을 끌어당기듯이 물리적으로 그녀를 강하게 끌어당겼다. 야지야는 깜짝 놀라 넋을 잃은 듯한 눈으로 남자를 뚫어져라 쳐다보았고, 자신이 있던 구석 자리에서 일어나 남자를 향해 몽유병자처럼 불안한 걸음으로 다가가 접촉하려 애썼다. 만약 남자가 가버리면, 얼마간 떨어져서 말없이 몇 미터를 따라갔다. 그러고는 눈을 내리깔고 다시 본래의 무기력함으로 돌아왔다. 만약 남자가 그녀를 기다리면, 야지야는 아메바가 현미경 아래에서 보이는, 맹목적이고 소리 없이 바르르 떠는, 느리지만 확실한 움직임으로 그를 칭칭 감고 빨아들여 점유했다.

그녀의 첫번째 주요 목표는 당연히 헤넥이었다. 그러나 헤넥은 그녀를 원하지 않았으므로, 그녀를 비웃고 모욕했다. 그럼에도 현실적인 청년이었던 만큼 그가 아예 관심이 없는 것은 아니었으므로, 자신의 절친한 친구인 노아에게 그 사실을 슬쩍 귀띔했다.

노아는 우리 방에 살지 않았다. 아니, 그 어디에도 살지 않고 동시에 모든 곳에 살았다. 그는 자유로운 유목민 같은 사람이었다. 숨 쉬고 있는 공기에, 밟고 있는 땅에 기뻐했다. 그는 해방된 아우슈비츠의 샤이스미니스터, 즉 공중변소 및 오물통 관리 반장이었다. 그러나 시체 운반자라 할 만한 그 끔찍한 임무(게다가 자청해서 맡은 일이었다)에도 불구하고 그에게는 추잡한 구석이라고는 없었다. 혹시 그런 구석이 있었다 하더라도 그가 가진 생존 본능의 격렬한 힘에 압도되어 지워졌다. 노아는 젊디젊은 팡타그뤼엘*로, 말처럼 힘이 좋고 대식가에 호색한이었다. 야지야가 모든 남자를 원한 것처럼 노아도 모든 여자를 원했다. 그러나 가녀린 야지야가 암초에 붙은 연체동물처럼 가는 그물을 자기 주위로 펼치는 것에 머문 반면, 노아는 높이 나는 새처럼 새벽부터 밤까지 구역질 나는 마차의 마부석에 앉아 채찍을 휘두르며 목청껏 노래를 부르면서 수용소의 모든 길을 누비고 다녔다. 그의 마차가 수용소의 블록 입구마다 멈춰서면 구역질 날 정도로 더럽고 고약한 냄새를 풍기는 그의 부하들이 저주를 퍼부으며 서둘러 일하고, 그동안 노아는 기운 천 조각들과 단추로 장식한, 알록달록한 아라비아풍의 윗도리를 입고 동방의 왕자처럼 여자들의 방을 돌아다녔다. 그의 사랑의 밀회들은 태풍 같았다. 노아는 모든 남자들의 친구였고 모든 여자들의 연인이었다. 대홍수는 끝이 났고, 노아는 아우슈비츠의 검은 하늘에서 무지개가 찬란히 빛나는 것을 보았다. 이제 세상은 종족 번식으로 다시 가득 채워야 할 그의 것이었다.

한편 프라우 빗타는, 아니 프라우 비타*는 (모두가 그녀를 그렇게 부르듯

✦ 프랑수아 라블레의 풍자적인 인문주의 소설 『가르강튀아와 팡타그뤼엘』에 나오는 인물로 어려서부터 비범한 육체적 힘과 식욕을 가졌다. 아버지 가르강튀아의 남다른 교육열로 '심오한 학식의 소유자'가 된 그는 복잡한 소송을 해결함으로써 솔로몬에 비유되기도 한다.

이) 순수한 형제애로 모든 사람들을 사랑했다. 몸은 상했지만 밝고 상냥한 얼굴을 한 프라우 비타는 트리에스테 출신의 과부였는데, 혈통의 반이 유대인으로 비르케나우에서 용케 살아 돌아왔다. 그녀는 내 침대맡에서, 트리에스테 출신 특유의 변덕스러움으로 웃다가 울다가를 반복하면서 한꺼번에 수많은 이야기들을 털어놓으며 많은 시간을 보냈다. 그녀의 건강은 좋았다. 하지만 수용소에서 보낸 1년 동안, 그리고 저 끔찍했던 마지막 나날들을 보내며 그녀가 보아야 했고 당해야 했던 일들로 그녀는 속이 다 헐고 깊은 상처를 받았다. 아닌 게 아니라 그녀는 시체를 옮기도록, 시신의 잔해들을, 이름 없는 불쌍한 유해들을 옮기도록 '임명'되었는데, 그 마지막 영상들이 그녀의 어깨를 태산같이 무겁게 짓누르고 있었다. 그녀는 떠들썩한 활동들에 헌신함으로써 그 영상들을 쫓아버리려고, 깨끗이 씻어내려고 애썼다. 병자들과 아이들을 돌보는 이는 그녀 한 사람뿐이었다. 그녀는 광적인 연민의 정으로 그 일을 했고, 시간이 남을 때면 바닥과 유리창을 맹렬하게 북북 문질러 닦고 요란하게 반합과 잔들을 씻었으며, 어떤 소식을 들으면 진위와 상관없이 소식들을 전하러 이 방, 저 방을 뛰어다녔다. 그러고는 헐떡거리며 돌아와, 말에 허기지고 마음을 터놓을 수 있는 친근함과 인간적인 온기에 허기져서 젖은 눈으로 내 침대에 앉아 가쁜 숨을 쉬었다. 저녁에 모든 하루 일과가 끝나고 나면 그녀는 외로움을 견디지 못한 나머지 갑자기 침

✢ 원래의 성 빗타vitta 대신 '삶', '생'이란 뜻의 비타vita로 불렀다는 뜻.

상에서 벌떡 일어나 노래를 흥얼거리며 상상 속의 남자를 다정하게 가슴에 끌어안고 침대와 침대 사이를 춤추며 다니곤 했다.

앙드레와 앙투안의 눈을 감긴 이도 프라우 비타였다. 그들은 보주 출신의 젊은 농부들로 둘 다 독일군이 물러간 후 열흘의 공백 기간 동안 알게 된 동료들이었고, 둘 다 디프테리아를 앓고 있었다. 나는 그들과 수세기 전부터 알고 지낸 것 같았다. 두 사람은 희한하게도 나란히 이질 비슷한 병에 걸렸는데, 그것은 곧 결핵에 원인을 둔 매우 심각한 병임이 드러났다. 그리고 며칠 되지 않아 운명의 저울은 한쪽으로 기울었다. 서로 옆 침대에 누워 그들은 불평도 하지 않고 극심한 고통을, 그 치명적인 성질에 대해 전혀 알지 못한 채, 이를 앙다물고 견디고 있었다. 오직 자기들끼리만 나지막하게 말을 주고받았고 그 누구에게도 도움을 구하지 않았다. 앙드레가 먼저 떠났다. 말을 하던 중에, 한 문장 중간에서, 촛불이 꺼지듯이 그렇게 떠났다. 이틀 동안 아무도 그를 옮기러 오지 않았다. 아이들이 호기심으로 그를 보러 왔다가 어쩔 줄 모르고 다시 자기들의 구석자리로 돌아가 계속 놀았다.

앙투안은 말없이 홀로 남아 자신의 모습을 바꿔놓고 있는 어떤 기다림에 완전히 잠겨 있었다. 그의 영양 상태는 괜찮은 편이었다. 하지만 이틀 동안 그는, 마치 옆자리 친구가 자신을 빨아들이는 것처럼, 눈에 띄게 수척해지는 변모를 겪고 있었다. 우리는 프라우 비타와 함께 여러 번 헛수고를 한 끝에 가까스로 의사를 오게 하는 데 성공했다. 나는 의사에게 독일어로 뭔가 할 수 있는 게 있는지, 희망이 있는지 물어보고, 프랑스어로 대답하지 말아달라고 부탁했다. 그는 내게 이디시어+로 된 짧은 한 문장으로 대답했는데 나는 알아듣지 못했다. 그러자 의사는 독일어로 바꾸어 말해주었다. "자인 카메라드 루프트 인", 그의 친구가 그를 부르는 거라네.+ 앙투안은 그날 저녁 부름에 응했다. 둘은 채 스무 살도 되지 않았고 수용소에 겨우 한 달 있었을 뿐이었다.

마침내 올가가 내게 비르케나우 수용소의 비통한 소식을 전해주러 왔다. 침묵으로 가득한 밤이었다. 나와 같은 이송열차에 탔던 여자들의 운명에 관한 소식이었다. 나는 여러 날 전부터 올가를 기다리고 있었다. 나는 그녀를 직접 알지는 못했다. 그러나 보건상 금지되어 있음에도, 고통을 덜어주거나 열정적인 대화들을 찾아 다른 병동의 환자들과도 자주 만나는 프라우 비타가 우리에게 서로의 존재를 알려주었고, 깊은 밤 모두가 잠든 사이에 몰래 만날 수 있도록 주선해주었다.

올가는 크로아티아 출신 유대인으로 유격대원이었다. 1942년 그녀는 가족들과 함께 이탈리아 북서부의 아스티 부근에 은신했고 바로 그곳에서 임시 수용되었다. 그렇게 해서 그녀는, 그 무렵 몇 해 동안 공식적으로는 유대인을 배척하던 모순적인 이탈리아에서 환대를 받고 짧은 평화를 가질 수 있었던 수천의 외국계 유대인들의 물결에 합류했다. 그녀는 대단한 지성과 교양을 가진, 강하고 아름답고 의식 있는 여자였다. 비르

+ 히브리어, 아람어와 함께 유대 역사상 가장 중요한 3대 문어. 9세기경 유대인들이 중부 유럽에서 독자적인 문화적 존재로 등장하면서 생겨난 것으로 보이며 현대에 와서 유대인들의 국제 혼성어로서 전통적 역할이 더욱 확대되었다. 수세기에 걸친 억압과 동화로 인해 실제 사용자 수는 많지 않다.
+ Sein kamerad ruft ihn. (독일어)

케나우로 이송된 후, 그곳에서 그녀는 가족들 가운데 혼자 살아남았다. 그녀는 이탈리아어를 완벽하게 구사했다. 고마운 마음을 품고 있었기에 그리고 기질 덕분에 그녀는 금세 수용소의 모든 이탈리아 여자들의 친구, 더 정확하게는 나와 같은 열차를 타고 이송되었던 이탈리아 여자들의 친구가 되었다. 그녀는 촛불 아래, 시선을 바닥으로 향한 채 내게 그들의 이야기를 들려주었다. 은밀한 불빛이 그녀의 얼굴만을 어둠에서 건져내어 겉늙은 주름을 두드러지게 하고 그녀의 얼굴을 비극의 가면으로 바꾸어놓았다. 그녀는 손수건 한 장으로 머리를 가리고 있었다. 그녀가 갑자기 손수건을 풀자 가면은 해골처럼 무시무시해졌다. 올가는 맨머리였다. 회색의 짧은 솜털만이 머리를 덮고 있었다.

그러니까 전부 다 죽었다. 어린아이와 노인들 전부 다, 즉시. 라거로 들어올 때 내가 소식을 모르게 된 550명의 사람들 가운데 단 29명의 여자들만이 비르케나우 수용소에 보내졌고, 이들 중 다섯 명만이 살아남았다. 반다는 10월에, 온전히 깨어 있는 상태로 가스실로 갔다. 올가가 몸소 그녀에게 수면제 두 알을 구해주었으나 충분치 않았다.

그리스인
Il greco

✢   한 달간 침대 신세를 진 뒤인 2월 말경, 나는 몸이 다 나은 것은 아니지만 그래도 안정적인 상태라고 느꼈다. 수직 자세로 (무리를 해서라도) 다시 몸을 세우지 않는 이상, 그리고 발에 신을 신지 않는 이상 건강도 기운도 되찾을 수 없을 것 같은 선명한 느낌을 가지고 있었다. 그래서 드문 진료일들 가운데 하루는 의사에게 나가게 해달라고 요청했다. 의사는 나를 진찰하더니 아니, 진찰하는 척하더니 성홍열의 낙설落屑*이 사라졌음을 확인하고는 자기 생각으로는 내가 가도 좋다고 말했다. 그리고 우습게도 내게 피로와 추위에 몸을 노출시키지 말라고 당부하고는 행운을 빌어주었다.

✢ 성홍열을 앓고 난 뒤 허물이 벗겨지는 증세.

그래서 나는 담요를 오려내어 부츠 삼아 신을 만한 신발 한 켤레를 만들고, 주위에 돌아다니는 윗도리와 바지를(다른 의복이라고는 없었으므로) 찾아내어 움켜쥐고는 프라우 비타와 헤넥에게 작별을 고하고 길을 떠났다.

제대로 서 있기조차 힘들었다. 문 밖으로 나가자마자 소비에트군 장교 한 사람과 마주쳤는데, 그는 내 사진을 찍더니 담배 다섯 개비를 내게 선물했다. 그리고 얼마 못 가서 나는 눈을 치울 장정들을 찾고 있던 한 사복 입은 남자를 미처 피하지 못하고 말았다. 그는 나를 붙잡더니 나의 항의에는 아랑곳없이 한 무리의 삽질하는 사람들 편에 합류시켰다.

담배 다섯 개비를 쥐어주었지만 그는 발끈하며 물리쳤다. 그는 전 카포였고 자연스레 그 일을 그대로 맡고 있었다. 사실 다른 사람이라면 누가 우리 같은 사람들에게 삽질하도록 시킬 수 있었겠는가? 도리 없이 삽질을 한번 해보았지만 내게는 육체적으로 불가능한 일이었다. 만약 저 모퉁이를 돌아갈 수만 있다면 아무도 더는 나를 보지 못할 것이었다. 하지만 삽을 처리하는 것이 필수적이었다. 삽을 팔 수 있다면 흥미로운 일이었겠지만 누구에게 팔지 몰랐고, 삽을 가져가자니 다만 몇 걸음이라도 위험한 일일 터였다. 삽을 묻을 만큼 충분한 눈도 없었다. 결국 나는 한 창고의 조그만 창문 안으로 삽을 밀어 넣어 떨어뜨렸고 다시 자유의 몸이 되었다.

나는 어떤 블록 안으로 들어갔다. 한 헝가리 노인이 보초를 서고 있었는데 나를 들여보내주지 않으려고 했다. 하지만 그는 담배에 설득당했다.

안은 따뜻했고 담배 연기와 요란한 소리와 모르는 얼굴들로 가득했다. 저녁이 되자, 그들은 내게도 수프를 주었다. 나는 며칠 동안 휴식을 하고 활동적인 생활에 차츰 적응해갈 수 있기를 바랐다. 하지만 내가 잘못 걸려들었다는 것은 꿈에도 몰랐다. 다음 날 아침나절에 나는 어느 불가사의한 수용소로 가는 러시아 수송열차에 휩쓸려 오르게 되었던 것이다.

✚   나의 그리스인이 언제 어떻게 무無에서 솟아났는지 정확히 기억한다고는 못 하겠다. 전선을 통과한 지 얼마 뒤인 나날들, 그곳들에서는 대지의 얼굴 위로 거센 바람이 불었다. 우리 주위의 세상은 태초의 혼돈으로 되돌아간 듯 보였고, 모자라고 결함투성이의 비정상적인 인간 표본들로 가득 차 있었다. 그리고 그들은 고대인들의 시적詩的 우주기원론에서 나오는 4대 원소의 입자들처럼, 저마다 숨 가쁘게 자신의 자리, 자신의 영역을 찾아 맹목적으로 혹은 신중하게 움직이며 동요하고 있었다.

나 역시 소용돌이에 휩쓸려, 눈이 엄청나게 내린 뒤인 얼음장 같은 어느 밤, 새벽이 오기 몇 시간 전에, 한 군용마차에 내가 모르는 열 명 남짓한 동료들과 함께 실려 있었다. 추위는 극심했다. 별이 빽빽하게 총총한 하늘은, 우리가 노예 신세였던 시절에 라거의 점호 광장에서 끝도 없이 지켜보던, 평원의 그 아름다운 새벽들 중 하나를 예고하면서 동녘에서부터 밝아오고 있었다.

우리의 안내인 겸 경호원은 러시아 병사였다. 그는 별들을 향해 목청껏 노래를 부르면서 마부석에 앉아 있었다. 가끔은 이상스레 다정한 러시아 방식으로 말들을 향해 상냥한 말투로 가락을 붙여가며 긴 이야기를 건네곤 했다. 우리는 당연히 그에게 행선지에 대해 물어보았지만, 이해할 수 있는 정보라고는 하나도 얻어내지 못했다. 다만 그가 박자를 맞춰 입으로 칙칙폭폭 하듯 불어대는 것과 팔꿈치를 접어 피스톤처럼 움직이는 동작으로 보아, 그의 임무는 우리를 어느 기차역으로 데려다주는 것으로 끝나는 게 틀림없었다.

실제로 그렇게 되었다. 동이 틀 무렵, 마차는 어느 비탈의 기슭에 멈춰 섰다. 위쪽으로는 최근 폭격으로 인해 50미터 남짓 끊어지고 붕괴된 철로가 달리고 있었다. 러시아 병사는 우리에게 끊어진 철로의 한쪽을 가리키고는 우리가 마차에서 내리도록 도와주었다(이것은 또한 필요한 일이기도 했다. 여정에는 거의 두 시간 정도 소요되었는데 마차는 협소했고, 우리 중 많은 사람이 불편한 자세와 파고드는 추위로 인해 움직이지 못할 정도로 몸이 뻣뻣하게 굳었기 때문이다). 그는 알아들을 수 없는 유쾌한 언어로 우리에게 인사를 하고는 부드럽게 노래를 부르면서 말들을 돌려 가버렸다.

방금 떠오른 태양은 연무의 베일 뒤로 사라지고 없었다. 철로가 놓인 비탈 꼭대기에서 바라보니, 나무 하나 지붕 하나 없는 황량한 벌판이 눈에 뒤덮인 채 끝없이 펼쳐져 있을 뿐이었다. 몇 시간이 흘러갔다. 우리 가운데 아무도 시계가 없었다.

이미 말했듯이 우리는 열 명 정도 되었다. 그 가운데 '라이히스도이처'*

가 한 명 있었는데, 많은 다른 '아리아계' 독일인들처럼 그도 해방 후에 비교적 정중한, 솔직히 어정쩡한 태도를 취했다(이것은 흥미로운 변신인데, 나는 이미 다른 사람들에게서도 이러한 변신이 일어나는 것을 보았다. 펑퍼짐한 얼굴들에서 그다지 까다롭지 않은 경향이 확연히 드러나는 붉은 별을 단 새로운 주인들이 처음 나타났을 때, 때로는 점진적으로, 때로는 단 몇 분 만에 변신했던 것이다). 키 크고 마른 두 형제가 있었다. 이들은 쉰 살가량 된 빈 출신의 유대인들로 모든 나이 든 해프틀링들과 마찬가지로 말이 없고 신중했다. 또 한 명은 유고슬라비아 정규군 장교였다. 수용소의 무기력과 굴종을 아직 털어버리지 못한 듯한 그는 우리를 텅 빈 눈으로 바라보았다. 또 나이를 짐작할 수 없는 일종의 인간 폐물이 있었다. 그는 이디시어로 혼자 쉬지 않고 말을 했다. 수용소에서의 잔혹한 삶이 심신을 절반쯤 파괴해버린, 그리하여 무감함이나 노골적인 광기의 두꺼운 갑옷으로 몸을 감싸고 (그리고 아마도 그것으로 보호받으며) 살아남은 수많은 사람들 가운데 하나였다. 그리고 마지막으로, 결코 잊을 수 없는 방랑의 한 주일 동안 운명적으로 나와 함께 묶여 있어야만 했던 그리스인이 있었다.

그의 이름은 모르도 나훔이었다. 처음 봐서는 그다지 눈에 띌 만한 점이 없었다. 신발(가죽으로 된 데다 거의 새것이고 디자인이 우아한 것으로, 우리가 처해 있던 시간과 장소를 생각하면 정말 놀라웠다)과 등에 지고 다니

✤ Reichs-deutscher 아리아계 독일인 정치범이나 일반 죄수.

는 자루를 제외하면 말이다. 그 자루는 그 후 며칠 동안 나도 직접 확인할 수밖에 없었듯이, 엄청 크고 무게도 상당한 것이었다. 그는 모국어 외에도 (테살로니키 출신의 모든 유대인들처럼) 스페인어, 프랑스어를 구사했고 이탈리아어는 유창하진 않았지만 발음이 좋았다. 또한 터키어와 불가리아어도 할 줄 알았고 알바니아어도 조금은 알고 있었다. 마흔 살인 그는 다소 큰 키였지만 근시안처럼 머리를 앞으로 내밀고 구부정하게 걸었다. 머리카락도 피부도 붉은 그는 희멀건, 물기 어린 커다란 두 눈과 큰 매부리코를 가졌는데 이것은 그의 페르소나 전체에 강탈적인 면과 저지당한 듯한 인상을 동시에 부여하고 있었다. 거의 빛에 놀란 야행성 조류나 자신의 고유한 환경을 벗어난 육식 어류의 모습과 흡사했다. 그는 고열로 인한 발작으로 기진맥진해지는, 정확히 알 수 없는 어떤 병에서 회복되는 중이었다. 당시 여행할 동안의 처음 며칠 밤에도 그는 가끔 오한과 착란 증세를 보이며 탈진 상태에 빠지곤 했다. 우리는 특별히 서로 끌린다고 느끼지는 않았지만, 우리가 공통으로 할 줄 알았던 두 개의 언어에 의해, 그리고 그 작은 그룹에서 오직 우리 두 사람만이 지중해 출신이라는, 그런 상황에서는 상당히 민감하게 느껴지는 사실에 의해 서로 가까워졌다.

기다림은 끝이 없었다. 우리는 춥고 배고팠으며 시선이 닿는 데까지 지붕 하나 피난처 하나 보이지 않았기 때문에 어쩔 수 없이 서 있거나 눈 속에 드러누울 수밖에 없었다. 자비롭게도 문명의 손길이 멀리서 가쁜 숨을 몰아쉬고 연기를 내뿜으며 초라한 열차의 형태로 우리를 향해 뻗어온 것은 대략 정오쯤이었을 것이다. 평상시에는 역 내부에서 차량들을 움직이는 데 쓰이는 간이 기관차가 서너 량의 화물차를 끌고 달려오고 있었다.

열차가 우리 앞에, 끊어진 철로 구간 끄트머리에 와서 멈춰 섰다. 폴란드 농부들 몇 명이 내렸다. 그들에게서 우리는 아무런 정보도 얻어내지 못했다. 그들은 딱딱한 표정으로 우리를 쳐다보았고 마치 우리가 페스트에 걸리기라도 한 것처럼 피했다. 사실, 그렇긴 했다. 어쩌면 글자 그대로 병에 걸린 것인지도 몰랐다. 아무튼 우리 모습이 썩 달가운 것이 아님은 틀림없었다. 우리는 해방 이후에 만나는 첫 '민간인'들에게서 좀 더 따뜻한 환대를 받으리라고 착각을 했던 것이다. 우리는 열차의 한 칸에 모두 함께 올라탔다. 그리고 열차는 거꾸로, 장난감 같은 기관차가 이제 끌어당기는 것이 아니라 뒤에서 밀면서 곧장 출발했다. 다음 정거장에서 시골 아낙네 두 명이 탔고, 우리는 이내 초기의 경계심과 언어의 장벽을 극복하면서 몇 가지 중요한 지리적 사항과 한 가지 소식을 알아냈다. 그 소식은, 만약 사실이라면, 우리에게 거의 재앙에 가까웠다.

철로가 끊어져 있던 곳은 노이 베룬이라는 지역에서 약간 떨어져 있었다. 노이 베룬은 한때 아우슈비츠로 가는 지선이 출발하는 곳이었는데, 당시 지선은 이미 파괴되어 있었다. 끊어진 철로의 두 극단 중 하나는 (서쪽으로) 카토비체로, 다른 하나는 (동쪽으로) 크라코비아로 이어졌다. 이 두 지역 다 노이 베룬으로부터 약 60킬로미터나 떨어져 있었고, 이는 전쟁을 치르느라 경악스러우리만큼 열악해진 철로의 상태로 인해 이 여행이 몇 번이고 정차와 갈아타기를 거듭하며 적어도 이틀은 걸리게 되리라는 것을 의미했다. 우리가 탄 화물열차는 크라코비아를 향해 가고 있었다. 크라코비아에는 며칠 전까지만 해도 러시아인들이 엄청난 수의 전前 포로들을 수용했으나, 이제는 모든 병사兵舍, 학교, 병원, 수도원들에 도움이 절박한 상태의 사람들이 넘쳐났다. 아낙들이 우리에게 귀띔해준 바에 따르면, 크라코비아의 길만 해도 이미 모든 인종의 남녀들로 넘쳐나고 있고, 이들은 눈 깜짝할 사이에 밀수업자로, 불법상인으로, 심지어는 도둑이나 산적으로 탈바꿈했다는 것이다.

이미 여러 날 전부터 전 포로들은 카토비체 주변에 있는 다른 수용소들에 집단으로 수용되었고, 그래서 두 여자는 우리가 크라코비아로 가는 중이라는 사실에 몹시 놀랐다. 그녀들이 말하기를, 크라코비아에서는 러시아 주둔군조차도 궁핍함을 겪고 있다는 것이었다. 우리 이야기를 듣고 나서 여자들은 짧게 의견을 주고받더니 아무래도 우리를 안내한 러시아 마부의 실수임에 분명하다고 말했다. 그가 이 나라 지리에 어두워서, 서쪽이 아닌 동쪽으로 가는 철로로 우리를 안내했다는 것이다.

이러한 소식은 우리를 대번에 의심과 불안이 뒤얽힌 혼란 속으로 몰아넣었다. 우리는 우리를 맞아들일 시설이 갖춰진 수용소로 가기 위해, 우리의 집들을 대신할 만한 어떤 곳으로 가기 위해 짧고 안전하게 여행하기를 희망했다. 그리고 이 희망은 훨씬 더 큰 어떤 희망의 일부였다. 그것은 격변과 오류와 대학살의 영겁이 흐른 뒤, 우리의 기나긴 인고의 시간이 흐른 뒤, 올바르고 곧은 세계, 자신의 자생적인 토대 위에 기적적으로 재건된 세계에 대한 희망이었다. 선과 악 사이에서, 과거와 미래 사이에서 지나치게 분명한 가름에 기반을 두는 모든 희망들처럼 그것은 순진한 희망이었다. 그러나 우리는 그 희망으로 살고 있었다. 그 첫 균열, 그리고 뒤따라오는 다른 수많은, 피할 수 없는 크고 작은 균열들이 우리 중 많은 이들에게는 예기치 못한 만큼 더 아픈 고통의 계기가 되었다. 더 나은 세상을, 그것을 완벽한 것으로 그리지도 않으면서 몇 년, 몇 십 년 동안 꿈꾸지는 않기 때문이다.

그런데 그렇지가 않았다. 우리 가운데 극소수의 현자들만이 예견했던 일이 일어난 것이었다. 자유, 있을 수 없는 불가능한 자유, 아우슈비츠로부터 그토록 멀리 떨어져 있어서 꿈속에서만 감히 바라보아야 했던 그 자유가 찾아왔지만, 그러나 그것은 우리를 '약속의 땅'으로 데려다주지 않았다. 그것은 우리 주위에, 무자비하고 황량한 벌판의 모습을 하고 있었던 것이다. 또 다른 시련, 또 다른 피로, 또 다른 배고픔, 또 다른 추위, 또 다른 두려움이 우리를 기다리고 있었다.

나는 이미 스물네 시간째 아무것도 먹지 못했다. 우리는 추위로부터 몸을 보호하기 위해 열차의 나무 바닥에 잔뜩 웅크린 채 붙어 앉아 있었다. 선로들은 제대로 이어져 있지 않았고, 열차가 덜컹거릴 때마다 우리는 목을 제대로 가눌 수가 없어서 머리를 판자벽에 부딪곤 했다. 나는 완전히 기진맥진해 있었다. 단지 육체적으로만이 아니었다. 마치 몇 시간을 쉬지 않고 달린 운동선수처럼, 처음에는 자신이 가지고 있던 모든 힘을 써버리고, 그런 다음에는 마지막 한 방울까지 쥐어짜고 급기야 절체절명의 순간에 없는 힘을 무$_無$에서 만들어 달려 결승점에 도달한 선수처럼, 하지만 완전히 지쳐서 바닥에 뻗어버리려고 하는 순간 다시 무참하게 일으켜 세워져, 어둠 속에서 그 끝을 알 수 없는 또 다른 결승점을 향해 또다시 달리기를 강요당하는 운동선수처럼. 나는 씁쓸한 생각에 잠겼다. 자연이 손해배상을 해주는 것은 드문 일이며 인간 사회도 마찬가지라는 생각이 들었다. 인간 사회는 자연의 거대한 틀에서 벗어나는 일에 더디고 소심하기 때문이다. 그러니 자연 속에서 더 이상 그대로 따라야 할 어떤 모범을 보는 것이 아닌, 깎고 다듬어나가야 할 어떤 무형의 덩어리 또는 맞서야 할 적을 보게 된다는 것이 인간의 사유의 역사에서 얼마나 대단한 인식의 획득인가.

✛   열차는 느리게 달렸다. 저녁이 되자, 겉보기에는 버려진 듯한 캄캄한 마을들이 나타났다. 그리고 완연한 밤이 내려앉았다. 혹독하게 춥고 하늘과 땅 어디에도 빛 한 줌 없는 밤이었다. 단지 덜컹거리는 열차의 흔들림만이 우리가 추위 때문에 치명적일 수 있는 잠 속으로 빠져들지 못하도록 막고 있었다. 끝도 없는 시간을 여행한 후에, 아마도 새벽 세 시경이었을 것이다, 마침내 우리는 어두컴컴하고 다 부서진 어떤 조그만 역에 멈춰 섰다. 그리스인은 착란에 빠져 헛소리를 해댔다. 사람들은, 어떤 이는 두려워서, 어떤 이는 완전히 무기력해져서, 또 어떤 이는 열차가 곧 다시 출발하기를 바라서, 아무도 내리려고 하지 않았다. 나는 내렸다. 내 우스꽝스러운 가방을 가지고 어둠 속을 돌아다니

다가 불이 켜진 작은 창문을 보았다. 그곳은 조그만 전신소였는데 사람들로 북적였다. 안에는 난로가 지펴져 있었다. 나는 조금이라도 위협적인 낌새가 보이면 대번에 도망칠 준비가 된 떠돌이 개처럼 조심스럽게 안으로 들어갔다. 그러나 아무도 나에게 신경을 쓰지 않았다. 그래서 나는 라거에서 배운 대로 으레 바닥에 몸을 던지고는 금세 잠들어버렸다. 몇 시간 뒤 새벽녘에 잠에서 깨었다. 사무실은 텅 비어 있었다. 전신기사가 내가 고개를 드는 것을 보고는, 엄청 큰 빵 한 조각과 치즈를 내 옆에 내려놓았다. (추위와 잠으로 절반쯤 마비 상태였던 데다) 놀라서 어안이 벙벙해진 나는 그에게 고맙다는 인사조차 하지 않은 것 같다. 음식물을 위 속으로 쑤셔넣은 뒤 밖으로 나왔다. 열차는 움직이지 않고 그대로 있었다. 열차 안에는 동료들이 무기력하게 누워 있었다. 나를 보더니 유고슬라비아인만 제외하고는 다들 몸을 일으켰다. 그는 몸을 움직이려고 애썼지만 헛일이었다. 추위에 떨며 부동 자세로 있었던 탓에 다리가 마비되었던 것이다. 그를 만지자 소리를 지르고 신음을 했다. 우리는 오랫동안 그를 마사지해주고 나서, 녹슨 기계를 다시 작동시키듯 팔다리를 조심스럽게 풀어주어야 했다.

모두에게 끔찍한 밤이었다. 아마도 우리의 유랑 생활을 통틀어 최악의 밤이었을 것이다. 그리스인과 나는 이러한 상황에 대해 이야기를 나누었다. 얼음장 같은 하룻밤을 또 보낸다면 살아남지 못할 것 같았기 때문에, 무슨 수를 써서라도 추위를 피해보자는 목적에서 우리는 서로 돕기로 합의했다.

내가 생각하기에 그리스인은 나의 야간 출격 덕분에 당시 사람들이 멋을 부려 말하던 식으로 나를 '데부뤼야르'하고 '데메르다르'+ 하다고 과대평가했다. 이제야 고백하지만, 나는 그의 커다란 자루와 또 테살로니키인이라는 그의 자질을 주로 염두에 두었다. 아우슈비츠에서 누구나 알고 있었듯이, 테살로니키 사람이라면 상인으로서의 능숙한 솜씨와 어떤 상황도 잘 헤쳐나갈 줄 아는 수완가의 보증서와도 같았다. 우리 두 사람이 서로 호감을 느끼고 내가 일방적으로 존경하게 된 것은 나중의 일이었다.

열차가 다시 출발했다. 구불구불하고 알 수 없는 행로를 거쳐 열차는 슈차코바라 불리는 곳으로 우리를 데려갔다. 그곳에서 폴란드 적십자는 따뜻한 음식을 제공하는 놀라운 봉사 활동을 조직하여, 상당히 영양가 있는 수프를 낮이든 밤이든 어느 때나, 찾아오는 사람이면 누구에게나 차별 없이 배급해주었다. 이것은 우리 중 그 누구도 가장 대담한 꿈속에서조차 감히 생각지 못했던 기적이었다. 라거는 분명 전복된 것이었다. 내 동료들의 태도는 별로 기억나지 않는다. 다만 폴란드 수녀님들이 그곳에 오는 굶주린 손님들에게 익숙해 있었음에도, 내가 엄청나게 먹어대는 것을 보고 성호를 긋던 일이 생각난다.

우리는 오후에 다시 출발했다. 해가 나 있었다. 우리가 탄 열차는 가엾게도 석양이 질 무렵 고장이 나서 멈춰 서버렸다. 멀리 크라코비아의 종

+ débrouillard et démerdard (프랑스어) 요령이 좋고 곤경을 잘 헤쳐나가는.

탑들이 붉게 물들고 있었다. 그리스인과 나는 열차에서 내려 기관사에게 물어보러 갔다. 그는 눈 속에서 몹시 분주하고 지저분한 모습으로, 어느 것인지는 몰라도 터진 파이프에서 길게 뿜어져 나오는 수증기와 씨름하고 있었다. "마쉬나 카푸트."(기관차가 끝장났어) 간결하게 그는 대답했다. 우리는 더 이상 노예가 아니었다. 이제는 보호를 받고 있지도 않았고 보호 밖으로 나와 있었다. 우리에게 시련의 시작을 알리는 종이 울린 것이다.

슈차코바에서의 따뜻한 수프로 기운을 차린 그리스인은 자신이 어느 정도 원기를 회복했다고 느꼈다. "오 니 바?" "오 니 바."✢ 그리하여 우리는 기차와, 다시는 보지 못할 당황한 동료들을 남겨두고 인간 사회를 찾아 떠나는 불확실한 여정의 첫발을 내디뎠다.

✢　　　그의 단호한 요구로 나는 결국 그 유명한 짐을 지게 되었다. "당신 거잖아!" 나는 항변하려 했으나 헛일이었다. "바로 그거야, 내 거니까. 내가 그걸 마련했으니 자네가 그걸 져야지. 업무 분담이야. 나중에 자네도 득을 보게 될 거야." 이렇게 우리는 걷기 시작했다. 그가 앞에서, 나는 뒤에서. 교외의 어느 길, 단단하게 굳은 눈 위로. 해는 졌다.

그리스인의 신발에 대해서는 이미 말했다. 나는 이탈리아에서 사제들만이 신고 다니는 것을 본 적이 있는 기묘한 신발을 신고 있었다. 매우 부

✢ On y va? / On y va. (프랑스어) 갈까? / 갑시다.

드러운 가죽으로 되어 있고 복사뼈까지 올라오는, 끈이 없이 두 개의 커다란 버클이 달린 신발로, 양 측면의 탄력 있는 천 부분이 착 달라붙어 발목을 조여주었다. 게다가 나는 두꺼운 해프틀링용 바지를 자그마치 네 벌이나 껴입었고 면 셔츠 하나에 줄무늬 상의를 걸치고 있었다. 그게 다였다. 내 짐은 담요 한 장과, 빵을 몇 조각 넣어두었던, 이제는 비어버린 종이상자뿐이었다. 그리스인은 이 모든 것들을 경멸을 감추지 않고 심술궂게 흘긋 쳐다볼 뿐이었다.

우리는 크라코비아까지 가는 거리를 터무니없이 잘못 계산했다. 적어도 7킬로미터는 걸어야 할 판이었다. 20분을 걷고 나자 내 신발이 떨어졌다. 신발 밑창 중 하나는 떨어져나갔고, 다른 쪽은 솔기가 풀리고 있었다. 그때까지 의미심장한 침묵을 지키던 그리스인은 내가 짐을 내려놓고 이 불행한 사태를 확인하기 위해 길 가장자리의 경계돌 위에 앉는 것을 보더니, 나에게 물었다.

"나이가 몇인가?"

"스물다섯." 내가 대답했다.

"직업은 뭐지?"

"난 화학자예요."

"어쨌든 바보로군. 신발이 없는 사람은 바보지." 그는 나에게 태연하게 말했다.

그는 위대한 그리스인이었다. 나는 내 인생에서 전무후무할 만큼 그토록 구체적인 현명함이 나를 옴짝달싹 못하게 하는 것을 느낀 적이 거의 없었다. 반박의 여지가 별로 없었다. 그 논지의 타당성은 손으로 만질 수 있을 만큼 명명백백했다. 내 발에는 형태도 없는 두 짝의 폐물, 그의 발에는 번쩍이는 두 짝의 경이로움. 변명의 여지가 없었다. 나는 더 이상 노예가 아니었다. 하지만 자유의 길로 처음 몇 걸음을 뗀 후 여기 이렇게 길가 경계돌 위에 앉아서 손으로 발을 부여잡고 얼마 전에 남겨두고 온 그 고장난 기관차처럼 쓸모없고 볼썽사납게 있지 않은가.

"그런데 내가 성홍열을 앓고 있었거든요. 열도 있고, 병동 막사에 있었다고요. 신발 창고는 꽤 멀었고 접근이 금지되어 있었어요. 게다가 폴란드 사람들이 신발 창고를 약탈했다고들 하고. 러시아인들이 지원해줄 거라고 믿을 권리가 나한테도 있지 않았겠어요?"

"말은," 그리스인이 말했다. "말은 다들 할 줄 알지. 나도 40도까지 열이 올라 있었고 밤인지 낮인지도 몰랐어. 하지만 한 가지 알고 있었던 것은 내게 신발과 다른 물건들이 필요하다는 사실이었거든. 그래서 나는 일어났지. 상황을 탐색하려고 창고까지 갔어. 문 앞에 기관총을 든 러시아인이 하나 있더군. 하지만 난 신발을 원했단 말이야. 그래서 뒤로 돌아갔지. 조그만 창문을 부수고 안으로 들어갔어. 그렇게 해서 신발을 갖게 된 거야. 이 자루도, 그리고 이제 곧 유용하게 될 자루 안에 있는 모든 것들도. 이게 바로 선견지명이라는 거야. 자네는 어리석고 말이야. 현실을 고려하지 않는 것이지.

"지금 말로 떠드는 건 바로 당신이잖아요." 내가 말했다. "내가 잘못을 했겠죠. 하지만 지금 문제는 크라코비아에 밤이 되기 전에 도착하는 거잖아요. 신발이 있거나 없거나 간에." 이렇게 말하면서 나는 추위에 곱은 손가락으로 길에서 주워두었던 철사 조각들을 써서 임시로라도 신발 밑창을 윗부분에 매놓으려고 안간힘을 쓰고 있었다.

"관둬, 그래 봤자 소용없어." 그는 보따리에서 꺼낸 튼튼한 천 두 조각을 나에게 내밀었다. 그리고 일단 되는대로 걸을 수 있도록 신발과 발을 함께 싸매는 방법을 보여주었다. 그러고 나서 우리는 말없이 계속 걸었다. 크라코비아의 변두리는 아무런 개성도 없고 황량했다. 길들은 인적이 완전히 끊겨 있었다. 가게 진열장들은 텅 비었고 모든 문과 창문들은 빗장이 쳐졌거나 부서져 넘어가 있었다. 우리는 어느 전차 노선의 종점에 이르렀다. 차비가 없었으므로 나는 주저했다. 그러자 그리스인은 이렇게 말했다. "타자고, 그리고 두고 보는 거지." 전차는 비어 있었다. 15분이 지나자 검표원이 아니라 운전사가 왔다. (이것으로 한 번 더 그리스인이 옳았음을 알 수 있었다. 그리고 앞으로 보게 되겠지만, 이후의 모든 일들에서도 그가 옳았다. 딱 한 가지만 제외하고는.) 우리는 출발했다. 도중에 우리는 그사이 전차에 올라탄 승객들 가운데 프랑스 군인이 있는 것을 알아내고는 기뻐했다. 그는 우리에게 자신이 오래된 수도원에 머물고 있으며 잠시 후 그 수도원 앞을 지나게 될 거라고 설명했다. 그다음 정거장에 내리면 러시아인들이 접수한 병사(兵舍)를 찾을 수 있고, 그곳에는 이탈리아 군인들이 잔뜩 있을 거라고 말했다. 나의 심장은 기쁨으로 마구 뛰었다. 비로소 고향 하나를 찾은 것이다.

사실, 모든 것이 그렇게 평탄하지는 않았다. 병사의 폴란드인 보초병은 처음에는 퉁명스럽게 가달라고 말했다. "가라니, 어디로 말입니까?" "내 알 바 아니오. 어디로든 딴 데로 가보시오." 여러 번 매달리고 사정을 한 끝에 결국 그는 이탈리아군 준위를 불러다주기로 했다. 분명 그 준위에게 수용 여부를 결정할 권한이 있음에 틀림없었다. 간단한 일이 아니라면서 준위는 우리에게 설명했다. 즉, 병사는 이미 꽉 차 있고 배급량은 일정하다는 것이었다. 내가 이탈리아인이라는 것은 자신도 인정하지만, 나는 군인이 아니며 또 내 친구는 그리스인인데 그를 예전에 그리스와 알바니아에서 전투+를 벌인 군인들 사이에 들여보낼 수는 없다고 말했다. 싸움과 무질서가 생겨날 게 분명하다는 말이었다. 나는 최대한 호소력을 발휘하여, 그리고 두 눈에 진심으로 우러난 눈물을 글썽이며 그에게 거듭 주장했다. 우리는 딱 하룻밤만 머무를 것이며(맘속으로는 일단 안으로 들어가기만 하면, 하고 생각했다), 그리스인은 이탈리아어를 할 줄 알지만 아무튼 간에 가능한 한 입을 열지 않을 것이라고 장담했다. 내 주장은 설득력이 약했다. 나도 그것을 알고 있었다. 그런데 그리스인은 이 세상 모든 군대가 어떻게 돌아가는지 잘 알았다. 내가 말을 하는 동안 그는 내 등에 매달린 자루 속을 뒤지고 있었다. 그리고 갑자기 나를 한쪽으로 밀치더니 말없이 이 케르베로스+의 코밑에 반질반질

+ 1940년 제2차 세계대전이 발발하자 무솔리니의 이탈리아군은 그리스를 침공하지만 그리스군의 반격으로 알바니아까지 후퇴해 붕괴 직전까지 몰린다. 그리스는 친독일적인 중립을 유지하고 있었지만, 이 사건을 계기로 연합국 측에 가담한다.
+ 그리스 신화에 나오는, 하데스가 관장하는 지옥의 세계를 지키는 괴물들 중 하나이다. 머리가 셋 달린 개로, 세 머리는 각각 과거의 파괴, 현재의 파괴, 미래의 파괴를 의미한다. 그의 임무는 지옥을 산 자가 들어올 수 없게 하고 죽은 자가 빠져나갈 수 없게 하는 것이다.

빛나는 '포크' 통조림 하나를 내밀었다. 그것은 알록달록한 라벨과, 내용물의 적절한 조리법을 6개 국어로 설명해놓은 쓸데없는 설명서로 치장되어 있었다. 이렇게 해서 우리는 크라코비아에서 숙소 하나와 침대 하나를 얻을 수 있었다.

✢ 이미 밤이었다. 준위가 우리를 단념시키려 했던 말과는 달리, 병사 안에는 엄청나게 사치스러운 풍요로움이 넘치고 있었다. 난로들이 지펴져 있고 양초와 카바이드 램프, 먹을 것과 마실 것들, 잠자리용 짚이 있었다. 이탈리아인들은 방마다 열 명에서 열두 명씩 들어가 있었다. 모노비츠 수용소에서 우리는 1제곱미터당 두 명씩 지냈다. 그들은 좋은 군복과 속이 두툼하게 든 상의를 입었고 많은 사람들이 손목시계를 차고 있었다. 모두가 머릿기름을 발라 머리카락에서 윤기가 흘렀다. 그들은 시끌벅적하고 쾌활했으며 친절했고 우리에게 관심을 쏟아부었다. 그리스인으로 말하자면, 모두가 볼 수 있도록 사람들의 어깨 위로 들어올려질 뻔했다. 그리스 사람이다! 그리스 사람이 왔다! 소리는 방에서 방을 타고 퍼져나갔고, 얼마 되지 않아 성격 까칠한 내 동료 주위로 한 무리의 흥겨운 사람들이 모여들었다. 그들은 그리스어를 할 줄 알았고 몇 명은 유창하게 구사했다. 그들은 역사가 기억하는 가장 관대한 군사 점령에서 돌아온 귀환자들이었다. 그들은 침략당한 국가의 치열한 용맹스러움을 기사도를 발휘해 암묵적으로 인정하면서 그때 그 장소들과 사건들을 유쾌한 호감을 보이며 회상했다. 그런데 그들에게 길을 터

주는 무언가가 더 있었다. 나의 그리스인은 여느 그리스인이 아니었던 것이다. 그는 분명 대가였고 권위였고 슈퍼 그리스인이었다. 대화를 한 지 몇 분 안 되어 그는 기적을 이룩했다. 분위기를 휘어잡은 것이다.

그는 만반의 준비를 갖추고 있었다. 이탈리아어를 할 줄 알았고 그리고 (제일 중요한 것으로 이탈리아 사람들도 상당수 결여하고 있는 것인데) 이탈리아어로 무슨 이야기를 해야 할지를 알았다. 나는 놀라서 어안이 벙벙해졌다. 여자들에 대해, 탈리아텔레⁎에 대해, 유벤투스⁎와 오페라 음악에 대해, 전쟁과 임질에 대해, 포도주와 암시장에 대해, 모터사이클과 편법들에 대해 그는 전문가임을 보여주었다. 모르도 나훔, 그는 나와는 그리도 말수가 적더니 금세 그날 저녁의 주인공이 되었다. 나는 그의 놀라운 화술이, '캅타티오 베네볼렌티아에'⁎하기 위한 그의 노력이 단지 기회주의자적인 심사숙고에서 나온 것만은 아님을 감지했다. 그도 역시 그리스 전쟁에 상사의 계급으로 참전했던 것이다. 그가 최전선이 아닌 후방에 있었음을 알 수 있었지만, 이런 세부 사항은 그 순간 모두에게 무시해도 좋은 것으로 보였다. 그는 테펠레니에 있었다. 많은 이탈리아인들도 그곳에 있었다. 그도 이탈리아 사람들과 마찬가지로 추위와 배고픔, 진흙과 폭격으로 고통받았고, 결국에는 그들처럼 독일군에게 붙잡혔다. 그는 동지요 전우였던 셈이다.

⁎ 이탈리아 파스타의 일종으로 면발이 길고 납작하여 칼국수 면처럼 생겼다.
⁎ 토리노를 연고지로 하는 이탈리아의 대표적인 명문 축구 클럽.
⁎ captatio benevolentiae (라틴어) 호감을 사다.

그는 전쟁에 얽힌 희한한 이야기들을 들려주었다. 독일군 측 전선이 무너진 후, 그가 여섯 명의 병사들과 함께 식량을 찾아서 폭격을 받고 버려진 어느 저택의 2층을 뒤지고 있을 때의 이야기였다. 아래층에서 수상한 소리를 들은 그는 옆구리에 기관총을 차고서 조심스럽게 계단을 내려갔고, 그러다가 이탈리아군 상사와 맞닥뜨렸다. 이탈리아군 상사 역시 여섯 명의 병사들과 함께 1층에서 같은 일을 하던 중이었다. 이탈리아인 쪽에서도 기관총을 조준하고 있었다. 그러나 그는 이탈리아군 상사에게 그 상황에서 총격전을 벌이는 것은 지극히 어리석은 일이고, 그리스인과 이탈리아인 양쪽 다 같은 배를 타고 있으며, 따라서 작은 평화 협정을 맺고 공간을 나누어 각자의 점령지 내에서 수색을 계속하지 못할 이유가 없지 않겠느냐고 제안했다. 이러한 제안에 이탈리아군 상사는 즉시 동의했다.

그것은 나에게도 뜻밖의 이야기였다. 나는 그가 약간 불한당 같고, 전문 사기꾼인 데다 거침없고 이기적이고 냉정한 장사꾼 이상도 이하도 아닐 거라고 생각했다. 그런데 뜻밖에도 그의 안에서 청중의 호감에 고무되어 새로운 온기가, 특이하지만 진실하고 가능성이 풍부한 인류애가 피어나는 것을 느꼈다.

한밤중에 어디서인지는 몰라도 심지어 포도주 한 병이 튀어나오기도 했다. 이게 결정타였다. 나에게는 따뜻한 포도줏빛 안개 속에 모든 것이 흐뭇하게 둥둥 떠다니는 것 같았다. 이탈리아 사람들이 어머니 같은 배려로 한쪽 구석에 마련해준 짚더미 잠자리까지 나는 간신히 엉금엉금

기어가는 데 성공했다.

그리스인이 나를 깨운 것은 막 동이 틀 무렵이었다. 맙소사, 환상이 깨지는구나! 간밤의 향연에 초대받은 그 유쾌한 사람은 어디로 사라졌단 말인가? 내 앞에 버티고 선 그리스인은 엄하고 불가사의하고 과묵했다.

"일어나." 그는 반박을 용납하지 않는 목소리로 내게 말했다. "신발 신고 자루 들어. 가자."

"가긴 어딜 가요?"

"일하러. 시장에. 남들이 먹여 살려주는 게 자네가 보기에는 좋은가?"

나는 이 문제에 대해서만큼은 전혀 꿈쩍도 하지 않고 버텼다. 내가 보기에는, 누군가가 나를 먹여 살려준다는 것이 편할 뿐만 아니라 굉장히 자연스러웠고 좋았다. 나로서는 간밤에 피어난 민족적인 연대감이, 아니 자발적인 인류애가 더없이 아름답고 흥분되는 일로 보였다. 나아가, 자기연민으로 가득 차 있던 내게는 세상이 마침내 내게 불쌍함을 느낀다는 것이 정당하고 선한 일로 보였다. 게다가 나는 신발도 없고 병들고 춥고 지쳐 있지 않은가. 그리고 마지막으로 도대체 내가 시장에서 무슨 일을 할 수 있단 말인가?

내게는 명백한 이러한 생각들을 나는 그에게 피력했다. 그러자 그는 퉁명스럽게 이렇게 대답했다. "세 파 데 레종 돔므."✣ 나는 내가 그의 중요한 도덕적 기준 하나를 훼손했고, 그래서 그는 심히 분개했으며, 그 점에

✣ C'est pas des raisons d'homme. (프랑스어) 사나이가 댈 만한 핑곗거리는 아니로군.

대해서 그는 타협할 생각도 왈가왈부할 생각도 없음을 깨달아야 했다. 도덕률들은 본질상 모두가 엄격하다. 어떤 조율이나 타협도, 상호 간의 변질도 허용치 않는다. 통째로 받아들이거나 거부해야 하는 것이다. 이것이 바로 인간이 무리를 지어 어울리고, 얼마간 의식적으로, 그저 자신의 옆자리에 있는 사람이 아니라 오로지 자신의 깊은 신념들을 공유하는 (또는 그런 신념이 없음을 공유하는) 사람과 가까이 있으려고 하는 주된 이유 가운데 하나이리라. 나는 실망하면서도 한편으로 놀랐고, 모르도 나훔이 바로 그런 사람임을 깨달을 수밖에 없었다. 그는 깊은 신념을 가진 사람, 게다가 나의 그것과는 상당히 거리가 먼 신념을 가진 사람이었던 것이다. 그러니까, 이데올로기가 다른 상대방과 사업 관계를 갖는다는 것이, 아니 동거를 한다는 것이 얼마나 힘든 일인지 다들 알리라.

그가 가진 도덕의 기본은 노동이었다. 그는 노동을 신성한 의무로 여기되, 매우 폭넓은 의미로 이해하고 있었다. 자유를 제한하지 않고 이익을 가져다주는 것 모두가 노동이었다. 그러므로 노동이라는 개념은 몇 가지 합법적인 활동 외에도 예를 들어 밀수, 절도, 사기(강도짓이 아니라. 사기는 폭력적이지 않으므로) 같은 것도 포함하고 있었다. 반면, 진취적 정신이나 위험을 수반하지 않는 활동 또는 어떤 규율이나 위계질서를 전제로 하는 모든 활동들은 굴욕적이므로 비난받아 마땅한 것으로 간주했다. 어떠한 고용 관계도, 보수를 받고 하는 어떤 일도, 설사 그 보수가 좋다 하더라도, 그는 통째로 묶어 '노예 노동'과 같은 것으로 보았다. 그러나 자기 밭을 경작한다거나 항구에서 위조 골동품을 관광객들에게 판다거나 하는 것은 노예 노동이 아니었다.

매우 고상한 정신 활동 또는 창의적인 일에 대해서는 그리스인이 분열되어 있다는 것을 일찌감치 알 수 있었다. 그것들은 조심스럽게, 그때그때 판단해야 할 일이었다. 예를 들어, 모조품 그림이나 도색 서적을 팔더라도 또는 아무리 상대방에게 해를 끼치더라도 성공 그 자체를 추구하는 것은 합당하다. 그러나 소득 없는 이념을 고집스레 좇는 것은 비난받을 일이며, 세상에서 물러나 묵상에 잠기는 것은 죄 짓는 일이다. 반면, 명상을 통해 지혜를 얻는 일에 열중하는 자의 길은 문명사회로부터 자신의 빵을 공짜로 받아야 한다고 생각하지 않는 이상 합당한, 아니 칭찬받을 일이다. 지혜 역시도 하나의 상품이며 교환될 수 있고 교환되어 마땅한 것이기 때문이다.

모르도 나훔은 바보가 아니었기 때문에, 이러한 자신의 기준들에 대해 출신지나 성장 배경이 다른 사람들이, 바로 이 경우에는 내가 동의하지 않을 수도 있다는 사실을 분명히 알고 있었다. 그러나 이러한 기준들에 대한 그의 믿음은 확고부동했고, 그의 야심은 그 보편적 유효성을 나에게 증명해 보이고자 그것들을 행동으로 옮기는 것이었다.

결론적으로, 마음 편히 있으면서 러시아인들의 빵을 기다리려는 나의 의도는 그에게 혐오스러울 수밖에 없었다. 왜냐하면 그것은 '벌지 않은 빵'이고 예속 관계를 수반하기 때문이었다. 그리고 모든 형태의 조직이나 구조는, 그것이 매일 빵덩어리를 가져다주건 매달 월급 봉투를 가져다주건 간에, 그에게는 미심쩍은 것이었다.

✛　　　　그리하여 나는 그리스인을 따라 시장에 갔다. 그의 주장에 설득되었기 때문이 아니라 딱히 할 일도 없고 호기심도 생겼기 때문이다. 전날 저녁, 내가 이미 포도주 증기의 바닷속을 떠다니는 동안 그는 부지런히 크라코비아 자유시장의 수요와 공급 상태, 가격, 관습, 위치 등에 대한 정보를 입수했다. 의무가 그를 부르고 있었다.

그는 자루를 가지고(내가 지고), 나는 다 떨어져가는 신발을 신고 출발했다. 신발 탓에 걸을 때마다 문제가 되었다. 크라코비아의 시장은 전선이 통과한 후 자생적으로 생겨났고 수일 내로 한 구역 전체를 차지하게 되었다. 그곳에서는 모든 것을 사고팔았으며 도시 주민 전체가 그곳으로 모여들었다. 중산층 사람들은 가구, 책, 그림, 옷, 은제품 등을 팔았고, 팔 것들을 옷 속에 숨겨 매트리스처럼 두툼해진 농부 아낙네들은 고기, 닭, 달걀, 치즈 등을 내놓았다. 찬바람을 맞아 코와 뺨이 발그레한 사내아이들과 여자아이들은 소련 군정 당국이 기이한 너그러움으로 (매달 300그램씩 모든 사람에게, 젖먹이에게까지도) 배급하는 담배를 좋아할 사람들을 찾고 있었다.

나는 소그룹의 동포들을 만나 기뻤다. 그들은 군인 세 명과 젊은 여자 한 명으로 흥청망청 쓰기 좋아하는, 쾌활하고 노련한 사람들이었다. 그들은 며칠 동안, 그곳에서 조금 떨어진 어떤 건물 현관 아래에서 이상한 내용물로 만든 따뜻한 튀김으로 아주 잘나가는 장사를 하고 있었다.

우선 한 바퀴를 둘러본 뒤 그리스인은 셔츠로 결정했다. 우리가 동업자였던가? 어쨌든 그는 자본과 장사 경험으로 기여할 터이고, 나는 (얄팍

한) 독일어 지식과 육체노동으로 기여할 터였다. "가." 그가 내게 말했다. "셔츠 파는 좌판들을 전부 돌아. 얼마냐고 물어보고 너무 비싸다고 해. 그리고 내게 와서 보고해. 너무 눈에 띄지 않도록 해." 나는 이런 시장조사를 마지못해 할 준비를 했다. 내 속에는 오랜 배고픔과 추위, 무기력과 함께, 호기심과 거리낌 없는 가벼운 마음과 사람들과 대화를 하고 인간관계를 시작하고 나의 이 주체할 수 없는 자유를 과시하면서 마음껏 쓰고 싶은, 새롭고도 왕성한 욕구가 자리 잡고 있었다. 그러나 그리스인은 내가 상대하는 사람들 어깨 너머에서, '서둘러, 맙소사, 시간은 돈이고 일은 일이야'라고 말하는 듯한 매서운 눈으로 나를 좇고 있었다.

내가 한 바퀴 둘러본 후 몇 가지 시세를 알아보고 돌아오자, 그리스인은 머릿속에 그 가격들을 기록해두었다. 나는 상당수의 어설픈 언어학적 지식들, 즉, 셔츠는 '코슐라'와 비슷한 무슨 말이고 폴란드 숫자들은 그리스 숫자들을 연상시킨다는 것, '얼마냐'와 '몇 시냐'는 대충 '일레 코쉬투예'와 '크투라 고지나'라고 하며, 라거에서 자주 듣던 폴란드어 욕설들의 의미를 분명하게 알 수 있게 해준 소유격 어미 '-ego', 그 외에도 나를 바보 같고 유치한 기쁨으로 가득 채운 몇 가지 정보들을 얻어서 돌아왔다.

그리스인은 속으로 계산을 했다. 셔츠 한 장은 50에서 100즈워티⁺에 팔

⁺ 폴란드의 화폐 단위.

수 있었다. 달걀 하나는 5~6즈워티였다. 튀김을 팔던 이탈리아인들의 정보에 따르면 10즈워티로는 대성당 뒤에 있는 빈민들을 위한 구내식당에서 야채수프와 육류 요리 한 접시를 먹을 수 있었다. 그리스인은 가지고 있던 세 장의 셔츠 중에서 딱 한 장만 팔아 그 구내식당에서 식사를 하기로 결정했다. 남는 돈은 달걀에 투자할 생각이었다. 그러고 나서 무엇을 할지 두고 보기로 했다.

이제 그는 내게 셔츠 한 장을 넘겨주고는 그것을 잘 보이게 들고 "셔츠요, 여러분, 셔츠입니다"라고 소리치라고 지시했다. 나는 '셔츠'라는 말은 이미 알아두었고, '여러분'이란 말은 몇 분 전에 내 경쟁자들이 이 단어를 쓰는 것을 들었는데, 정확한 형태가 '파노위'일 거라고 생각했다. '판', 즉 남성 존칭의 복수 호격으로 해석했던 것이다. '판'은 『카라마조프 가의 형제들』의 중요한 대화 중 하나에 나오기 때문에 나는 믿어 의심치 않았다. 단어가 맞았음에 틀림없었다. 여러 손님들이 폴란드어로 나를 향해 셔츠에 대해 이해할 수 없는 질문들을 해왔기 때문이다. 나는 당황했다. 그러자 그리스인은 직권으로 개입하여 나를 한쪽으로 밀치고는 직접 흥정을 이끌었다. 흥정은 길고 힘들었지만 잘 끝났다. 구매자의 요청으로 소유권 이전은 공공 광장이 아닌 어느 문간에서 이루어졌.

일곱 끼니 또는 달걀 열두 개와 맞바꿀 수 있는 70즈워티. 그리스인은 어떤지 모르겠지만, 나는 14개월 전부터 한꺼번에 그만한 값어치의 식료품을 가져본 적이 없었다. 그런데 가만, 과연 내가 가진 게 맞나? 사뭇 의심스러웠다. 그리스인은 돈을 말없이 자기 주머니에 넣었고, 그의 모든 태도는 수익 관리를 혼자서만 하겠다는 의도를 여실히 보여주었기 때문이다.

우리는 달걀 장수들의 좌판을 좀더 돌았다. 거기서 날달걀과 삶은 달걀을 같은 가격에 살 수 있다는 것을 알았다. 우리는 저녁으로 먹을 달걀 여섯 개를 샀다. 그리스인은 아주 부지런하게 구매를 진행했다. 달걀 장수의 불만스런 시선에는 아랑곳하지 않고, 이것저것 세밀하게 비교한 뒤, 여러 번 망설이고 마음을 바꾼 끝에 가장 굵은 알들을 골랐다.

빈민들을 위한 구내식당은 그러니까 대성당 뒤에 있었다. 크라코비아의 수많은 아름다운 교회들 가운데 어느 것이 대성당인지 확인하는 일이 남아 있었다. 그런데 누구한테 물어본단 말인가? 그리고 어떻게? 사제 한 명이 지나갔고 나는 그 사제한테 물어볼 참이었다. 한데 그 젊고 선량한 모습을 한 사제는 프랑스어도 독일어도 할 줄 몰랐다. 결국, 학교를 졸업한 후 내 경력에서 처음이자 유일하게 라틴어로 너무나 기이하고 뒤죽박죽인 대화를 함으로써 다년간 고전 공부를 한 덕을 보게 되었다. 우리는 정보를 문의하는 것으로 시작해서('파테르 옵티메, 우비 에스트 멘사 파우페로룸?'✢) 혼란스럽게 모든 것에 대해, 내가 유대인이라는 것과 라거('카스트라'?✢ 아니다, 라거가 낫다. 불행하게도 모두가 다 알아듣는 말이니까)에 대해, 이탈리아에 대해, (얼마 후 직접 경험하여 내가 좀

✢ Pater optime, ubi est mensa pauperorum? (라틴어) 존경하는 신부님, 가난한 자들을 위한 식당이 어디에 있습니까?
✢ castra (라틴어) 수용소.

더 잘 이해하게 될) 사람들 앞에서 독일어로 말하는 것의 부적절함에 대해, 그리고 수없이 많은 다른 것들에 대해 이야기하게 되었다. 라틴어라는 평범치 않은 외관은 이런 이야기들에 선립 과거+의 묘미를 안겨주었다.

내가 배고픔과 추위를 완전히 잊은 걸 보면 결국, 인간적 접촉에 대한 욕구가 원초적인 욕구들에 들어간다는 것은 사실이다. 나는 그리스인마저도 잊어버렸다. 그런데 그는 나를 잊지 않았다. 몇 분 지나지 않아, 무자비하게도 대화를 중단시키면서 잔인하게 모습을 나타냈다. 그가 인간적 접촉에서 거부되었다거나 그것의 좋은 점을 이해하지 못해서가 아니라 (전날 저녁 병사에서 알 수 있었듯이), 이런 것들은 업무 시간 외적인 것들, 휴일에나 하는 것들, 부수적인 것들, 일상의 노동이라는 저 진지하고도 분투를 요하는 사업과 혼동해서는 안 되는 것들이었기 때문이다. 나의 나약한 항의에 그는 매섭게 한번 노려보는 것으로 응했을 뿐이었다. 우리는 걷기 시작했다. 그리스인은 오랫동안 말이 없었다. 그리고 나의 협력에 대해 결론적으로 판단을 내리면서 생각에 잠긴 듯한 목소리로 내게 이렇게 말했다. "주 네 파 장코르 콩프리 시 튀 에 이디오 우 페네앙."+

신부님의 소중한 지침 덕분에 우리는 빈민 식당에 도착했다. 굉장히 침

+ 라틴어 문법에서 과거 시제들 중 하나.
+ Je n'ai pas encore compris si tu es idiot ou fainéant. 네가 바보인지 아무것도 안 하고 빈둥대는 녀석인지 난 아직도 모르겠단 말이야.

울한 장소였지만 난방이 되고 군침 돌게 하는 냄새들로 가득 차 있었다. 그리스인은 야채수프 두 접시와 돼지비계를 곁들인 완두콩 요리를 딱 1인분만 주문했다. 아침나절에 내가 부적절하고 경솔한 방식으로 행동한 데 대한 벌이었다. 그는 화가 나 있었다. 그러나 야채수프를 허겁지겁 삼키고 나서는 기분이 눈에 띄게 누그러져서 나에게 자기 완두콩 요리의 족히 4분의 1은 남겨주었다. 밖은 진작에 눈이 내리기 시작했고 거센 바람이 불고 있었다. 내 줄무늬 옷에 대한 연민 때문인지 아니면 규칙을 무시해서인지 식당 직원은 우리가 오후의 상당 시간을 생각에 잠기고 앞날에 대한 계획을 세우도록 가만히 내버려두었다. 그리스인은 기분이 바뀐 것 같았다. 어쩌면 열이 다시 올랐거나 아침나절 일이 잘 끝난 뒤에 휴가를 얻은 기분을 느끼고 있었는지도 몰랐다. 그는 심지어 호의적으로 가르침을 베풀 기분이었다. 시간이 지나면서 차츰차츰 그의 어조는 미세하게 누그러져갔고 그와 동시에 우리를 연결한 관계도 변해가고 있었다. 정오에는 주인과 노예의 관계였던 것이, 오후 한 시에는 사장과 직원의 관계로, 두 시에는 스승과 제자, 세 시에는 형과 아우의 관계로 변했다. 화제는 다시 우리 둘 다 서로 다른 이유에서 잊을 수 없었던 나의 신발로 옮겨갔다. 그는 신발이 없는 것은 굉장히 심각한 잘못이라고 내게 설명했다. 전쟁이 일어나면, 모든 것에 앞서 두 가지를 생각해야 한다. 첫번째가 신발이고 두번째가 식량이다. 사람들이 보통 생각하듯 순서를 바꾸면 안 된다. 왜냐하면 신발이 있는 사람은 먹을 것을 찾아 돌아다닐 수 있지만 그 역은 성립하지 않기 때문이다. "하지만 전쟁은 끝났잖아요." 나는 반박했다. 그 몇 개월의 휴전 기간을 살았던 다른 많은 사람들처럼 나는 오늘날 사람들이 생각하는 것보다 훨씬 더 보편적인 의미에서 전쟁은 끝났다고 생각하고 있었다. "전쟁은 늘 있는 거야." 모르도 나훔의 잊을 수 없는 대답이었다.

알다시피, 그 누구도 몸속에 계율을 지니고 태어나지 않으며, 각자는 자신의 경험이나 그와 비슷한 타인의 경험의 도움을 받아 자신의 계율을, 자신의 길을 가면서 또는 이미 한 일들을 통해 구축해나간다. 그렇기 때문에 각자의 도덕 세계는 적절히 해석되면, 이전에 겪은 자신의 경험들의 총합과 동일한 것이 되며, 따라서 그 사람의 일대기를 축약한 형태를 보여준다. 내 그리스인의 일대기는 일관된 것이었다. 어린 시절부터 상인 사회의 단단한 그물코 속에서 움직인, 강인하고 냉정하며 고독하고 논리적인 남자의 그것이었다. 그는 다른 사고들에도 열려 있었다(또는 예전에는 그랬다). 그는 자기 고향의 하늘과 바다에 무심하지 않았고 집과 가정이 주는 즐거움에, 논리적 토론을 즐기는 만남에도 무심하지 않았다. 그러나 그는 이 모든 것들을, 자신이 '트라바유 돔므'*라고 부르는 그것을 방해하지 않도록, 자기 삶이나 자기 하루의 가장자리로 쫓아내야만 했다. 그의 인생은 전쟁으로 점철되었고 자신의 이러한 철의 세계를 거부하는 자는 눈 멀고 비겁한 사람으로 간주했다. 라거는 우리 두 사람 모두에게 도래했다. 그런데 나는 라거를 세계의 역사와 나의 역사

✢ travail d'homme (프랑스어) 사나이의 일.

의 어떤 추악한 변형으로, 괴물스러운 뒤틀림으로 인식한 반면, 그는 이미 알려진 사실들의 슬픈 확인으로 인식했다. '전쟁은 늘 있다', '인간을 잡아먹는 늑대는 바로 인간이다' 라는 오래된 이야기였다. 그는 아우슈비츠에서 보낸 2년에 대해서는 나에게 결코 말하지 않았다.

반면에 테살로니키에서 벌인 자신의 다양한 사업들에 대해서는 열의를 가지고 내게 들려주었다. 사고 판 물품들, 바다를 통해 또는 밤에 불가리아 국경을 통해 밀수한 물품들에 대해, 치욕스럽게 사기당한 일들과 영광스럽게 사기를 친 일들에 대해, 그리고 드디어 하루 일을 끝내고 만灣의 연안, 몇몇 수상 카페에서 (여기에 대해 그는 유달리 감상에 젖어 묘사했는데) 장사꾼 동료들과 함께 보낸 즐겁고 평온한 시간들에 대해, 거기서 나눈 이야기들에 대해 내게 말해주었다. 무슨 이야기들이었을까? 당연히 돈과 세관과 운송에 대한 이야기였다. 그러나 아직, 또 다른 이야기가 있었다. '안다'는 것에 대해, '정신'에 대해, '정의'에 대해, '진실'에 대해 이해하는 것들에 관한 이야기. 영혼을 육체에 묶어놓는 가느다란 끈은 그 본질이 무엇인지, 어떻게 해서 그 끈이 태어남과 더불어 생겨나고 죽음과 더불어 풀어지는지에 대해. 자유란 무엇이고 정신의 자유와 운명 사이의 갈등은 어떻게 해소되는지, 또한 죽음 뒤에 오는 것은 무엇인지에 대해. 그리고 그 밖의 여러 가지 그리스적인 거대한 것들에 대해. 그러나 분명히 해두지만, 이 모든 것은 저녁에 장사가 끝났을 때, 커피나 와인, 올리브 안주를 앞에 두고 하는, 하릴없는 무위 속에서조차 활동적인 인간들 사이에서 반짝이는 지적 유희로, 진정한 열정은 빠진 것이었다.

그리스인은 왜 이런 것들을 나에게 이야기했을까? 왜 나에게 털어놓았을까? 분명히 알 수는 없다. 어쩌면 그렇게나 다르고 그렇게나 낯선 내 앞에서 그는 여전히 혼자라고 느꼈을 터이고, 그래서 그의 이야기는 독백이었는지도 모른다.

저녁에 우리는 식당에서 나와 이탈리아인들의 병사로 돌아왔다. 몇 번을 청하고 또 청한 끝에 이탈리아군의 책임자인 대령으로부터 병사에서 한 번 더, 딱 한 번만 더 밤을 보낼 수 있도록 허가를 얻어냈다. 그는 급식은 없으며, 러시아인들과 마찰을 빚고 싶지 않으므로 우리가 너무 눈에 띄지 않도록 하라고 당부했다. 다음 날 아침, 우리는 떠나야 했다. 우리는 아침에 구입한 달걀을 한 사람당 두 개씩 먹는 것으로 저녁을 때웠고 나머지 달걀 두 개는 아침 식사를 위해 남겨두었다. 하루 일과를 보내고 나서, 나는 내가 그리스인에 비해 한참 '어리다'고 느꼈다. 달걀을 먹으면서 그에게 날달걀과 삶은 달걀을 겉에서 구별할 줄 아는지 물었다. (예를 들어 탁자 위에서 달걀을 빠르게 돌렸을 때 삶은 달걀이면 오래 돌고 날달걀이면 거의 바로 멈춰 선다.) 이것은 내가 우쭐해하며 뻐기던 사소한 장기였는데, 나는 그리스인이 그것을 모르고 있기를, 그래서 아주 약간만이라도 그의 눈에 비친 나에 대한 평판을 만회할 수 있기를 바랐다.

그러나 그리스인은 뱀같이 지혜로운 차가운 눈으로 나를 쳐다보았다. "나를 뭘로 보는 거야? 내가 어제 태어난 줄 아나? 내가 달걀 장사를 안해봤다고 생각하는 거야? 내가 장사해본 적 없는 품목이 있나 어디 한번 대보라구!"

나는 움찔하고 물러나야 했다. 이 일화는 그 자체로는 사소하지만 수개월 뒤 한여름에 백러시아*의 한복판에서 세번째이자 마지막으로 모르도 나훔과 만났을 때 내 머릿속에 다시 떠오르게 된다.

✦　　　　다음 날, 새벽에(이 책은 얼음처럼 찬 새벽들로 짜여진 이야기이다) 우리는 카토비체를 목적지로 해서 출발했다. 그곳에 이탈리아인, 프랑스인, 그리스인 등의 행방불명자들을 위한 다양한 모집 센터들이 설치되어 있음을 확인해두었던 것이다. 카토비체는 크라코비아에서 80킬로미터 정도밖에 떨어져 있지 않았다. 보통 때 같으면 기차로 한 시간 조금 더 걸릴 거리였다. 하지만 당시에는 갈아타지 않고는 철로 20킬로미터를 채 갈 수가 없었다. 많은 다리가 폭파되었으며 선로의 상태가 최악이었기 때문에 기차는 낮에는 극도로 느리게 운행했고 밤에는 그마저도 전혀 운행되지 않았다. 두 지역을 연결하는 최단거리로부터 말도 안 되게 멀리 떨어진 곳에서 야간 정차를 해가며 사흘이 걸린 미로 같은 여행이었다. 춥고 배고픈 여행 첫날, 기차는 체비니아라는 곳으로 우리를 데려왔다. 여기서 기차는 멈추었고 나는 추위로 마비된 다리를

✦ 러시아, 우크라이나와 함께 슬라브 3국을 이루는 벨로루시를 이르는 말. 벨로루시는 서쪽으로 폴란드, 독일, 북쪽으로 스웨덴, 남쪽으로 우크라이나, 북쪽으로 러시아 등 열강들의 틈바구니에서 온갖 침략의 수난사를 겪어왔다. 제2차 세계대전 당시에는 인구의 3분의 1이 죽는 아픔을 겪기도 했다.

풀기 위해 플랫폼으로 내려왔다. 아마도 나는 체비니아라는 지역에 '얼룩말' 옷을 입은 채 나타난 첫번째 사람들 중 하나였던 모양이었다. 나는 금세 호기심 많은 사람들이 만든 두터운 원 한가운데에 서 있게 되었다. 그들은 내게 폴란드어로 이것저것 두서없이 질문해댔다. 나는 독일어로 할 수 있는 한 성의껏 대답했다. 그러자 노동자들과 농부들이 모인 작은 무리에서 중산층으로 보이는 한 사람이 앞으로 나왔다. 안경을 끼고 중절모를 썼으며 손에는 가죽으로 된 서류가방을 들고 있었다. 변호사였다.

그는 폴란드인으로 프랑스어와 독일어를 잘했고, 매우 예의 바르고 호의적인 사람이었다. 요컨대, 내가 봤을 때 그는 문명 세계의 대변자이자 전령으로서 손색이 없는 자격 요건을 두루 갖추고 있었다. 노예 신세로 침묵의 기나긴 한 해를 보낸 후, 마침내 처음으로 그러한 사람을 만난 것이다.

나는 문명 세계를 향해 쏟아내야 할 절박한 이야기들을 한가득 갖고 있었다. 나의 이야기들, 그러나 모두의 것인 이야기들, 피맺힌 이야기들, 내가 보기에 모든 이의 양심을 그 기반까지 흔들어놓을 수밖에 없는 그런 이야기들이었다. 변호사는 예의 바르고 호의적이었다. 그가 내게 질문을 하고 나는 바로 얼마 전에 겪은 내 경험들에 대해, 지척에 있었음에도 아무도 모르는 것처럼 보이는 아우슈비츠에 대해, 나만이 가까스로 면한 대학살에 대해, 모든 것을 현기증이 나도록 이야기했다. 변호사가 사람들을 위해 폴란드어로 옮겨주었다. 나는 폴란드어는 모르지만 '유대인'을 뭐라고 말하고 '정치인'을 뭐라고 말하는지는 안다. 그런데 얼마 안 돼 내 이야기의 통역이, 비록 그가 우호적으로 동참하여 해준 것이지만, 충실하지는 않다는 것을 알아차렸다. 변호사는 사람들에게 나를 이탈리아 유대인이 아니라 이탈리아 정치범이라고 설명했던 것이다. 나는 놀라고 거의 모욕당한 기분으로 그에게 해명을 요구했다. 그는 당황해서 내게 이렇게 대답했다. "세 미외 푸르 부. 라 게르 네 파 피니."✢ 바로 그리스인이 한 말이었다.

✢   자신이 자유롭다는 느낌, 인간들 속에 인간으로 있는 느낌, 살아 있다는 느낌, 이런 느낌들의 따뜻한 파도가 나에게서 멀어져 가는 것을 느꼈다. 갑자기 나 자신이 늙어버리고, 창백해지고, 인간의 척도로는 가늠할 수 없을 만큼 피로해지는 것을 느꼈다. 전쟁은 끝나지 않은 것이다. 전쟁은 늘 있는 것이다. 내 청중들은 하나둘 가버렸다. 그들도 그 사실을 이해했음에 틀림없었다. 나는 이와 비슷한 무언가에 대한 꿈을 꾼 적이 있었다. 아우슈비츠에서 보낸 밤들 동안, 우리 모두가 꾸었다. 말을 하지만 들어주지 않는, 자유를 되찾았지만 외톨이로 남는 꿈들을. 얼마 안 가 나는 변호사와 단 둘이 남았다. 몇 분 뒤 그도 정중하게 양해를 구하면서 나를 남겨두고 갔다. 이미 사제가 그랬듯이, 그도 내게 독일어로 말하는 것을 피하라고 충고했다. 내가 이유를 묻자 그는

✢ C'est mieux pour vous. La guerre n'est pas finie. (프랑스어) 당신에게는 그게 더 낫습니다. 전쟁은 아직 끝나지 않았으니까요.

모호하게 대답했다. "폴란드는 슬픈 나라입니다." 그는 나에게 행운을 빌어주고, 돈을 주려 했으나 내가 거절했다. 그러자 그는 감동을 받은 것 같았다.

기관차가 다시 출발을 하려고 기적을 울렸다. 그리스인이 기다리는 화물칸에 나는 다시 올랐다. 하지만 그에게 방금 전에 일어난 일을 말해주지는 않았다.

기차가 그곳에서만 정차한 것은 아니었다. 몇 차례 더 정차한 뒤 저녁 무렵에 다시 정차했을 때, 우리는 모두에게 따뜻한 수프를 주는 곳, 슈차코바가 멀지 않다는 것을 알게 되었다. 그곳은 분명히 북쪽에 있는데 우리는 서쪽으로 가고 있음이 틀림없었다. 슈차코바에는 모두를 위한 따뜻한 수프가 기다리고 있는데, 주린 배를 채우는 일 외에는 할 일이 없는 우리가 왜 슈차코바로 가지 않겠는가? 그래서 우리는 기차에서 내렸고 다른 적당한 기차가 지나가기를 기다렸다. 결국, 우리는 적십자의 배급 탁자에 수도 없이 모습을 비쳤다. 나는 그 폴란드 수녀님들이 쉽게 나를 알아보았으며 지금까지도 나를 기억하리라고 믿는다.

밤이 되자 주위의 벽 쪽 자리들은 이미 다른 이들이 차지하고 있었기 때문에, 우리는 대합실 한가운데 바닥에서 잘 준비를 했다. 몇 시간 후에 아마도 내 옷 때문에 불쌍히 여겼는지 아니면 호기심이 발동해서였는지 폴란드 경관 한 명이 다가왔다. 콧수염을 기르고 얼굴이 불그스레하며 몸집이 육중한 그는 수고스럽게도 나에게 자국어로 질문을 했다. 나는 잘 모르는 언어에서 사람들이 맨 처음 배우게 되는 문장, 즉 "니에 로주

미엠 포 폴스쿠"(나는 폴란드어를 모릅니다)라고 대답했다. 그런 다음 독일어로 내가 이탈리아 사람이며 독일어를 약간 할 줄 안다고 덧붙였다. 오, 기적이었다! 내 말에 경관은 이탈리아어를 하기 시작한 것이다.

그는 후두음과 기식음을 쓰는, 그리고 온갖 최신 욕설로 누빈 최악의 이탈리아어를 구사했다. 그가 이탈리아어를 배운 것은 (이것이 모든 걸 설명해주는데) 베르가모의 한 계곡에 있는 광산에서 몇 년 동안 광부로 일하면서라고 했다. 그도 역시, 독일어를 쓰지 말 것을 당부했다(그가 세번째였다). 이유를 물었더니 그는 웅변적인 제스처로 대답했다. 검지와 중지로 턱과 목 사이를 마치 칼로 치는 듯한 시늉을 하고는 아주 유쾌한 듯 덧붙였다. "오늘 저녁에 독일군들은 죄다 '카푸트'*한다오."

물론 이것은 과장이었고, 어쨌든 그의 생각이자 희망을 나타낸 것이었다. 그러나 실제로 우리는 다음 날 긴 화물열차를 보았다. 화물칸들은 밖에서 잠겨 있었고 동쪽을 향해 가고 있었다. 좁은 틈 사이로, 공기를 찾아 내민 수많은 인간의 얼굴들이 보였다. 이 광경은 강렬한 인상으로 내 안에 혼란스럽고 상충되는, 얽히고설킨 복잡한 감정들을 불러일으켰다. 오늘에 와서도 그 얽힌 감정들은 풀어내기가 쉽지 않을 성싶다.

경관은 아주 친절하게도 나와 그리스인에게 남은 밤을 따뜻한 데서, 그러니까 유치장에서 보내겠느냐고 제안했고 우리는 기꺼이 제안을 받아들였다. 원기가 회복되는 듯한 단잠에 빠진 채 느지막한 아침이 되어서

---

* Kaputt 끝장내다.

야 우리는 그 예사롭지 않은 공간에서 잠이 깨었다.

다음 날 우리는 슈차코바를 떠나 여행의 마지막 정류장을 향했다. 별 탈 없이 카토비체에 도착했다. 그곳에는 실제로 이탈리아인들의 집단수용소와 그리스인들을 위한 또 다른 집단수용소가 있었다. 많은 말이 없이 우리는 헤어졌다. 그러나 작별을 고하는 순간, 아주 잠깐이었지만 선명하게, 내게서 그를 향하여 우정의 외로운 파도가 움직여 가는 것을 느꼈다. 막연한 고마움, 경멸, 존경, 적의, 호기심 그리고 더는 그를 볼 수 없다는 안타까움이 파도의 결을 이루고 있었다.

하지만 나는 그를 두 번 더 볼 수 있었다. 5월, 전쟁이 끝난 격동의 날들, 영광스런 날들에 그를 보았다. 카토비체의 모든 그리스인들이, 100명 남짓한 남녀들이 우리 수용소 앞에서 노래를 부르며 역을 향하여 줄지어 갔다. 조국을 향해, 집을 향해 떠나는 것이었다. 행렬의 선두에 그가, 그리스인들 가운데 우뚝 선 사람, 모르도 나훔이 있었다. 그는 흰색과 하늘색으로 된 국기를 들고 있었다. 나를 보자 그는 한쪽에 국기를 내려놓고 무리에서 나와 내게 인사를 하러 왔다. (그는 떠나고 나는 남아야 했기 때문에 약간은 아이러니했다. 하지만 제대로 맞는 거라고, 그리스는 연합군에 속해 있으니까, 라고 그는 내게 설명했다.) 그리고 예의 그 유명한 자루에서 선물을 하나 꺼내주었는데, 이것은 보기 드문 행동이었다. 선물은 마지막 몇 달 동안 아우슈비츠에서 착용되던 형태의, 즉 왼쪽 골반을 따라 내려가는 옆선에 줄무늬 천조각을 덧대 만든 커다란 '창문'이 있는 바지 한 벌이었다. 그리고 그는 사라졌다.

그러나 그는 수개월 뒤에 한 번 더, 가장 가능성 없을 것 같은 배경에서, 전혀 기대치 않은 가운데 다시 등장하게 된다.

카토비체
Katowice

✢   그리스인과 방랑의 한 주를 보낸 후 허기지고 피곤한 나를 맞아들인 카토비체의 집단수용소는 보구치체라 부르는 도시 교외의 조그만 구릉 위에 자리 잡고 있었다. 한때는 소규모의 독일 라거였는데, 가까운 곳에 문을 연 석탄 광산에 필요한 노예 광부들이 거주했다. 벽돌을 쌓아 만든, 열두어 동 남짓 되는 소규모의 단층 막사들로 이루어진 수용소였다. 이제는 순전히 상징적인 것이 되어버린, 가시 철조망으로 된 이중 울타리가 아직 남아 있었다. 출입문은 게으르고 졸음에 겨운 소비에트 군인 한 명이 지키고 있었다. 반대편 철조망에는 커다란 구멍이 나 있어 몸을 굽힐 필요도 없이 드나들 수 있었다. 코만단투르*는 이에 대해 조금도 걱정하지 않는 것처럼 보였다. 부엌과 식당, 의무실, 세탁장은 울타리 밖에 있어서 그 결과 출입문은 끊임없는 왕래의 거점이

되었다.

보초병은 50대의 몽골인으로 거구였다. 총검과 기관총으로 무장한 그는 엄청나게 큰 마디진 손과 스탈린식 콧수염에 불꽃처럼 이글거리는 눈동자를 가진 사람이었다. 잔혹하고 야만스러운 그의 외모는 아무런 해도 끼치지 않는 그의 임무와는 전혀 어울리지 않았다. 근무를 교대하는 일이 없었으므로 그는 지겨워 죽을 지경이었다. 나고 드는 사람들에 대한 그의 태도는 예측 불가능이었다. 가끔은 '프로푸스크', 즉 출입허가증을 제시할 것을 요구했고 또 어떨 때는 그냥 이름을 물어볼 뿐이었다. 그런가 하면 담배를 요구할 때도 있고 아무것도 요구하지 않을 때도 있었다. 반면 어떤 날들은 흉폭하게 모두를 쫓아버리기도 했지만, 사람들이 저쪽 끝의 구멍으로 나가는 것을 보고도, 그것도 아주 눈에 잘 띄는데도, 전혀 막으려 하지 않았다. 날씨가 추울 때는 아무렇지 않게 자기 자리를 벗어나 굴뚝에 연기가 나는 방들 중 하나로 들어가서는 간이침대 하나에 기관총을 던져두고 파이프 담배에 불을 붙였다. 보드카가 있을 때는 사람들에게 나눠도 주고 없을 때는 돌아다니며 술을 달라고 요구하곤 했다. 사람들이 보드카를 주지 않으면 의기소침해져서 욕설을 퍼붓기도 했다. 심지어 어떤 때는 누구든 처음 걸리는 사람에게 기관총을 맡기고는 손짓 발짓을 하고 고함을 질러대며 자기 대신 보초를 서게 하고 자신은 난로 옆에서 꾸벅꾸벅 졸기도 했다.

✤ 러시아 소비에트군 사령부.

내가 모르도 나훔과 함께 이곳에 도착했을 때, 수용소는 프랑스 사람, 이탈리아 사람, 네덜란드 사람, 그리스 사람, 체코 사람, 헝가리 사람, 기타 국적의 사람들이 약 400명 정도 혼잡하게 뒤섞여 있었다. 일부는 토트 조직✸의 민간인 노동자들이었고, 일부는 억류된 군인들이었다. 또 해프틀링들도 있었으며 여자들도 100명가량 있었다.

사실상 수용소의 조직 운영은 대부분 개인이나 단체에 맡겨졌다. 하지만 명목상 수용소는 소비에트 코만단투르의 지휘하에 있었는데, 이것은 사람들이 상상할 수 있는 집시 캠프의 가장 생생한 표본이라 할 만했다. 먼저 대위인 이반 안토노비치 예고로프가 있었다. 그는 그리 젊다고는 할 수 없었고 촌스럽고 비사교적인 분위기의 체구가 작은 남자였다. 세 명의 '늙은 중위'와 운동선수처럼 잘 다져진 몸과 쾌활한 성격을 가진 상사 한 명, 열두 명 남짓 되는 향토수비대원(위에서 설명한 콧수염의 보초병도 여기 속했다)들이 있었다. 보급계 하사 한 명, '독토르카'✸ 한 명, 아주 젊고 술고래에 애연가이자 바람둥이인, 자기 몸도 제대로 관리 못하는 의사 표트르 그리고리예비치 단첸코, 곧 나의 친구가 된 간호사 마리야 표도로프나 프리마, 그리고 군인인지 군인으로 임시 동원된 인력인지 보조원인지 민간인인지 아니면 견습생인지 도무지 알 수 없는 떡갈나무처럼 튼튼한 수많은 여자들이 있었다. 그녀들은 세탁부, 요리사,

---

✸ 1940년에 독일에서 프리츠 토트Fritz Todt라는 토목기사에 의해서 만들어진 외국인노동자 모집을 위한 기관. 독일군에 의해 점령지 전역에서 적용되었다.
✸ doktorka (러시아어) 여의사.

타이피스트, 비서, 청소부, 잠시 동안 이 사람 저 사람의 애인, 간혹 가다 약혼녀, 아내, 딸 같은 여러 가지 모호한 역할들을 맡았다.

카라반 전체는 수용소 인근, 버려진 한 초등학교 건물의 여러 공간에서 숙영을 하며 정해진 시간표나 규율 없이, 조화로운 가운데 생활하고 있었다. 유일하게 우리에게 신경을 써주는 사람은 보급계 하사였는데 사령부 전체에서 서열상이 아닌 권력상 가장 높은 사람으로 보였다. 어쨌든 러시아인들의 모든 서열 관계는 이해할 수 없는 것이었다. 대개의 경우 자기네들끼리는 군대식 형식주의라고는 없이, 임시로 구성된 대가족처럼 우호적으로 소박하게 지냈다. 가끔 장교와 사병 간에도 격렬한 싸움이나 주먹다짐이 벌어지곤 했지만, 어떤 징계 조치나 원한 없이, 마치 아무 일도 없었다는 듯이 신속하게 마무리되었다.

전쟁은 끝나려 하고 있었다. 그들의 나라를 쑥대밭으로 만든 기나긴 전쟁이 끝나려 하고 있었다. 그들에게 전쟁은 이미 끝이 났다. 그것은 대규모의 휴전이었다. 뒤따라올 또 다른 힘겨운 계절이 아직은 시작되지 않았고 '냉전'이라는 불길한 이름이 아직은 선포되지 않았기 때문이다. 그들은 명랑하면서도 서글프고 지쳐 있었으며 오디세우스의 동료들이 배를 뭍으로 끌어올린 후 그랬던 것처럼 음식과 포도주에 기뻐했다. 그럼에도 무정부적이고 되는대로인 듯한 겉모습 뒤의 그들에게서, 그 투박하고 개방적인 얼굴들에서 붉은 군대의 훌륭한 군인들을, 평화 시에는 온순하고 전쟁 시에는 잔혹하며, 화합과 서로에 대한 사랑과 조국애에서 비롯한 내면적 규율로 강인해진, 신·구 러시아의 많은 미덕을 지닌 인간들을 알아보기란 쉬운 일이었다. 바로 내면적인 것이었기에 독일군의 기계적이고 노예적인 규율보다도 더욱 강력한 규율이었다. 그들 사이에서 생활하면서, 왜 독일인들의 규율이 아닌 그들의 규율이 결국 이기게 되었는지 쉽게 이해할 수 있었다.

✢   수용소의 거대한 창고들 중 하나에는 이탈리아 사람들만 기거했다. 거의 모두가 대충 자발적으로 독일로 이주한 민간인 노동자들이었다. 벽돌공이고 광부이며 더 이상 젊지도 않은 그들은 조용하고 소박하며 열심히 일하는, 친절한 마음씨를 가진 사람들이었다.

반면에 이탈리아인들의 수용소 대장은 완전히 딴판이었는데, 나는 '업무 배치'를 받기 위해 그에게 보내졌다. 회계원인 로비는 아래로부터 추대된 것도, 러시아인에게 임명된 것도 아닌, 자천으로 수용소 대장이 되었다. 사실 지적으로나 도덕적으로 자질이 다소 빈약한 인물이었음에도, 그는 어느 하늘 아래에서든 권력을 쟁취하는 데 가장 필요한 덕목, 즉 권력 그 자체에 대한 사랑을 매우 노골적으로 갖고 있었다.

이성이 아니라 자신의 뿌리 깊은 충동에 따라 행동하는 인간의 태도를 지켜보는 것은 지극히 흥미로운 일로, 이는 복합적인 본능을 가진 동물의 행동을 연구하는 박물학자가 즐기는 그것과 비슷하다. 거미가 유전적인 자발성으로 자신의 거미줄을 치듯이 로비는 이와 똑같은 자발성으로 자신의 직무를 획득했다. 거미줄 없는 거미와 마찬가지로 직무 없는 로비는 어떻게 살아가야 할지 몰랐다. 그는 곧 그물을 짜기 시작했다.

근본적으로 어리석은 데다 독일어와 러시아어를 한마디도 못 했지만, 첫날부터 그는 통역해줄 사람을 구해놓았고 이탈리아인들의 권익을 위한 전권사절로서 소비에트 사령부에 격식을 차려 자신을 소개했다. 그는 서류 양식(멋진 장식체의 손글씨로 쓴), 검인도장, 여러 색깔의 연필, 장부와 함께 책상을 하나 준비했다. 대령이 아니었음에도 아니, 아예 군인이 아니었음에도 그는 눈에 잘 띄는 간판을 문 밖에 내걸었다. '이탈리아 사령부-로비 대령'. 그는 주방 보조, 서기, 성당지기, 스파이, 전령, 허풍선이로 구성된 소규모 친위대에 둘러싸여 있었고, 공동체의 배급량에서 빼낸 식량을 돌린다거나 공익을 위한 모든 노동에서 제외시켜줌으로써 이 친위대에게 현물로 보상을 지급했다. 그의 부하들은, 늘 그렇기 마련이듯이 로비 자신보다 훨씬 더 못한 사람들이었는데, 그의 명령이 수행되도록 처리해주고(완력을 쓰기도 했다. 필요한 경우는 드물었지만), 그를 받들고, 그를 위해 정보를 수집하고, 열렬히 그에게 아부했다.

그는 놀라운 선견지명으로, 뭐랄까, 고도로 복잡하고 불가사의한 사고방식 덕분에, 제복 입은 사람들을 대하는 그 순간부터, 제복을 갖추는 일의 중요성을, 아니 제복을 갖출 필요성을 깨달았다. 그래서 그는 제복을 한 벌 마련했다. 다분히 연극적이면서 상상력을 없잖아 발휘한 것으로, 소비에트군 장화 한 켤레와 폴란드 역무원들이 쓰는 모자, 그리고 어디서 구했는지 파시스트 제복 감으로 만든 것 같은,✢ 아니 어쩌면 진짜 파

✢ 작가는 '오르바체 천으로 만든 것으로 보이는'이라고 썼다. 오르바체는 사르데냐 지방에서 생산되는 직물로서, 1936년경에 파시스트 제복 감으로 채택되었다.

시스트 제복이었을 수도 있는 상의와 바지를 마련했다. 상의의 칼라에는 계급장을, 모자에는 황금색 끈을, 소매에는 소속과 계급을 나타내는 장식들을 폐매 달았고, 가슴은 훈장으로 뒤덮었다.

그러나 그는 폭군은 아니었고 형편없는 관리자도 아니었다. 탄압과 착취와 횡포를 적정선 내에서 조절할 줄 아는 탁월한 감각을 가지고 있었고 서류뭉치에 대한 거부할 수 없는 소명의식을 가진 사람이었다. 그러니까, 저 러시아인들은 서류뭉치가 가진 매력에 희한하게도 민감했고(그렇다 해서 그들이 서류뭉치가 갖는 그럴듯한 합리적인 의미를 따지는 것은 아니었다), 소유에 이르지도 않고 소유를 갈망하지도 않는 저 정신적이고 플라토닉한 사랑으로 관료주의를 좋아하는 것처럼 보였기 때문에, 로비는 코만단투르 사회 내에서 호의적으로 받아들여졌고 심지어 높은 평가를 받았다. 게다가 그는, 사람들을 멀리하는 염세가들끼리 통하는 호감이라는 언어도단적인, 말도 안 되는 유대감으로 지휘관 예고로프와 묶여 있었다. 둘 다 서글픈 사람들이고, 후회 많고 곧잘 메스꺼워하고 소화불량에 걸린 인물들인 데다가 다들 행복해하는 그 분위기 속에서도 고립을 찾는 사람들이었기 때문이다.

보구치체의 수용소에서 나는 레오나르도를 발견했다. 그는 이미 의사로서 신임을 받고 있었는데, 수입은 별로 없고 숫자만 엄청난 환자들로 포위되어 있었다. 나처럼 그도 부나에서 왔다. 내가 온 길보다 덜 복잡한 길을 따라 그는 카토비체에 이미 몇 주 전에 도착해 있었다. 부나의 해프틀링들 중에서 의사들은 필요 이상으로 많았고, (실제로 독일어 사용자들이거나 아니면 살아남는 기술이 매우 뛰어난) 극소수의 사람들만이 SS의 우두머리 의사로부터 의사로 인정을 받는 데 성공했다. 따라서 레오나르도는 아무런 혜택도 받지 못했다. 그는 제일 힘든 육체노동을 해야 했고 극도로 불안정하게 라거에서 1년을 보냈다. 그는 피로와 추위를 잘 견디지 못했고 발에 생긴 부종이나 감염된 상처, 전반적인 육신의 쇠약 등으로 수도 없이 병동 막사에 입원했다. 그는 병동 막사에서 있었던 세 번의 선발에서 모두 가스실에서 죽음을 맞도록 뽑혔는데, 세 번 모두 의사로 일하던 그의 동료들이 단결하여 그를 구사일생으로 운명으로부터 건져냈다. 그러나 그는 행운 외에도, 그런 곳에서 필수적인 또 다른 덕목을 소유하고 있었다. 즉, 끝없이 견뎌내는 능력, 타고난 것도, 종교적인 것도, 선험적인 것도 아닌, 시시각각 스스로 원하고 결정한 말 없는 용기, 한계에 달해 무너지려 할 때 기적적으로 그를 지탱해주던 남자다운 인내심이 바로 그것이었다.

보구치체의 의무실은 러시아 사령부가 숙영하는 바로 그 학교 내에, 제법 깨끗한 작은 방 두 곳에 자리를 잡고 있었다. 의무실은 마리야 표도로프나가 맨주먹으로 시작해 만들어낸 것이었다. 마리야는 40대의 종군 간호사로 약간 치켜올라간 야성적인 눈매와 짧고 위로 들린 들창코를 가진 데다가 소리 없는 날랜 움직임 때문에 숲을 돌아다니는 들고양이와 비슷했다. 게다가 그녀도 숲에서 왔다. 시베리아 한복판에서 태어난 것이다.

마리야는 원기왕성하고 거칠고 어수선하고 민첩한 여자였다. 그녀는 의

약품들을, 일부는 정상적인 행정 경로를 통하여 소비에트 군대 비품에서 떼내어 마련했고, 일부는 암시장의 수많은 경로를 통하여, 또 일부는 (이것이 가장 큰 비중을 차지했는데) 예전 독일 라거의 창고, 버려진 독일군의 약국이나 의무실을 약탈하는 데 적극적으로 협력함으로써 마련했다. 이러한 보급품들은 독일군들이 과거에 유럽의 모든 국가들에서 저지른 약탈의 성과물이었다. 그러므로 보구치체의 의무실에는 매일같이 계획도 체계도 없이 보급품들이 들어왔다. 온갖 나라 말로 된 사용설명서와 레테르가 붙은 특수 약품 수백 통이었는데, 사용할 때를 대비해서 분류하고 목록을 만들어놓아야 했다.

아우슈비츠에서 내가 배운 것들 가운데 가장 중요한 한 가지는 '아무나'임을 피해야 한다는 것이었다. 쓸모없어 보이는 사람에게는 모든 길이 막혀 있고 아무리 시시한 것에라도 쓸모가 있는 사람에게는 모든 길이 열려 있었다. 따라서 나는 레오나르도와 상의를 한 뒤에 마리야에게 가서 다국어 사용 약사로서 근무하게 해달라고 요청했다.

마리야 표도로프나는 남자를 평가하는 데 익숙한 눈으로 나를 심사했다. 내가 '독토어'*냐고요? 그렇소. 나는 동음이의어에서 오는 모호함 탓에 그렇다고 주장했다. 실제로 이 시베리아 여자는 독일어를 할 줄 몰랐지만 어디서 배웠는지 약간의 이디시어(유대인이 아닌데도)는 알고 있

---

* doktor 마리야는 닥터, 즉 의사냐고 물어본 것이었다. 이탈리아에서는 의사medico를 흔히 'dottore'라고 부르기도 하지만, 기본적으로 'dottore'는 전공에 상관 없이, 대학을 졸업하고 라우레아laurea 학위를 취득한 사람을 말한다.

었다. 나는 그다지 전문 직업인답지도 않고 외모 또한 그리 매력적이지도 않았지만, 의무실 뒤편에 있기에는 쓸 만했다. 마리야는 주머니에서 다 구겨진 종이쪽지 하나를 꺼내더니 내 이름을 물어봤다.

내가 '레비'에 '프리모'를 덧붙였을 때 그녀의 초록빛 두 눈이 반짝였다. 처음에는 미심쩍은 듯, 다음에는 의문스러운 듯하다가 마침내는 호의적으로 바뀌었다. 그렇다면 우리는 친척지간이나 마찬가지라고 그녀는 내게 설명했다. 나는 '프리모'이고 그녀는 '프리마'니까. '프리마'는 그녀의 성姓, 그녀의 '파밀리야'✢였다. 마리야 표도로프나 프리마. 아주 좋아. 나는 일을 맡을 수 있었다. 신발과 옷은? 글쎄, 그건 간단한 일이 아니어서 예고로프와 그녀의 몇몇 지인들에게 그녀가 얘기를 해볼 것이고, 아마도 나중에 뭔가 찾아낼 수 있을 터였다. 그녀는 내 이름을 종이쪽지에 휘갈겨 썼고 다음 날 아침, 나에게 자못 엄숙하게 프로푸스크, 즉 밤이건 낮이건 내가 원하는 시간에 수용소를 출입할 수 있는, 매우 조잡한 모양새의 출입허가증을 내주었다.

✢   나는 여덟 명의 이탈리아인 노동자들과 한방에 기거했고 아침마다 의무실로 일하러 갔다. 마리야 표도로프나는 내 앞에 분류해야 할 다양한 색상의 통 수백 개를 내놓았다. 그리고 나에게 조그만 선물들을 다정하게 건네곤 했다. 포도당 몇 상자(너무나 기쁘게 받았다)

✢ 가족이란 뜻의 이탈리아어 famiglia를 마리야가 서툴게 흉내 내어 발음한 것.

나, 정제로 된 감초와 박하, 구두끈 등을 주었고, 어떤 때는 소금이나 푸딩 가루 한 통을 주기도 했다. 어느 날 저녁, 그녀가 차를 마시자고 자신의 방으로 나를 초대했는데, 나는 그녀의 침대 위쪽 벽에 제복을 입은 남자들 사진이 7~8장 붙어 있는 것을 보았다. 거의 모두 아는 얼굴들, 그러니까 코만단투르의 장교들과 사병들의 인물 사진이었다. 마리야는 그들 모두를 친근하게 이름으로 불렀고 애정 어린 솔직함으로 그들에 대해 이야기했다. 그녀는 이미 여러 해 동안 그들과 알고 지냈고, 전쟁 내내 함께해왔다.

며칠 뒤에 레오나르도가 도와달라고 나를 진료실로 불렀다. 약사 일은 나에게 많은 여가 시간을 주었기 때문이다. 러시아군의 의도대로라면 레오나르도는 보구치체 수용소에 있는 사람들에게만 직무를 수행해야 했지만, 실상은 진료비가 무료인 데다 아무런 형식적인 절차가 없었기 때문에, 진료를 청하거나 치료를 받으러 러시아 군인들, 카토비체의 민간인들, 그냥 거쳐가는 사람들, 거지들, 심지어는 관할 당국과 상대하고 싶어하지 않는 의심쩍은 인물들도 진료실을 찾아왔다.

마리야도 닥터 단첸코도 이러한 사태에 대해 별말 하지 않았다. (이미 단첸코는 그 무엇에 대해서도 별말 하지 않았고, 여자들에게 구애하는 일이 아니면 그 무엇에도 신경 쓰지 않았다. 이른 아침에, 짧은 순찰을 돌기 위해 우리에게 올 때면 그는 이미 술에 취해 있거나 온통 행복감에 젖어 있었다.) 그런데 몇 주 뒤에 마리야가 나를 호출하더니 '모스크바의 명령으로' 진료실의 활동을 면밀하게 조사할 필요가 있다고 아주 사무적인 어조로 말했다. 그러므로 나는 장부를 가지고 매일 저녁, 환자의 이름과 나이, 그들의 질병, 그리고 투여하거나 처방해준 약품들의 양과 질에 대해 기록해야 한다는 것이었다.

이 일은 그 자체로는 그리 무분별해 보이지 않았다. 그러나 몇 가지 실질적인 세부 사항을 해결해야 할 필요가 있었기에 나는 마리야와 의논을 했다. 예를 들면, 환자들의 신원을 우리가 어떻게 확인할 수 있는가? 마리야는 이 문제는 무시해도 좋다고 생각했다. 내가 알아낸 일반적인 사항만 기록을 하면 '모스크바'는 분명 만족할 것이라고 말했다. 그러나 더욱 중대한 어려움이 나타났다. 어느 나라 말로 기록해야 하나? 마리야도 단첸코도 모르는 이탈리아어로도 아니고 프랑스어나 독일어로도 아니었다. 그렇다면 러시아어로? 아니다. 러시아어는 내가 몰랐다. 당황한 마리야는 생각에 잠겼다. 그러더니 얼굴이 환해져서 탄성을 질렀다. "갈리나!" 갈리나가 상황을 해결해줄 터였다.

갈리나는 코만단투르에 합류한 여자들 중 한 명으로 독일어를 할 줄 알았다. 그래서 내가 독일어로 그녀에게 말해주면 그녀는 앉은 자리에서 러시아어로 번역을 할 것이었다. 마리야는 즉시 갈리나를 부르러 사람을 보냈고(마리야의 권력은, 성격상 잘 정의하기 힘든 것이지만 대단해 보였다), 그렇게 해서 우리의 공동 작업이 시작되었다.

갈리나는 열여덟 살이었고 우크라이나의 카자틴 출신으로, 갈색 머리를 가진 명랑하고 사랑스러운 여성이었다. 예민하고 섬세한 윤곽의 총명한 얼굴을 하고 있었고, 그녀의 여자 동료들을 통틀어 어느 정도 우아하게 옷을 차려 입고 감당할 수 있는 크기의 손과 발과 어깨를 가진 유일한 여자였다. 그녀는 독일어를 꽤 잘했다. 그녀의 도움으로 예의 그 진료 기록은, 저녁마다 몽당연필 한 자루를 가지고 마리야가 무슨 귀중한 유물처럼 내게 건넨 누르스름한 종이 서류철 위에 힘겹게 작성되었다. 독일어로 '천식'을 뭐라고 하나? '발목'은? '탈골'은? 그리고 거기에 해당하는 러시아 용어들은 뭐지? 매번 어휘의 암초에 부딪힐 때마다 우리는 궁금증에 사로잡혀 멈출 수밖에 없었고 복잡한 몸짓에 의지하지 않을 수 없었다. 그러다가 결국은 갈리나 쪽에서 깔깔거리며 웃음소리가 터져나오곤 했다.

내 쪽에서 웃는 경우는 드물었다. 나는 갈리나 앞에서 나 자신이 약하고 병들고 더럽다고 느꼈다. 나는 내 초라한 외모와 제대로 깎지 않은 수염과 내가 입고 있는 아우슈비츠의 옷을 고통스레 의식하고 있었다. 거의 어린아이 같은 갈리나의 시선을, 불확실한 동정심과 분명한 혐오감이 한데 뒤섞인 그 시선을 나는 날카롭게 의식하고 있었다.

그럼에도 공동 작업을 한 지 몇 주가 지나자 우리 사이에는 미약하나마 상호 신뢰의 분위기가 조성되었다. 갈리나는 내게 진료 기록 건은 그다지 중대한 사안이 아니며 마리야 표도로프나는 '정신 나간 노친네'이고, 종이에 무슨 글씨로든 칸에 채워넣어서 다시 그녀에게 되돌려주는 것으로 충분하다고 설명했다. 그리고 닥터 단첸코는 안나, 타냐, 바실리사와의 전혀 다른 작업들로(그 상세한 일들은 갈리나가 복사본을 가진 듯 놀랄 만큼 속속들이 알고 있는데) 바빠서 진료 기록 따위는 그에게 '작년에 내린 눈처럼' 관심 없는 것이라고 말했다. 이렇게 해서 우울한 관료의 신들에게 바치는 시간은 점점 줄어들었고, 갈리나는 막간을 이용해 내게 자신의 이야기를, 이따금 한 모금씩 입담배를 피워가면서 한 편씩 들려주곤 했다.

2년 전, 전쟁이 한창이었을 때 가족들과 피신했던 카프카스 산맥 아래에서 그녀는 지금 이 코만단투르에 징집되었다. 그녀는 너무나 간단하게 징집되었다. 즉, 길을 가는데 멈춰 세우더니 편지 몇 통을 타이프로 쳐달라며 사령부로 인도했다는 것이다. 그녀는 그곳에 가게 된 후 그대로 거기 남았다. 그녀는 더 이상 매인 고리를 풀지 못했다(더 그럴듯하게는, 도망치려는 시도조차 해보지 않았을 거라고 나는 생각했다). 코만단투르가 그녀의 진짜 가족이 되었고, 크림 반도에서 핀란드까지 끝없는 전선을 따라 전선 뒤쪽의 파괴된 보급로 여기저기를, 코만단투르와 함께 수만 킬로미터를 다녔다. 그녀는 제복도 없었고 보직도 계급도 없었다. 그러나 그녀의 전우들에게는 유용한 존재였다. 그녀는 그들의 친구였고 그래서 그들을 따라다녔다. 전쟁 중이었고 모두가 자신의 임무를 수행해야 했기 때문이다. 또 세상은 넓고도 다채로워서, 젊고 아무런 걱정이 없을 때 세상을 돌아다닌다는 것은 더없이 멋진 일이라고 말했다.

갈리나에게는 걱정이라고는 그림자도 찾아볼 수 없었다. 아침이면 머리 위에 아슬아슬하게 빨래통을 이고 종달새처럼 노래를 부르면서 세탁장으로 가는 그녀를 만날 수 있었다. 사령부의 사무실에서는 타자기를 두들기는 맨발의 그녀를 볼 수 있었고, 일요일에는 매번 다른 병사와 팔짱을 끼고서 보루 위를 산책하는 모습을 볼 수 있었다. 또 저녁이면, 남루한 누더기를 걸친 벨기에인 구애자가 기타 반주에 맞춰 세레나데를 부르는 동안 발코니에서 낭만적인 포즈로 넋을 놓고 있는 그녀를 볼 수 있었다. 그녀는 영리하고 순진했으며, 약간의 바람기가 있었고 매우 명랑했다. 또 특별히 교양 있는 것도 아니고 특별히 진지하지도 않은 시골 처녀였다. 그런데도 그녀의 내부에서 그녀의 동지이자 친구이자 약혼자들이 가진 것과 똑같은 덕목이, 똑같은 존엄성이, 노동을 하고 노동하는 이유를 아는 자의 존엄성이, 투쟁을 하고 자신이 옳다는 것을 아는 자의 존엄성이, 생을 앞에 둔 자의 존엄성이 꿈틀거리는 것을 볼 수 있었다.

5월 중순 무렵, 전쟁이 끝나고 며칠이 지난 뒤 그녀는 나에게 작별인사를 하러 왔다. 떠난다는 것이었다. 집으로 돌아가도 좋다는 말을 들었다고 했다. 귀가증을 가졌는지? 기차를 탈 돈은 있는지? "아니." 그녀는 웃으면서 대답했다. "니에 나다.(필요 없어) 그런 것들은 항상 어떻게든 다 돼." 그리고 그녀는 러시아의 넓디넓은 빈 공간에 빨려들어가듯, 광활한 조국의 길들을 통해, 대지와 젊음과 기쁨의 씁쓸한 향기를 뒤에 남긴 채 유유히 사라졌다.

✚   나는 다른 업무들도 맡고 있었다. 진료실에서 레오나르도를 돕는 일은 물론이고, 날마다 그가 하는 이 검사를 도와주는 일도 했다.

이 검사는 발진티푸스가 치명적인 풍토병으로 급속히 확산되던 그 시절, 그 나라들에서는 꼭 필요한 일이었다. 그다지 매력적이지는 않은 업무였다. 우리는 모든 막사들을 돌면서 한 사람씩 셔츠를 벗고 우리에게 상체를 내밀게 했다. 이가 보통은 셔츠의 주름 잡힌 부분과 재봉선 속에 집을 짓고 알을 매달아놓기 때문이다. 이런 유의 이는 등에 빨간 점이 있다. 우리 환자들이 지칠 줄 모르고 반복하는 우스갯소리를 들어보면, 이 빨간 점을 적당히 확대해서 관찰하면 조그만 낫과 망치+가 보인다는 것이었다. 벼룩은 포병, 모기는 공군, 빈대는 낙하산 부대, 진딧물은 공병이라고 부르는 반면, 이는 '보병'이라고 부른다. 러시아어로 이는 '프씨'이다. 나는 그것을 마리야에게서 배웠다. 그녀는 내게 두번째 기록 카드를 넘겨주었는데 거기에다 이가 있는 사람들의 이름과 숫자를 그날그날 적어야 했고 재범자는 빨갛게 밑줄을 그어야 했다.

재범자는 드물었다. 유일하고 유명한 예외, 페라리만 제외하고는 말이다. 일 페라리는 밀라노 사람이어서 그의 성에다 정관사 '일'il을 붙여 부르는 것이 어울리는데, 무기력에 관한 한 경이로운 존재였다. 그는 예전에 산 비토레+에 수감되어 있던 일반 범죄자들로 이루어진 소집단의 일원이었다. 1944년, 독일군이 이들에게 이탈리아 감옥에 있을 것인지 독일로 부역을 갈 것인지 양자택일을 제의했을 때 그들은 후자를 택했다. 지금 그들은 약 50명쯤 되었는데, 거의 모두가 도둑이거나 장물아비들이었다. 그들은 폐쇄적이고 다채로운 격동의 소우주를 건설했고, 이것

+ 붉은색과 낫과 망치는 소련의 국기와 공산주의를 의미한다.
+ 밀라노의 유명한 교도소.

은 러시아 사령부와 회계원 로비에게 끊임없는 골칫거리의 근원이었다. 일 페라리의 동료들은 노골적으로 그를 경멸했고 그래서 그는 어쩔 수 없는 고독 속으로 내몰렸다. 그는 오십대의 체구가 작은 남자로, 마르고 누런 피부에 거의 대머리였고 표정이 없었다. 간이침대에 누워 나날들을 보내는 그는 지칠 줄 모르는 독서광이었다. 그는 신문이나 이탈리아어, 프랑스어, 독일어, 폴란드어 책 등, 손에 잡히는 건 닥치는 대로 읽었다. 이 검사를 할 때 그는 2~3일마다 내게 물어왔다. "저 책은 다 읽었어. 나한테 빌려줄 만한 다른 책 뭐 없어? 러시아어로 된 거는 말고. 알잖아 왜, 러시아어는 내가 잘 모른다는 거." 그는 여러 언어를 구사하는 사람은 아니었다. 오히려 실제로는 문맹이었다. 그러나 어쨌든 모든 책을 '읽었다.' 첫 줄부터 마지막 줄까지 철자 하나 하나를 만족스럽게 확인하고 입술 언저리로 그것들을 발음해가면서, 그리고 힘겹게 단어들을, 그 의미는 신경 쓰지 않고 재구성해가면서. 그에게는 그것으로 충분했다. 마치 사람들이 난이도에 상관없이 낱말 맞추기를 하거나 미분 방정식을 풀거나 소행성의 궤도를 계산해내는 데서 즐거움을 느끼는 것과 같았다.

그는 그러니까 특이한 인물이었다. 그의 이야기가 내게 그 사실을 확인시켜주었다. 그는 매우 기꺼이 내게 자신의 이야기를 들려주었는데, 여기에 옮긴다.

"나는 로레토의 도둑학교를 여러 해 다녔어. 방울들이 달린 마네킹이 있었지. 마네킹 주머니에 지갑이 들어 있고. 방울들이 울리지 않게 하면서 지갑을 빼내야 하는 거였어. 나는 한 번도 성공 못 했지. 그래서 내게는 절대로 훔치는 일이 허락되지 않았어. 나한테는 망 보는 일만 시키더라고. 나는 2년 동안 망을 봤어. 돈도 안 되고 위험하기도 해. 그러니까 좋은 일은 못 되는 거지."

"생각해보라고. 어느 날 난, 허락을 하든 않든 간에 밥벌이를 하려면 독자적으로 일을 해야 한다고 생각했지."

"전쟁통이었고 피난에 암시장에, 전차에는 사람들이 들끓었지. 2번 전차, 포르타 로도비카 정류장에서였어. 그 동네에는 나를 아는 사람이 아무도 없었거든. 내 옆에 커다란 가방을 든 어떤 여자가 있었어. 코트 주머니에 지갑이 있는 거야. 슬쩍 건드리니 느껴지더라고. 나는 그 '삭카뇨'를 밖으로 빼냈어. 천천히, 천천히……."

여기서 기술적인 부연 설명을 짧게 해야겠다. 일 페라리가 내게 설명해준 '삭카뇨'란 일반 면도날을 두 쪽으로 쪼개서 만든 정밀한 도구이다. 가방이나 주머니를 베는 데 쓰이는 것이므로 날이 굉장히 잘 들어야 한다. 가끔 명예가 걸린 문제에서, 보통 얼굴 같은 데를 쫙 그어 상처를 내는 데 쓰이기도 한다. 베인 상처 자국이 있는 사람들을 '삭카냐티'라고 하는 것도 바로 이 때문이다.

"……천천히, 천천히. 그리고 주머니를 베기 시작했어. 거의 다 했는데, 그때 어떤 여자가, 주머니의 그 여자도 아니고 말야, 알아들어? 다른 여자가 소리를 지르기 시작한 거야. '도둑이야, 도둑이야.' 그 여자한테 난 아무 짓도 안 했다고. 그 여자는 나를 알지도 못했고 주머니의 그 여자를 아는 것도 아니었어. 경찰에서 나온 것도 아니고, 전혀 아무 상관도 없는 여자였단 말이야. 요는 전차가 멈춰 섰고 내가 딱 걸렸다는 거야. 난 결국 산 비토레로 가게 되었고 거기서 독일로 가게 된 거고, 그리고 독일에서 여기로 오게 된 거야. 이제 진취적인 행동을 하다가 무슨 일이 벌어질 수 있는지 알겠지?"

그때 이후로 페라리는 진취적인 행동이라고는 더 이상 하지 않았다. 그는 내 고객들 중에서 가장 온순하고 순종적인 사람이었다. 아무런 이의 없이 곧장 옷을 벗었고 늘상 이가 붙어다니는 셔츠를 내밀었으며, 다음 날 아침이면 모욕당한 왕자처럼 구는 일 없이 소독을 받았다. 그러나 그 다음 날이면 어찌된 영문인지 이가 다시 나타났다. 이를테면, 더 이상 진취적인 행동을 하지 않는 그는 이한테조차 저항하지 않았던 것이다.

✣   나의 전문직 일은 적어도 두 가지 이점을 가져다주었다. '프로푸스크'와 개선된 영양 섭취가 바로 그것이다.

보구치체 수용소의 음식은 모자라지는 않았다. 러시아군의 식량이 우리에게 배급되었고, 배급은 빵 1킬로그램, 하루에 수프 두 접시, '카샤,'✣ 설탕을 넣고 끓인 양 많은 러시아식 차로 구성되어 있었다. 하지만 레오나르도와 나는 라거에서의 1년이 초래한 손상을 만회해야 했고, 아직도 우리는 상당 부분 심리적인, 가눌 길 없는 허기에 사로잡혀 있어서, 배급

✣ 고기, 돼지비계, 기장, 기타 야채를 넣고 끓인 요리.

량은 우리에게 그리 충분한 것이 아니었다.

마리야는 우리가 정오의 식사를 의무실에서 할 수 있도록 허락해주었다. 의무실의 주방은 파리 출신의 '마키자르드'* 두 명이 관리했는데, 더 이상 젊다고는 할 수 없는 노동자들로 그녀들 역시 수용소에서 살아 돌아왔고 수용소에서 남편들을 잃었다. 말이 없고 고통에 찬 여자들이었다. 겉늙어버린 얼굴에는 과거의 그리고 최근의 고통들이, 정치 투사들의 강인한 도덕적 의식에 의해 억제되고 다스러지는 듯했다.

그중 한 사람, 시몬은 우리 식탁에 음식을 날라다주었다. 수프를 한 번, 두 번 퍼주고는 좀 걱정스럽다는 듯이 나를 쳐다보았다. "부 레페테, 죈 옴므?"* 나 자신의 동물적인 게걸스러움이 부끄러웠지만, 나는 그렇다고 고개를 끄덕여 보였다. 시몬의 따가운 눈총을 받으며 네 번이나 '레페테'라고 말한 사람은 드물었다.

'프로푸스크'는 어떤 특혜를 준다기보다는 소속 집단을 구별하는 일종의 표시였다. 사실, 누구든지 철조망의 구멍을 통해 쉽게 드나들 수 있었고 하늘의 새처럼 자유롭게 시내로 갈 수 있었다. 예를 들어 도둑들 중 많은 이들이 그렇게 나가서 자기들의 기술을 발휘하러 카토비체나 더 먼 곳으로 가곤 했다. 그들은 영영 안 돌아오기도 하고, 여러 날이 지난 후 다들 무관심한 가운데 인적사항을 종종 다르게 밝히고 수용소로 다시 들어오기도 했다.

✤ maquisardes 제2차 세계대전 당시의 항독지하운동가를 이르는 말로 여성 복수형이다.
✤ Vous répétez, jeune homme? (프랑스어) 더 드릴까요, 젊은 양반?

그래도 '프로푸스크'는 수용소를 둘러싼 진흙탕을 지나 멀리 돌아가지 않고 카토비체로 곧장 갈 수 있도록 해주었다. 기력이 다시 돌아오고 따뜻한 계절로 접어들면서, 나도 미지의 도시를 향해 유람을 떠나고 싶은 유혹이 점점 더 강렬해지는 것을 느꼈다. 해방되었다는 것이, 그 후에도 여전히 철조망의 틀 속에서 지낸다면 다 무슨 소용이란 말인가? 게다가 카토비체 사람들은 호의적으로 우리를 바라보았고 전차나 영화관에도 우리를 무료로 받아주었다.

어느 날 저녁 나는 체사레와 이에 대해 이야기를 나누었고, 그 후 며칠 동안 즐거움에 유용함을 결합시킬, 즉 방랑에 사업을 결합시킬 최고의 계획을 세웠다.

체사레
Cesare

✣   라거에서 막바지 날들을 보내던 중에 나는 체사레를 알게 되었다. 그러나 이제 그는 완전히 딴 사람이 되어 있었다. 독일군들이 버리고 간 부나 수용소에서, 두 명의 프랑스인과 내가 살아남아, 겉치레나마 문명의 모습을 세우는 데 성공한 감염 병동은 상대적으로 건강한 어떤 섬을 상징했다. 바로 옆 이질 병동은 죽음이 확실하게 지배하고 있었다.

나는 나무 벽을 통해 내 머리에서 채 몇 센티미터 떨어지지 않은 곳에서 누군가 이탈리아어로 말하는 소리를 들었다. 어느 날 저녁, 얼마 남지 않은 기운을 짜내어 나는 저쪽 뒤편에 누가 아직 살아 있는지 보러 가기로 결심했다. 어둡고 차디찬 복도를 지나 문을 열자마자 나는 공포의 제국으로 떨어졌다.

침대가 100개 남짓 있었다. 그중 적어도 절반은 추위로 굳어버린 시체들이 차지하고 있었다. 단지 두세 개의 촛불만이 어둠을 깨고 있었다. 벽과 천장은 어둠 속에 사라져 보이지 않았고 그래서 꼭 거대한 동굴 속으로 들어가는 것 같았다. 아직 살아 있던 50명 환자들의 감염된 숨결을 제외하고는, 온기이라고는 전혀 없었다. 추위에도 불구하고 배설물들과 죽음의 역한 냄새가 너무나 강해서 숨이 끊어질 것 같았지만, 폐에 무리를 해서라도 어쩔 수 없이 그 부패한 공기를 들이마셔야 했다.

그런데도 50명이 아직 살아 있었다. 그들은 담요 밑에 웅크리고 누워 있었다. 몇몇은 신음을 하거나 고함을 질렀고 다른 사람들은 바닥에 배설을 하려고 힘겹게 침대에서 내려오고 있었다. 이름들을 부르고 기도를 하고 저주를 퍼붓고 유럽의 모든 언어로 도움을 간청했다.

어둠 속에서, 겹겹이 쌓인 얼어붙은 배설물들에 발부리가 걸리고 비틀거리면서, 3층 침대들 사이로 난 통로들 중 하나를 따라 손으로 더듬대며, 나는 몸을 질질 끌고 앞으로 나아갔다. 내 발소리를 듣고 고함 소리는 두 배가 되었다. 그리고 담요 밑에서 손들이 나와 내 옷을 붙잡고 늘어졌고, 찬 손으로 내 얼굴을 만지고, 나를 못 가게 길을 막으려 했다. 마침내 나는 통로 끝, 칸막이 벽에 도달했고 나를 찾던 사람들을 발견했다. 한 침대에 누운 두 명의 이탈리아인이었다. 추위로부터 몸을 보호하기 위해 서로 꼭 부둥켜안고 있었다. 바로 체사레와 마르첼로였다.

나는 마르첼로를 잘 알고 있었다. 베네치아의 아주 오래된 게토+인 칸나레조에서 온 그는 나와 같이 포솔리에 있다가, 내가 탄 열차 칸의 바로 옆 칸에 타고 브렌네로 고개를 통과했다. 그는 강인하고 건강했다. 라거에서의 마지막 몇 주까지만 해도 배고픔과 피로를 용감하게 잘 견뎌내고 있었다. 그러나 그 겨울의 추위가 그를 거꾸러뜨렸다. 더 이상 그는 말을 하지 않았고, 내가 켠 성냥불빛 아래서 나는 그를 알아보기가 힘들었다. 수염으로 덮인 검고 누런 얼굴에는 온통 코와 치아밖에 보이지 않았다. 섬망+ 상태에 빠져 크게 뜬 번쩍이는 두 눈은 붙박인 듯 허공을 보고 있었다. 그를 위해 할 수 있는 일은 별로 없었다.

반면, 체사레는 몇 달 전에 비르케나우에서 부나로 왔기 때문에, 내가 그를 안 지는 얼마 되지 않았다. 그는 내게 먹을 것보다도 먼저 물을 달라고 했다. 나흘 전부터 물을 마시지 못했고 열이 그를 태우고 이질이 그의 속을 비우고 있었기 때문이다. 나는 그에게 우리 방의 남은 수프와 함께 물을 갖다주었다. 길고 특별한 우정의 초석을 그때 그렇게 해서 놓고 있는 줄 나는 미처 몰랐다.

그의 회복 능력은 비범한 것임에 틀림없었다. 두 달 뒤 보구치체 수용소에서 내가 다시 그를 보았을 때, 그는 회복되었을 뿐만 아니라 원기를 거의 되찾았고 귀뚜라미처럼 팔팔했다. 그렇긴 하지만 그는 이제 막 또 하나의 모험에서 돌아온 사람이었다. 그 모험을 통해 그는 자신의 타고난,

---

+ 유대인 강제 거주 지역. 14세기 초부터 19세기까지 유럽 곳곳에 존재했다. 독일군은 1940년부터 동유럽의 주요 도시에 게토를 재건했는데, 그곳은 곧 기아와 질병, 수용소로의 강제연행 등으로 비극적인 죽음의 무대가 되었다.

+ 외계外界에 대한 의식이 흐리고 착각과 망상을 일으키며 헛소리나 잠꼬대를 하다 마침내 마비를 일으키는 의식 장애.

게다가 라거라는 힘겨운 학교에서 굳건히 다져진 재능들을 극단적으로 시험해볼 수 있었다.

러시아군이 도착한 뒤 그 역시 아우슈비츠에서 환자들 대열에 끼어 입원했다. 병이 그다지 중하지 않고 체질도 튼튼해서 그는 빨리 나왔다. 아니, 너무 빨리 나아버렸다. 3월 말경에 무너져가던 독일군 부대들이 브레슬라비아 주위로 집결했고, 슐레지엔 탄광 지대로 필사적인 최후의 반격을 시도해왔다. 러시아군이 급습을 당한 것이다. 아무래도 상대편의 선제 공격을 과대평가한 나머지 그들은 방어선을 구축하기에 급급했던 모양이다. 오펠른과 글라이비츠 사이에 있는 오더 계곡을 봉쇄할, 길게 늘어선 대전차용 참호가 필요했다. 참호는 긴급하게 필요했고 대대적인 작업을 벌여야 했지만, 일손은 매우 부족했다. 러시아군은 관례대로 극도로 신속하고 간략한 방식으로 조치했다.

어느 날 아침, 아홉 시경에 러시아 군대는 갑자기 카토비체 시내의 몇몇 도로를 봉쇄했다. 카토비체에는 그리고 폴란드 전역에는 남자들이 모자랐다. 노동 연령인 남자 인구는 사라져버렸다. 독일과 러시아에서 포로로 잡히거나 유격대로 흩어지거나 전쟁에서, 폭격에서, 보복으로, 라거에서, 게토에서 살해당해 사라져버린 것이다. 폴란드는 상중喪中인 나라였고 노인과 과부들의 나라였다. 아침 아홉 시, 길에는 여자들밖에 없었다. 가방이나 손수레를 끌고 가게와 시장으로 식료품이나 석탄을 구하러 나온 주부들이었다. 러시아군은 여자들을 가방과 모든 것을 그대로 들린 채 사열종대로 세우더니 역으로 데리고 가서는 글라이비츠로 보냈다.

이와 동시에, 그러니까 내가 그리스인과 이곳에 도착하기 대엿새 전에, 러시아 군대는 갑자기 보구치체 수용소를 둘러쌌다. 그들은 야만인처럼 고함을 지르고, 몰래 도망가려 하는 사람들을 겁주기 위해 공중에 총을 쏘아댔다. 코만단투르의 조용한 동료들은 소심하게 개입해보려 했다. 러시아 군대는 신속하게 이들도 입을 다물도록 만들었다. 러시아 군인들은 옆구리에 기관총을 차고 수용소로 들어와서 사람들을 모두 막사 밖으로 나오게 했다.

독일군들이 하던 선발의, 일종의 희화화된 변형판이 수용소 한가운데의 공터에서 벌어졌다. 죽으러 가는 것이 아니라 노동하러 가는 것이었기 때문에 이 변형판 선발은 훨씬 덜 살벌했다. 그 대신, 훨씬 더 무질서하고 즉흥적이었다.

몇몇 군인들이 막사로 가서 반항하는 사람들을 밖으로 몰아내고, 대대적인 숨바꼭질 놀이라도 하듯 그들을 잡으려고 미친 듯이 뛰어다니는 동안, 다른 군인들은 수용소 문에 서서 차츰 사냥꾼들이 하나둘씩 붙잡아 대령하거나 스스로 나타난 남녀들을 한 사람씩 검사했다. '발노이'인지 '즈다로븨'인지(병자인지 건강한 자인지)에 대한 판결은, 논란의 여지가 있는 경우에는 시끄럽게 토론도 벌여가면서, 발성 투표에 의해 단체로 내려졌다. '발노이'들은 막사 안으로 돌려보냈고 '즈다로븨'들은 철조망 앞에 줄 세웠다.

체사레는 맨 먼저 상황을 이해한(그는 '낌새를 알아차린'이라고 말했는데)

사람들 가운데 한 명이었다. 그는 감탄할 만한 통찰력을 가지고 행동했고 거의 들키지 않고 성공할 뻔했다. 그는 아무도 생각지 못한 곳인 장작 창고에 숨었다. 그리고 장작들을 받쳐놓은 시렁 하나를 몸 위로 떨어뜨린 뒤, 그 장작들 밑에서 꼼짝도 하지 않고 사냥이 끝날 때까지 조용히 있었다. 그런데 숨을 곳을 찾던 멍청이 하나가 안으로 도망쳐 들어오면서 그를 뒤쫓던 러시아 군인을 끌어들였다. 체사레는 낚였고, 건강한 자로 판정되었다. 이것은 순전히 보복성 판정이었다. 그가 불쌍하기 그지없는 사람처럼, 아니 모자란 장애인처럼 굴면서 장작 더미에서 나왔기 때문이다. 그의 연기는 돌멩이도 감동시킬 만한 것이었다. 그는 온몸을 덜덜 떨면서 입에는 거품을 물고, 눈은 사팔뜨기에 어디에 홀린 것처럼 뜨고서는, 한쪽 다리를 질질 끌고 절면서 비딱하게 걸었다. 그래도 매한가지로 러시아 군인들은 그를 건강한 사람들 줄에 집어넣었다. 그러자 그는 몇 초 뒤 번개같이 작전을 바꾸어 저 끝에 나 있는 구멍을 통해 수용소 안으로 다시 들어가려고 걸음아 나 살려라 하고 도망쳤다. 하지만 그는 붙잡혀서 따귀를 한 대 맞고 정강이를 걷어차인 뒤 결국 패배를 받아들였다.

러시아군은 글라이비츠 너머까지, 30킬로미터 이상을 그들을 걸려서 데려갔다. 그곳에서 마구간과 헛간에 되는대로 그들을 수용시켰고 그들에게 짐승처럼 살게 했다. 그들은 조금밖에 먹지 못한 채, 비가 오든 날씨가 맑든 하루 열여섯 시간을 삽질을 해야 했고, 러시아 군인이 항상 거기서 기관총을 겨누고 지키고 있었다. 남자들은 참호 쌓는 일을 했고, 여자들(수용소에서 데려온 여자들과 길에서 찾아낸 폴란드 여자들)은 감자를 까고 요리와 청소를 했다.

견디기 힘들었다. 그러나 체사레는 노역이나 배고픔보다도 치욕스러움으로 더 속을 태웠다. 그가, 포르타 포르테제*에서 장사판을 벌였던 그가, 이런 식으로 햇병아리처럼 잠자코 벌을 받고 있단 말인가! 온 트라스테베레*가 웃을 일이었다. 그는 명예를 회복해야 했다.

사흘을 일했다. 나흘째 되는 날 그는 빵 한 덩어리를 시가 두 개피와 교환했다. 한 개피는 먹고, 나머지 한 개피는 물에 불려서 겨드랑이에 밤새도록 끼고 있었다. 다음 날 그는 군의관의 진찰을 요청할 준비가 되어 있었다. 펄펄 끓는 고열과 무시무시한 복통, 현기증, 구토 등 필요한 모든 조건을 갖추었다. 그들은 그를 침대에 눕혔고 그는 중독 증상이 사라질 때까지 침대에 누워 있었다. 그러고는 밤에, 기름칠을 한 것처럼 미끈하게 나가서 편안한 마음으로 간간이 쉬어가며 보구치체로 돌아왔다. 나는 그가 내 방에 기거할 수 있는 방법을 찾아냈고, 그런 다음 귀환 여행까지 내내 우리는 헤어지지 않았다.

✤   "또 시작이군." 표정이 어두운 체사레가 바지를 입으면서 말했다. 그가 돌아오고 나서 며칠 뒤, 수용소의 밤의 정적이 극적

✤ 로마의 유명한 벼룩시장.
✤ 로마 테베레 강 굽이에 있는, 벼룩시장 포르타 포르테제로 유명한 지역. 로마에서 가장 오래된 서민 지구이기도 하다.

으로 깨졌을 때였다. 대폭발이 일어나고 세상이 끝난 것 같았다. 러시아 병사들이 복도를 이리저리 뛰어다니고 알아들을 수 없는 명령들을 흥분한 목소리로 고래고래 외치면서 기관총 개머리판으로 방문들을 두들겼다. 잠시 후 소령이 도착했고, 머리가 헝클어진 마리야, 예고로프, 옷을 반쯤 입은 단첸코가 허둥지둥 쫓아 나왔다. 그 뒤를 이어 회계원 로비가 당황하고 잠이 덜 깬 모습으로, 그러나 그 와중에도 제복을 입고서 나타났다. 다들 당장 일어나 옷을 입어야 했다. 왜? 독일군들이 돌아왔나? 우리를 이동시키는 건가? 아무도 영문을 몰랐다.

우리는 결국 마리야를 가까스로 붙잡을 수 있었다. 아니, 독일군들이 전선을 무너뜨린 것이 아니었다. 하지만 상황은 마찬가지로 매우 심각한 것이었다. '인스펙치야.' 그날 아침에 장군이 수용소를 '시찰'하기 위해 모스크바에서 온다는 것이었다. 코만단투르 전체가 절망과 공황 상태에 빠져 '디에스 이래'✢가 닥친 것 같았다.

로비의 통역관이 이 방 저 방 동분서주하며 명령을 내리다, 다시 고래고래 소리 지르며 취소 명령을 내렸다. 빗자루, 걸레, 물통들이 등장했다. 모든 사람이 동원되어 유리창을 닦고 쌓인 쓰레기 더미를 어딘가로 치우게 만들고 바닥을 쓸고 손잡이에 광을 내고 거미줄을 걷어내야 했다. 하품을 하고 저주를 하면서 모두가 일을 하기 시작했다. 새벽 두 시가 지나고 세 시, 네 시가 지났다.

✢ dies irae (라틴어) 격노의 날. 마지막 심판에 관한 라틴 성가의 첫머리 가사.

동이 틀 무렵, '우보르나야'에 대해 말하는 소리가 들리기 시작했다. 수용소의 '공중변소'는 사실 끔찍한 문제였다.

그것은 수용소 한가운데 위치한 벽돌 건물로, 널찍하고 눈에 확 띄었으며 숨기거나 위장하는 게 불가능했다. 몇 달 전부터 청소나 관리를 하는 사람이 아무도 없었다. 내부는 바닥이 한 뼘 정도 고인 오물에 잠겨 있어서, 결국 우리는 거기에 커다란 돌덩이와 벽돌들을 놓았고, 안으로 들어가려면 순간적으로 균형을 잡으면서 이 돌에서 저 돌로 건너뛰어야 했다. 문에서, 벽의 틈새에서 썩은 액체가 밖으로 넘쳐 흘렀고, 악취 나는 도랑을 이루어 수용소를 가로지른 다음 평원 가운데에 있는 계곡으로 사라졌다.

완전히 정신이 나간 예고로프 대위가 비지땀을 흘리며 우리 중에서 부역을 할 열 명을 골라, 염소鹽素가 든 통과 빗자루를 손에 들린 다음 청소할 현장으로 보냈다. 그러나 이 열 명의 남자들이 일을 끝내는 데는, 설사 빗자루만이 아니라 최적의 도구들을 갖추었다 하더라도, 적어도 1주일은 걸리리라는 것을 삼척동자도 알 수 있었다. 염소는커녕 아라비아의 모든 향료를 다 써도 그곳을 정화시키기에는 부족할 판이었다.

두 가지 필요가 충돌해서 말도 안 되는 결정이 튀어나오는 것은 드문 일이 아니다. 그럴 때는 딜레마가 스스로 풀리도록 내버려두는 것이 더 현명할 것이다. 한 시간이 지난 뒤 (그리고 수용소 전체가 벌집을 쑤셔놓은 것처럼 웅웅대는 가운데) 부역대는 철수하고 사령부의 향토수비대원 열두 명 전원이 판재와 못, 망치, 둘둘 만 가시철사 뭉치를 들고 오는 것이 보였다. 눈 깜짝할 사이에 이 수치스런 공중변소의 모든 문들과 창문들이 닫히고, 손가락 세 개 굵기만 한 두께의 전나무 판자들로 빗장이 쳐지고 봉쇄되었다. 모든 벽은 지붕까지 도저히 풀 수 없도록 얽히고설키게 둘러친 가시철사로 완전히 뒤덮였다. 체면은 살았다. 아무리 부지런한 검사관이라도 그곳에 발을 들여놓기란 물리적으로 불가능할 것이었다. 정오가 지나고 저녁이 되었는데도 장군은 자취도 보이지 않았다. 다음 날 아침에는 그에 대한 이야기도 이미 조금 줄어들었다. 3일째 되는 날에는 더 이상 아무도 그에 대해 이야기하지 않았다. 코만단투르의 러시아인들은 자신들의 일상적이고도 다행스러운 태만함과 지저분함으로 되돌아갔고, 변소의 뒷문 쪽에 박힌 판자 두 짝은 못을 뽑아 떼어냈다. 그리고 모든 것이 제자리로 돌아갔다.

그러나 몇 주 더 있다가 검사관이 왔다. 수용소의 정황을 검사하기 위해, 더 정확하게는 주방들을 검사하기 위해 왔다. 그는 장군이 아니라 대위였는데 약간 평판이 나쁜 NKVD*라고 적힌 완장을 차고 있었다. 그는 자신의 임무를 각별히 즐겁게 여긴 것이 틀림없었다. 아니면 코만단투르의 여자들을, 아니면 상上슐레지엔의 공기를, 아니면 이탈리아 요리사들이 가까이 있음을 그렇게 여겼거나. 왜냐하면 그가 좀처럼 떠날 생각을 하지 않았기 때문이다. 그는 달리 눈에 띄게 하는 일도 없이 우리

✢ 'Narodnyi Komissariat Vnutrennikh Del'의 약자로 내부인민위원회를 지칭한다. 소비에트의 정치 경찰로 포괄적인 조사권과 사법권을 가지고 1930년대 전 기간에 걸쳐 스탈린의 숙청 작업을 수행했다.

가 6월에 떠날 때까지도 남아서 매일 주방을 검사했다.

베르가모 출신의 한 야만인 같은 요리사와 뚱뚱하고 얼굴이 번들번들한 불특정 다수의 지원자 조수들이 관리하던 주방은 수용소 울타리 바로 바깥에 위치했는데, 시멘트 화덕 위에 놓인 두 개의 거대한 조리냄비가 내부를 거의 전부 차지하고 있는 창고였다. 그곳은 두 계단을 올라 들어가게 되어 있었고 문은 없었다.

검사관은 자신의 첫 시찰을, 장부에 기록을 해가며 매우 위엄 있고 진지하게 진행했다. 그는 무지하게 길고 흐느적거리는 몸에, 돈키호테 같은 금욕주의자의 잘생긴 얼굴을 가진 30대의 유대인이었다. 둘째 날 그는 어디에선지 오토바이를 한 대 찾아내더니, 어찌나 열렬하게 그것에 빠져버렸는지 그때 이후로 그와 오토바이가 떨어져 있는 것을 한 번도 본 적이 없었다.

시찰식은 사람들의 구경거리가 되었고 카토비체의 일반 시민들이 점점 더 많이 보러 왔다. 11시경이면 검사관은 회오리바람을 일으키며 도착했다. 끔찍한 금속성 소리를 내며 오토바이를 급정차시키는데, 앞바퀴를 중심축으로 삼아 뒷바퀴를 4분의 1 원을 그리며 미끄러지게 하는 것이었다. 그는 거기서 멈추지 않고, 돌진 태세를 갖추는 황소처럼 머리를 낮게 숙인 채 부릉부릉하고 주방을 겨냥했다. 두 계단을 겁나게 쿵쿵 올라서서는, 배기통을 완전히 열고 거대한 두 개의 냄비 주위를 급하게 8자를 그리며 두 번 돈 다음, 다시 아래쪽으로 계단을 날아 내려갔고, 환한 미소를 띠고서는 사람들에게 군대식으로 인사를 했다. 그러고는 핸들 위로 몸을 숙이고 청록색 연기와 요란한 소음의 구름 속으로 사라졌다. 일은 몇 주간 순조롭게 진행되었다. 그러던 어느 날 오토바이도 대위도 보이지 않았다. 그 사람, 한쪽 다리가 부러져서 병원에 있었고 오토바이는 이탈리아 오토바이 동호회의 애정 어린 손에 넘어간 것이었다. 하지만 얼마 되지 않아 그와 오토바이가 다시 돌아다니는 것을 볼 수 있었다. 대위는 오토바이의 동체에 선반을 설치해서 거기에 깁스한 다리를 수평 자세로 올려놓았다. 귀티 나는 창백한 그의 얼굴은 황홀한 행복감에 젖어 있었다. 그렇게 정비를 한 뒤에 그는 자신의 일상적인 시찰을 전처럼 요란하게 다시 시작했다.

✢   4월이 되어서야 마지막 눈이 녹았고 온화한 태양은 폴란드의 진흙을 완전히 말렸다. 우리는 정말 자유롭다고 느끼기 시작했다. 체사레는 이미 여러 번 시내에 다녀왔고 자신의 탐험에 내가 따라나설 것을 거듭 주장했다. 결국 나는 무기력함을 극복하기로 결심했고 우리는 눈부신 어느 봄날, 함께 길을 나섰다.
한 가지 실험에 흥미를 느낀 체사레의 요청에 따라 우리는 철조망 구멍으로 나가지 않았다. 내가 먼저 정문으로 나갔다. 보초가 내게 이름을 물어보고 출입증을 요구했다. 나는 출입증을 제시했다. 그는 확인을 했고 내 이름이 맞았다. 나는 모퉁이를 돌아 철조망 사이로 체사레에게 그 네모난 종이를 건넸다. 보초가 체사레에게 이름을 물었다. 체사레는 '프리모 레비'라고 대답했다. 보초는 그에게 출입증을 요구했고 이름은 다시 맞게 적혀 있었으며 체사레는 그야말로 정당하게 밖으로 나왔다. 그렇다고 그가 정당한 행동을 중요하게 여기는 것은 아니었다. 다만 그는 우아함을, 기교를, 고통을 주지 않으면서 상대방을 속이는 것을 좋아했다.

우리는 방학을 맞은 학생들처럼 명랑하게 카토비체로 들어섰다. 하지만 걱정거리 없이 가벼운 우리의 기분은 매 걸음마다 우리가 들어선 풍경과 충돌했다. 걸음을 떼어놓을 때마다, 우리를 스치고 간 그리고 기적적으로 우리를 살려둔 엄청난 비극의 자취를 만났던 것이다. 사거리마다 무덤들이 있었다. 십자가도 없이 붉은 별이 달려 있는, 급하게 묻어놓은 말 없는 무덤들, 전투에서 죽은 소비에트 군인들의 무덤들이었다. 도시의 한 공원에는 십자가와 별이 뒤섞인 끝없는 전쟁 묘지가 펼쳐져 있었고 거의 모두가 같은 날로 기록되어 있었다. 길에서 전투가 벌어졌던 그날, 아니 어쩌면 독일군의 마지막 학살이 있었던 그날이었을 게다. 중심가 한복판에는 서너 대의 독일군 장갑차가, 겉보기에는 손도 대지 않은 듯 전리품으로, 기념물로 변모되어 서 있었다. 그중 하나는 대포의 포신을 가상으로 연장하면, 맞은편 가옥의 절반 높이에 난 거대한 구멍에 그대로 가 닿았다. 이 괴물은 한창 파괴하다가 죽은 것이었다. 사방에 잔해와 시멘트 골조와 불타버린 목조 대들보, 양철 판잣집들, 황량하고 굶주린 기색을 한, 누더기를 입은 사람들. 주요 교차로들에는 러시아 군인들이 붙여놓은 도로 표지판이 있었다. 흥미롭게도, 그것은 우리가 예전에 보았던, 그와 비슷한 독일인들의 표지판이 미리 짜 맞춰놓은 정확함과 깔끔함을 보이는 것과는 대조적이었다. 또한 우리가 나중에 보게 될 미군의 표지판과도 대조적이었다. 생나무로 만든 거친 판자 위에 타르를 가지고 손으로 지명을 휘갈겨 쓴 것으로, 들쑥날쑥한 키릴 문자로 적혀 있었다. 글라이비츠, 크라코비아, 쳉스토호바Czenstochowa, 아니 이건 너무 긴 이름이니까 판자 하나에 'Czenstoch'라고 쓰고 좀더 작은 다른 판자에 'owa'라고 써서 밑에 못을 박아 붙여놓았다.

몇 년 동안의 나치 점령이라는 악몽과 전선이 태풍처럼 지나간 뒤에도 도시는 아직 살아 있었다. 많은 상점과 카페가 문을 열었고 심지어 시장이 확산되고 있었다. 전차들이 운행되었고, 탄광, 학교, 영화관이 문을 열었다. 우리 둘 다 한 푼도 없었기 때문에 첫날이던 그날에는 정찰을 한 바퀴 돈 것으로 만족했다. 싸한 대기 속에서 몇 시간을 걷고 나자 만성적인 배고픔이 다시 날카롭게 살아났다. 체사레가 말했다. "나랑 같이 아침 먹으러 가자."

그는 나를 시장으로 데려갔다. 시장 한쪽으로 과일 좌판들이 늘어서 있었다. 과일을 파는 아낙네가 심술궂은 눈으로 쳐다보는 가운데 체사레는 첫번째 좌판에서 딸기를 딱 하나, 아주 큰 걸로 집어 들었다. 전문가 같은 폼새로 천천히 딸기를 씹더니 머리를 가로저었다. "니에 도브레."✢ 그는 엄한 어조로 이렇게 말하더니("폴란드 말이야. 맛이 없다는 뜻이지." 그가 내게 설명했다), 다음 좌판으로 가서 같은 행동을 반복했다. 그렇게

✢ Nié ddobre. 맛없어. 폴란드어 nie dobry를 체사레가 로마식으로 발음한 것.

모든 좌판을, 마지막 좌판까지 지나갔다. "어라? 뭘 기다리는 거야?" 그러더니 냉소적인 자부심을 보이며 내게 말하는 것이었다. "배가 고프면 나처럼 하는 수밖에 없잖아."

물론, 이런 딸기 수법으로 상황이 제대로 해결되는 것은 아니었다. 체사레는 상황을 포착한 것이었다. 다시 말해, 제대로 장사에 전념해야 할 적기가 왔음을 파악한 것이었다.

그는 내게 자신의 속마음을 털어놓았다. 자신에게 나는 친구이고, 자신은 내게 아무것도 바라는 게 없다, 만약 내가 원한다면 자신과 함께 시장에 가서 일손을 거든다거나 일을 배울 수도 있다, 하지만 약간의 초기 자본과 어느 정도의 경험을 가진 진짜 동업자를 찾는 일이 자신에게 꼭 필요하다, 고 설명했다. 아니, 사실은 그런 동료를 이미 찾아놓은 상태였다. 산 로렌초+에서 오래전에 알게 된 자코만토니오라고, 감옥에 딱 어울리는 얼굴을 가진 사람이었다. 동업의 형태는 지극히 간단했다. 자코만토니오가 사들이는 일을, 그가 판매를 담당하고, 수익은 똑같이 양분한다는 것이었다.

사들이다니, 뭘? 뭐든 다. 그가 내게 말했다. 뭐든지 되는대로. 체사레는 스무 살을 갓 넘긴 나이였음에도 놀라운 상업적 지식을 자랑했고, 그것은 그리스인의 지식에 견줄 만했다. 그러나 표면적인 유사성을 넘어서서 보면, 그와 그리스인 사이에는 깊은 간극이 존재한다는 것을 곧 알 수

+ 로마의 서민 주거 지역.

있었다. 체사레는 인간적인 온기가 가득한 사람이었다. 모르도 나훔처럼 일 외의 시간에만이 아니라 항상, 그의 삶의 모든 시간에 그랬다. 체사레에게 '노동'이란 때에 따라 어떤 유쾌하지 않은 부득이함이거나 아니면 어떤 만남들의 즐거운 기회를 의미했다. 그것은 어떤 차가운 강박 관념도, 자기 자신에 대한 어떤 악마적인 확신도 아니었다. 한 사람은 자유로웠고 다른 한 사람은 자기 자신의 노예였다. 한 사람은 인색하고 합리적이었으며 다른 한 사람은 아낌이 없고 기상천외했다. 그리스인은 모두를 상대로 끝없는 전쟁을 치르고 있는 외로운 늑대였다. 너무 일찍 늙어버렸고 자신의 슬픈 야망의 테두리 속에 갇혀 있었다. 반면에 체사레는 태양의 아들이었고 온 세상의 친구였으며 증오와 경멸을 알지 못했다. 그는 하늘처럼 변화무쌍하고 쾌활하고, 영악하면서도 순진하고, 무모하면서도 신중했으며, 굉장히 무식하고 굉장히 천진하고 굉장히 예의 발랐다.

자코만토니오와의 동업에 나는 끼고 싶지 않았다. 다만 체사레가 시장에 견습생으로, 통역으로, 운반인으로 가끔 함께 가자고 청하는 것은 기꺼이 받아들였다. 내가 그의 요청을 받아들인 것은 우정 때문만은, 그리고 수용소의 권태로부터 벗어나기 위해서만은 아니었다. 무엇보다도, 체사레의 사업을 지켜본다는 것은, 그것이 아무리 보잘것없고 사소한 일일지라도 너무나 독특한 경험이었고, 기운을 북돋아주는 일종의 생기 넘치는 공연이었으며, 나를 다시 세상과 화해시키고 내 안에 아우슈비츠가 꺼뜨려버린 삶의 기쁨을 다시 밝혀주는 것이었기 때문이다.

체사레의 이러한 미덕은 절대적인 의미에서 그 자체로 훌륭하다. 인간에게 고귀함을 부여하고, 혹시 가졌을지 모를 수많은 결점들을 메워주고, 영혼을 구제하기에 충분한 것이다. 그러면서 동시에, 더욱 실제적인 면에서는 이러한 덕목이 공공 광장에서 장사를 하려고 하는 사람에게는 훌륭한 길잡이가 되는 것이기도 하다. 사실, 체사레가 가진 매력에는 사령부의 러시아 군인들도, 수용소의 별의별 동료들도, 시장을 다니는 카토비체의 시민들도, 그 누구도 무감할 수 없었다.

4월 말로 접어들자 태양은 벌써 뜨겁고 날씨도 변덕스럽지 않았다. 체사레가 내게 와 일이 끝나고 의무실 문이 닫히기를 기다린 것은 그 무렵이었다. 그의 흉악스러운 동업자가 일련의 멋진 일들을 해냈다. 그러니까, 나오지 않는 만년필, 스톱워치, 상태가 꽤 좋은 모직 남방 한 벌을 전부 50즈워티에 사온 것이었다. 장물아비의 노련한 후각을 가진 자코만토니오는 카토비체의 역에 가서 독일에서 귀환하는 러시아 열차들을 기다리며 지키고 서 있자는 기막힌 생각을 해냈다. 이미 동원 해제되어 귀향길에 오른 그 군인들은 상상할 수 있는 가장 손쉬운 거래 상대였다. 쾌활함이 넘치고 조심성 없는 그들은 전리품을 가득 싣고 있었고 지역의 시세를 몰랐으며 돈이 필요한 사람들이었다.

아무튼, 체사레는 모든 실리적인 목적을 차치하고라도 그저 귀환 중인 붉은 군대의 장관을 지켜보기 위해 역에서 몇 시간을 보낼 생각이었다. 그 장관은 성경에서의 이주처럼 집단적인 동시에 엄숙한 것이었고, 유랑 곡예사들의 행렬처럼 소란스러운 동시에 다채로운 것이었다. 군용열차로 쓰이는 화물열차들이 긴 대열을 이루며 카토비체에 정차했다. 열차들은 몇 개월이 걸릴지, 어쩌면 태평양까지 가야 할지도 모를 여행을 위한 장비들을 갖추고 있었고, 수천 명의 군인과 민간인들, 남녀들, 과거의 포로들, 이번에는 자신들이 포로가 된 독일인들이 되는대로 타고 있었다. 게다가 화물, 가구, 가축, 떼어낸 산업 장비들, 식량, 전쟁 물자, 부서진 잔해들도 싣고 있었다. 이 열차들은 이동식 마을이었다. 어떤 객차들에는 한두 개의 더블 침대와 거울 달린 가구, 난로, 라디오, 의자와 탁자들과 함께 한집안으로 보이는 사람들이 타고 있었다. 열차의 객차와 객차 사이에는 급조한 전깃줄들이 늘어져 있었는데, 조명에도 필요했지만 동시에 빨래를 널어 말리는 데에도(또 그을음으로 빨래가 더럽혀지는 데에도) 쓰였다. 아침이면 미닫이문들이 열리고 집의 저 안쪽에서 졸음에 겨운 펑퍼짐한 얼굴의 남녀들이 옷을 반쯤 입고 나타났다. 그들은 세상 어디쯤에 와 있는지도 잘 모르는 채 어리벙벙하게 주위를 돌아보고는 차디찬 펌프 물로 세수를 하러 열차에서 내렸다. 또 돌아다니면서 타바코와 담배 마는 종이로 『프라우다』⁺를 건네기도 했다.

그런 다음, 나는 체사레와 함께 시장으로 출발했다. 체사레는 위에서 언급한 세 가지 물건을 (어쩌면 같은 러시아인들에게) 되팔 작정이었다. 시장은 인간의 온갖 비참함의 박람회였던 초기의 성격을 이미 탈피했다. 배급 제도는 폐지되었고 아니, 좀더 정확히 말해 유명무실해졌다. 주변

⁺ '진실'이라는 뜻으로, 소련 공산당 중앙위원회의 공식 기관지. 1912년 상트페테르부르크에서 지하신문으로 창간되었다.

의 부유한 농촌들에서 수백 킬로그램의 돼지비계와 치즈, 달걀, 닭, 설탕, 과일, 버터 등을 실은 농부의 마차들이 도착했다. 시장은 이제 유혹의 낙원이자, 강박적인 배고픔과 무일푼 신세에 던져진 우리에게 잔인한 도전장이자 돈을 벌도록 부추기는 강한 자극이 되었다.

체사레는 만년필을 20즈워티에 흥정도 하지 않고 단번에 팔았다. 그에게는 통역이 전혀 필요 없었다. 그는 오로지 이탈리아어만을, 아니 로마 방언만을, 아니 로마의 게토에서 쓰는 은어만을 사용했다. 다른 언어는 할 줄 몰랐기 때문에 물론 그에게는 선택의 여지가 없었다. 그러나 이러한 무지함은 자신도 모르게 그에게 매우 유리하게 작용했다. 체사레는, 스포츠 용어로 말하자면 '홈그라운드 경기'를 하고 있었던 것이다. 이해할 수 없는 말과 한 번도 본 적 없는 제스처를 해석하느라 긴장한 그의 고객들은 정작 필요한 집중력은 잃은 채 정신을 딴 데 팔았다. 그들이 낮은 값을 부르면 체사레는 못 알아듣거나 또는 끝까지 못 알아듣는 척했다. 허풍선이 기술은 내 생각만큼 널리 퍼져 있는 것은 아니었다. 폴란드 사람들은 그 기술을 모르고 있는 것 같았고 그것에 매료되기까지 했다. 또한 체사레는 마임의 거장이었다. 남방의 칼라를 꼭 쥐고(칼라 밑에 구멍이 나 있었다) 그것을 햇빛 아래 펄럭여 보였다. 그리고 즉석에서 지어낸 외설스러운 별명으로 구경꾼들 가운데 이 사람 저 사람을 불러가며, 새롭지만 싱거운 농담을 섞어가며, 급류처럼 열렬하게 남방에 대해 찬사를 늘어놓았다.

그는 갑자기 말을 중단하더니(잠깐 멈춤이 갖는 웅변적 가치를 그는 본능적으로 알고 있었다) 애정을 담아 남방에 입맞춤을 했다. 그리고 마치 남방하고 헤어지게 되어 가슴이 찢어진다는 듯이, 오로지 상대방에 대한 호의 때문에 결심한다는 듯이, 가슴 벅차고도 동시에 단호한 목소리로 "배불뚝이 양반, 요 코슐레타✢ 값으로 내게 얼마 줄 건데?"라고 말하는 것이었다.

배불뚝이는 잠시 멈칫하더니 '코슐레타'를 탐난다는 듯 바라보았다. 그러고는 누군가 다른 사람이 먼저 처음 금액을 부를까 봐 반쯤 염려하고, 또 반쯤은 그러기를 바라면서 눈꼬리로 옆 사람들을 슬쩍 보았다. 그는 주춤대며 앞으로 나오더니, 머뭇머뭇 한 손을 뻗으며 '핀지시'✢ 비슷한 무슨 말인가를 슬며시 중얼거렸다. 체사레는 마치 독사를 보기라도 한 듯 남방을 가슴으로 끌어당겼다. 마치 기분 나쁜 모욕을 당한 게 아닌가 의심스럽다는 듯이, "뭐라고 한 거야, 저자가?"라고 내게 묻는 것이었다. 그러나 이것은 수사적인 질문이었다. 그는 폴란드 숫자들을 나보다 훨씬 더 빨리 알아듣기(또는 짐작으로 맞히기) 때문이었다.

"당신 미쳤군."✢ 집게손가락을 관자놀이에 대고 드릴처럼 뱅뱅 돌리면서 체사레는 단호하게 말했다. 구경꾼들은 술렁댔고, 자신들의 광장에서 기적을 행하려고 세상 끝에서 온 이 환상적인 외국인을 눈에 띄게 편들면서 웃음을 터뜨렸다. 배불뚝이는 입을 쩍 벌린 채 체중을 한쪽 발에서

✢ cosciuletta 폴란드어로 '셔츠'란 뜻의 코슐라kosciula에 작고 귀여운 대상을 향해 애정이 담긴 뜻, 혹은 친근한 뜻으로 쓰는 이탈리아어 어미 –etta를 붙여 체사레가 이탈리아어 식으로 쓴 말이다.
✢ pingisci 50은 폴란드어로 pięćdziesiat. 배불뚝이가 50즈워티를 가격으로 부른 듯하다.
✢ Du verrückt (독일어) 당신 미쳤군.

다른 쪽 발로 옮겨가며 곰처럼 몸을 흔들고 있었다. "두 페리크." 체사레는 인정사정없이 다시 시작했다(그가 하려던 말은 '두 베뢱트'+였다). 그런 다음, 더욱더 분명하게 "두 메슈제"라고 덧붙였다. 폭소가 터져나왔다. 이 말을 모두가 다 알아들은 것이었다. '메슈제'는 히브리어로 이디시어에 아직 남아 있는 데다가 중부와 동부 유럽 전체에서 보편적으로 사용되는 말이다. 그것은 '미치광이'란 뜻인데 공허하고 울적하고 어리석고 변덕스러운 광기라는 부가적인 개념을 담고 있다.

배불뚝이는 머리를 긁적긁적하더니 바지를 추어올렸다. 그는 당황한 기색이 역력했다. 그는 흥정을 하려 하면서 "스토+, 스토 즈워티"라고 말했다. 100즈워티였다.

구미가 당기는 제안이었다. 많이 누그러진 체사레는 배불뚝이에게 다가가 남자 대 남자로, 호소력 있는 목소리로, 마치 배불뚝이가 무심결에 그러나 중대하고도 해서는 안 될 어떤 위반을 하는 거라고 설득시키려는 듯이 말했다. "알지? 이해하지? 동의가 안 돼?" 체사레는 그에게 허심탄회하게, 따뜻하고 신뢰감 있게 오랫동안 말을 했다.

"100즈워티," 그는 되풀이했다. 고집이 세다.

"이 친구 참 고집 세네!" 체사레는 나를 보며 말했다. 그러더니 갑작스레 피곤함을 느낀 듯, 그리고 합의를 보려는 최후의 시도로, 그의 어깨에 한쪽 손을 올리더니 어머니처럼 그에게 말하는 것이었다. "이것 봐, 이

+ Sto 100.

보라고, 친구. 당신 내 말을 못 알아들었어. 이렇게 합시다. 합의를 보자고. 당신은 나한테 이만큼 주고,"(그러고는 그의 배에 손가락으로 150이라고 썼다), "당신은 내게 스토 핀지시를 주고, 나는 당신에게 이 남방을 넘기는 거야. 됐어?"

배불뚝이는 투덜대면서, 시선을 아래로 떨어뜨리고는 아니라고 고개를 저었다. 그러나 체사레의 노련한 눈은 이미 항복의 기미를 포착했다. 바지 뒷주머니로 가는, 눈치채지 못할 만큼 미세한 그의 손의 움직임을 재빨리 알아챈 것이다.

"자! 피논체✛를 그만 꺼내시지 그래!" 체사레가 재촉했다. 쇠가 달구어지자 두드리는 중이었다. 피논체(폴란드 말로, 글자는 어렵지만 발음이 너무도 희한하게 우리말과 비슷해서 체사레와 나를 매료시킨 말이었다)는 결국 꺼내졌고 남방은 넘어갔다. 그러나 체사레는 금세, 홀린 듯 탄복하고 있는 나를 힘있게 끌어당겼다.

"이봐 친구, 빨리 '레슈테'하고 가자고. 안 그러면 저치가 구멍을 발견하겠어." 그렇게 해서 고객이 일찌감치 구멍난 곳을 알아차릴까 봐 두려운 나머지, 우리는 '레슈테'하고(즉 인사를 하고) 팔림새 나쁜 스톱워치는 아예 팔기를 포기했다. 우리는 위엄 있는 느릿한 걸음으로 가장 가까운 길모퉁이까지 가서는, 샛길로 빠져 두 다리가 허락하는 한 최대한 빨리 도망쳐서 수용소로 돌아왔다.

✛ pignonze 돈을 뜻하는 폴란드어 'pieniadze'를 체사레 식으로 말한 것.

승리의 날
Victory Day

◆　　　진료소와 시장, 러시아인, 폴란드인, 기타 사람들과의 초보적인 인간관계, 배고픔과 배부름의 교차, 돌아갈 희망과 실망의 빠른 교차, 기다림과 불확실성, 병사에서 기거하고 무엇이든 임시방편으로 해결해야 하는 불편함, 일시적이고 낯선 환경 속에서 하는 군대 생활에 가까운 진부한 일상, 이 모든 것들이 뒤섞인 보구치체 수용소에서의 생활은 내 안에 불편한 감정과 향수를 그리고 무엇보다 권태를 불러일으켰다. 그러나 이러한 삶은 체사레의 야망과 성격과 습관에는 잘 어울리는 것이었다.

보구치체에서 체사레는 날이 갈수록 눈에 띄게 생기를 되찾고 있었다. 마치 봄날의 한창 물오른 한 그루 나무 같았다. 그는 이미 시장에 고정된 자리와 정든 고객들을 확보해놓았다. 그들은 체사레 자신이 아무것도 없는 무에서 불러낸 단골들로 '수염쟁이 여자', '말라깽이', '촌뜨기', '세 짝 궁둥이',+ '귀가증,+ '프랑켄슈타인', 그리고 '대법원'+이라고 부르던 덩치 크고 풍만한 여자, 또 그밖에 다른 여러 사람들이었다. 자코만토니오와는 다퉜지만, 다른 많은 사람들이 계약서도 없이 순전히 신용을 바탕으로 판매할 물건들을 그에게 맡겼고 그런 식으로 해서 그는 늘 돈이 풍족했다.

어느 날 저녁 체사레가 사라졌다. 저녁을 먹으러 수용소에 나타나지 않았고 잠을 자러 방에 돌아오지도 않았다. 당연히 우리는 일을 복잡하게 만들지 않으려고 러시아인들에게는 물론이고 로비에게도 아무런 신고를 하지 않았다. 하지만 그의 부재가 사흘 낮 사흘 밤으로 길어지자, 성격상 그다지 노심초사하지 않는 데다가 체사레에 대해서는 더더욱 그러한 나 역시도 가벼운 불안감을 느끼기 시작했다.

체사레는 나흘째 되는 날 새벽에 돌아왔다. 지붕 위에서 벌어진 악마의 연회로부터 살아 돌아온 고양이처럼 울적하고 털을 곤두세운 채였다. 잠을 못 잔 사람처럼 눈두덩이 거무튀튀하고 부어 있었으나 그럼에도 두 눈 깊은 곳에서는 자랑스러운 한 줄기 빛이 번뜩이고 있었다. "날 내버려둬." 아무도 그에게 뭘 묻지도 않았고 대부분은 아직 코를 골고 있었지만, 그는 들어오자마자 이렇게 말하고는 극도로 피곤해하며 침대에

+ 엉덩이가 세 짝이 붙은 듯 엄청나게 크다는 의미.
+ 너무 못생긴 여자라서 귀가증을 주어 집으로 보낼 수밖에 없다는 의미.
+ 로마의 대법원 건물처럼 크고 육중하다는 의미.

몸을 던졌다. 하지만 몇 분 지나지 않아서, 그의 마음속에서 으르렁대는, 중대한 새 소식을 알리고 싶은 충동을 견디지 못하고, 방금 잠에서 깬 내게로 왔다. 사흘 밤을 유령과 춤이라도 춘 듯이 목소리가 꺽꺽하고 부스스한 얼굴로 그가 말했다. "잘됐어. 내가 자리를 잡았다고. 파닌카를 만들었어."

내게는 이 소식이 특별히 대단한 것으로는 들리지 않았다. 물론 그가 처음은 아니다. 이미 다른 여러 이탈리아 사람들이, 특히 군인들이 시내에서 여자를 만들었던 것이다. '파닌카'는 '세뇨리나'에 딱 맞는 유의어이고, 발음도 마찬가지로 변형된 말이었다.+

폴란드에는 남자들이 드물었으므로 그것이 그다지 어려운 작업은 아니었고, 이미 '자리를 잡은' 이탈리아인들도 많았다. 사랑의 민족이라는 신화뿐만 아니라 좀더 심오하고 심각한 필요성에, 즉 집에 대한 향수와 애정 결핍에 떠밀린 것이었다. 그 결과 사망하거나 멀리 떨어져 있는 배우자는 여자의 마음과 침대에서뿐 아니라 그가 하던 모든 일에서 다른 사람으로 대체되기도 했다. '집으로' 월급봉투를 가져가기 위해, 이탈리아 사람들이 폴란드 사람들과 함께 탄광 갱도로 내려가고, 가게의 판매대에서 일을 하는 것이 보였다. 일요일이면 이탈리아 남자가 폴란드 여자와 팔짱을 끼고 지나치게 금발인 아이의 손을 잡고서 버젓이 누벽을 산책하는 이상한 가족들의 모습도 볼 수 있었다.

+ 세뇨리나segnorina는 아가씨란 뜻의 이탈리아어 시뇨리나signorina를 잘못 발음한 것이며, 마찬가지로 파닌카pagninca는 같은 뜻의 폴란드어 파니엔카panienka를 잘못 발음한 것이라는 의미이다.

승리의 날 133

그러나 체사레는 내게 자신의 경우는 특별하다는 점을(모든 경우가 항상 특별하지, 라고 나는 생각했다. 그런데 내가 틀렸다) 분명히 했다. 그의 파닌카는 굉장히 아름답고 미혼인 데다 우아하고 청결하고, 무엇보다 그를 사랑했다. 그러니 돈도 들지 않는 여자였다. 또한 그녀는 산전수전 다 겪은 사람이기도 했다. 그녀가 가진 유일한 단점은 폴란드 말만 한다는 것이었다. 그러므로 내가 친구라면 자기를 도와주어야 한다는 말이었다.

그를 많이 도와줄 수 있는 수준이 못 된다고 나는 그에게 지치도록 설명했다. 첫째, 나는 폴란드 단어를 서른 개 이상은 모르고 둘째, 그에게 필요한 감상적인 용어들에 대해서 완전히 문외한이고 셋째, 그를 따라갈 만한 기분이 아니라고 말했다. 그러나 체사레는 고집을 굽히지 않았다. 아마도 여자가 독일어를 알 거라는 생각이었다. 그는 머릿속에 상당히 구체적인 계획을 갖고 있었다. 그러니 내가 거절하지 말고, 이 말, 요 말, 저 말을 독일어로 뭐라고 하는지 자신에게 잘 설명해주는 하늘 같은 은혜를 베풀어달라는 것이었다.

체사레는 나의 언어학적 지식을 과대평가했다. 그가 내게서 알고 싶어 한 말들은 그 어떤 독일어 교과서에서도 배울 수 없는 것들이었다. 더욱이 내가 아우슈비츠에서 그것들을 배울 기회가 있었을 리 만무했다. 게다가 그것들은 너무나 섬세한, 특유의 표현들이었기 때문에, 내 마음속에는 그 표현들이 이탈리아어나 프랑스어를 제외한 다른 언어에 과연 존재할까라는 의심이 지금도 남아 있다.

이러한 나의 의심을 그에게 피력했지만 체사레는 분개해서 나를 쳐다보았다. 이 친구가 사보타주를 하고 있군. 분명해. 이건 순전히 질투야. 그는 신발을 다시 신더니 중얼중얼 욕을 하면서 밖으로 나갔다. 정오가 지나 그는 다시 돌아왔는데 내 앞에 조그만 이탈리아어-독일어 포켓판 사전을 툭 던졌다. 시장에서 20즈워티에 산 것이었다. "여기 다 들어 있어." 더 이상 다른 반론이나 궤변을 허용치 않을 것 같은 분위기로 내게 이렇게 말했다. 다 들어 있지 않았다, 안타깝게도. 오히려 본질적인 것, 어떤 비밀스러운 협정이 인쇄물의 세계에서 삭제시켜버리는 바로 그것이 빠져 있었다. 돈만 버렸다. 문화에, 우정에, 인쇄물 자체에 실망한 체사레는 다시 수용소를 나가버렸다.

그 이후로 체사레는 수용소에 가끔씩밖에는 나타나지 않았다. 파닌카가 너그럽게도 그에게 필요한 모든 것들을 마련해주었다. 4월 말에는 1주일 내내 나타나지 않았다. 그것은 여느 해의 4월 말이 아니었다. 1945년의 잊을 수 없는 4월 말이었던 것이다.

불행하게도 우리는 폴란드 신문들을 독해할 능력이 못 되었다. 그러나 날이 갈수록 커져가는 기사 제목들의 활자와 거기서 읽을 수 있는 이름들, 코만단투르에서 또 길에서 들이마시는 공기 그 자체가 우리에게 승리가 가까워졌음을 알려주었다. 우리는 '비엔나', '코블렌츠', '라인 강', '볼로냐', 그리고 감격의 환호성을 지르며 '토리노'와 '밀라노'를 읽었다. 이어, 커다란 글씨로 쓰인, 무시무시하고 해독 불가능한 과거분사가 따라붙은 '무솔리니'를 읽었다. 끝으로, 지면의 절반을 차지하도록 커다랗게 뜻을 알 수 없는, 결정적이고 의기양양해 보이는 공표가 붉은 잉크로 쓰여 있었다. 'BERLIN UPADL!'+

4월 30일, 레오나르도와 나 그리고 통행허가증을 소지한 몇몇 사람들이 예고로프 대위에게 불려갔다. 대위는 당황한 듯하면서도 무슨 꿍꿍이가 있는 묘한 분위기를 띠고 있었는데 그에게서는 못 보던 모습이었다. 그는 통역관을 시켜 우리가 '프로푸스크'를 반납해야 한다고 말했다. 다음 날 우리는 새 통행증을 받게 된다는 것이었다. 당연히 우리는 그의 말을 믿지 않았지만, 어쩔 수 없이 통행증을 반납해야 했다. 이러한 조치는 우리에게 어처구니가 없고 다소 압제적으로 보였으며, 우리 마음속에 불안과 기대를 불러일으켰다. 다음 날 우리는 연유를 알 수 있었다.

다음 날은 5월 1일이었다. 5월 3일은 내가 모르는 폴란드의 중요한 축제일이었다. 5월 8일, 전쟁은 끝났다. 이 소식은 고대하던 것인 만큼 엄청난 위력으로 폭발했다. 8일 동안 수용소, 코만단투르, 보구치체, 카토비체, 폴란드 전체와 붉은 군대 전체가 정신착란과도 같은 절정의 열광 속에 날뛰었다. 소비에트연방은 그 한복판에 거대한 꿈틀거림을 품고 있는 거대한 나라다. 그 가운데 기쁨과 체념이라는 웅대한 능력, 원시의 생명력, 공연과 축제와 합창 잔치에 대한 이교적이고 오염되지 않은 재능이 있었다.

우리를 둘러싼 분위기는 몇 시간 이내에 열기로 후끈거렸다. 러시아 사

+ 베를린 함락!

람들은 개미집에서 나온 개미들처럼 어디에나 있었다. 그들끼리는 모두가 서로를 아는 것처럼 얼싸안고 노래를 부르고 고함을 질러댔다. 비록 상당수가 두 다리를 딛고 제대로 서 있지도 못했지만 자기들끼리 춤을 추고 길에서 만나는 모든 사람을 자신들의 포옹 속으로 휩쓸리게 했다. 그들은 허공에 대고 총을 쏘기도 했는데 이따금 허공이 아닌 데다 쏠 때도 있었다. 아직 수염도 나지 않은 풋내기 군인이 진료소로 실려왔던 것이다. 머스켓총 한 발이 이 '빠라슈찌스트'+를 배에서 등으로 관통하고 지나갔다. 총알은 기적적으로 장기에는 상처를 입히지 않았다. 이 소년병은 3일간 침대에 누워 있었고 바다처럼 깊고 신비스러운 눈으로 우리를 쳐다보면서 침착하게 치료를 받았다. 그리고 어느 날 저녁, 축제 분위기에 젖은 한 무리의 전우들이 길을 지나가고 있을 때, 그는 담요 밖으로 뛰어나와 군복과 장화를 완전히 차려입고, 훌륭한 낙하산병답게 다른 환자들의 눈앞에서 간단히, 2층 창문에서 길로 뛰어내렸다.

희미하게나마 남아 있던 군대의 기강은 흔적도 없이 사라져버렸다. 수용소 문 앞의 보초병은 5월 1일 저녁에는 급기야 기관총을 둘러멘 채로 술에 취해 바닥에 드러누워서는 코를 골았다. 그 후로 그는 더 이상 보이지 않았다. 무슨 긴급히 필요한 일이 있어 코만단투르에 가봤자 아무 소용이 없었다. 담당자는 없거나 술을 깨려고 침대에 누워 있거나 학교 체육관에서 무슨 비밀스러운 준비를 하느라 정신 없이 바빴다. 주방과 진료

+ 낙하산병.

소가 이탈리아 사람들의 손에 있다는 것은 참으로 다행스러운 일이었다. 그 비밀스러운 준비가 어떤 성질의 것이었는지는 곧 알게 되었다. 그들은 전쟁이 끝난 날을 기념하기 위해 성대한 축제를 기획하고 있었던 것이다. 그것은 합창, 무용, 연기로 이루어진 연극 공연으로 러시아인들이 수용소의 손님인 우리에게 베푸는 것이었다. 우리 이탈리아인들에게 말이다. 그간 다른 나라 사람들은 복잡하게 이동했고, 그 결과 보구치체에서 우리는 절대 다수였고, 아니 소수의 프랑스 사람들과 그리스 사람들을 제외하면 거의 우리만 남아 있었기 때문이다.

그렇게 떠들썩한 나날들을 보내던 어느 날, 체사레는 다시 우리 곁으로 돌아왔다. 지난번보다 상당히 안 좋은 상태였다. 머리카락까지 온통 진흙투성이였고 누더기에 제정신이 아닌 데다가 끔찍한 목결림 증세로 괴로워했다. 그는 보드카 한 병을 손에 들고 있었다. 따지 않은 새것으로 술이 가득 들어 있었다. 그는 무슨 대단한 걱정거리라도 되는 것처럼 다른 빈 병 하나를 찾아낼 때까지 주변을 왔다 갔다 했다. 어둡고 침울한 얼굴로 그는 두꺼운 종이 한 장을 가지고 재주 좋게 깔때기를 만들더니 보드카를 따라 부었다. 그리고 빈 병을 잘게 부수었다. 그런 다음 깨진 조각들을 종이에 담아 싸더니 굉장히 비밀스럽게 나가서는 수용소 끝 쪽에 구멍을 파고 묻었다.

그에게 불행한 일이 생겼던 것이다. 시장에서 여자의 집으로 돌아온 어느 날 저녁, 그는 집에 러시아 군인 한 사람이 있는 것을 알았다. 집 현관에서 군용 코트와 벨트와 권총집을 본 것이었다. 그리고 술병이 하나 있었다. 일부나마 보상을 받겠다는 심정으로 그는 술병을 집어들었다. 그리고 현명하게 집에서 나갔다. 그런데 어쩌면 술병 때문인 것 같기도 하고 아니면 다 지난 관계에 대한 질투에 떠밀렸는지, 러시아 사람이 그의 뒤를 따라 나온 것으로 보인다.

여기서 그의 이야기는 좀더 모호해지고 신빙성이 덜해졌다. 그는 러시아인에게서 도망치려고 애썼지만 부질없었다. 그리고 급기야는 붉은 군대 전체가 자신을 추적하고 있다고 결론을 내리게 되었다. 그는 놀이공원에 이르렀다. 하지만 거기서도 그를 뒤쫓는 수색은 밤새도록 계속되었다. 마지막 몇 시간을 그는 사람들이 춤추는 무대 밑에 숨어서 보냈고, 그러는 동안 그의 머리 위에서는 폴란드 전체가 춤을 췄다. 그래도 그는 술병을 포기하지 않았다. 왜냐하면 그것은 1주일의 사랑이 그에게 남겨준 모든 것을 상징했기 때문이다. 신중을 기하기 위해 그는 원래 용기를 부숴 없앴다. 그리고 자신의 친한 친구들인 우리끼리 그 내용물을 즉각적으로 마셔 없애야 한다고 우겼다. 울적하고 말이 없는 한잔이었다.

✛   5월 8일이 왔다. 러시아인들에게는 의기양양한 날이었고 폴란드인들에게는 미심쩍은 전야前夜였다. 우리에게는 깊은 향수에 젖은 환희의 날이었다. 그날부터 사실, 우리의 집은 더 이상 금지된 것이 아니었다. 우리를 갈라놓는 그 어떤 전선도 더 이상 존재하지 않았고 그 어떤 구체적인 장애물도 없었다. 단지 서류와 사무적인 문제만이 남아 있을 뿐이었다. 우리는 이미 귀환은 당연히 이루어지는 것으로 느

끼고 있었다. 유배 속에서 보낸 매 시간이 납처럼 무겁게 우리를 짓누르고 있었다. 그보다도 더 우리를 짓누르는 것은 이탈리아로부터 오는 소식이 전혀 없다는 사실이었다. 그럼에도 우리는 무리를 지어 러시아인들의 공연에 참석하러 갔다. 잘한 일이었다.

극장은 학교 체육관에 즉흥적으로 마련되었다. 뿐만 아니라 배우, 의자, 합창단, 프로그램, 조명, 무대 커튼 등 모든 것이 다 즉흥적으로 마련되었다. 두드러지게 즉흥적이었던 것은 사회자 예고로프 대위가 입은 연미복이었다.

예고로프는 곤드레만드레 술에 취해서 무대의 커튼 앞에 나타났다. 그는 치수가 맞지 않는 바지를 입고 있었는데 혁대 부분이 겨드랑이까지 올라오는 한편 제비 꼬리는 바닥을 쓸었다. 그는 달랠 길 없는 알코올의 슬픔에 사로잡혀 있었다. 딸꾹질을 하거나 울음을 터뜨리는 중간 중간에, 음침한 목소리로 코믹하거나 애국적인 프로그램들의 공연 순서를 발표했다. 그의 몸의 균형 상태가 걱정스러웠다. 결정적인 순간들마다 그는 마이크를 붙잡았고, 그러면 곡예사가 공중그네에서 허공으로 뛰어오를 때처럼 청중들의 소란이 일순 멈추었다.

코만단투르 전체가 무대 위로 등장했다. 마리야는 합창단 지휘자로 등장했는데 모든 러시아 합창단이 그렇듯이 최고였고 그녀는 놀랍도록 열렬히, 화음을 잘 맞추어, 최선을 다하는 것이 눈에 보이도록 열심히, 〈나의 모스크바〉를 불렀다. 갈리나는 긴 부츠에 체르케스 민속의상을 입고, 환상적이고도 의심할 여지 없는 운동선수 같은 재능을 유감없이 발휘하며 현기증 나는 춤을 솔로로 공연했고, 관중들로부터 열화와 같은 박수갈채를 받았다. 감동한 그녀는 얼굴이 토마토처럼 상기되고, 두 눈은 눈물로 반짝이면서 관중들에게 18세기식 인사를 끝없이 하며 감사를 표했다. 닥터 단첸코와 긴 콧수염을 가진 몽골인도 만만치 않았다. 두 사람은 보드카를 잔뜩 마신 상태였지만, 한조를 이루어 공중으로 뛰어오르고 쪼그려앉고 발로 차고 뒤꿈치로 팽이처럼 빙글빙글 도는, 신들린 듯한 러시아 민속춤을 추었다.

찰리 채플린의 〈티티나〉+를 독특하게 흉내 낸 노래 공연이 그 뒤를 이었다. 코만단투르의 원기 왕성한 처녀들 중 한 명이 채플린 역을 맡았는데, 가슴과 엉덩이가 많이 나왔지만 모자와 콧수염, 신발과 지팡이만큼은 원형에 충실했다. 그리고 드디어 예고로프가 눈물 젖은 목소리로 소개를 하자, 반카 브스탄카가 모든 러시아인들이 한마음으로 보내는 열광적인 환영을 받으며 무대 위로 등장했다.

나는 반카 브스탄카가 누구인지 정확히는 모르겠다. 아마도 러시아에서 잘 알려진, 인기 높은 인물일 것이다. 여기서는 수줍고 어수룩하며 사랑에 빠진 목동으로, 아름다운 아가씨에게 사랑을 고백하고 싶지만 감히 그러지 못하는 인물로 나왔다. 아름다운 아가씨는 식당 부서를 책임지는 바실리사로, 발키리+처럼 덩치가 거대했다. 까마귀처럼 검은 머리카

+ 1920년대에 나온 노래로, 찰리 채플린의 영화 〈모던 타임스〉에서 채플린이 어느 나라 말인지 알 수 없는 가사로 재현한 바 있다.
+ Valkyrie (북유럽신화) 발키리. 북유럽의 덩치 큰 금발 여자를 비유적으로 이르는 말.

락에 굵고 튼튼한 팔다리를 가진 그녀는 식당에 와 소란을 피우는 자나 성가시게 추근대는 자를 손등으로 한번 쳐서 뻗게 만들 수도 있었다(이것은 한 명 이상의 이탈리아인들이 실험한 바 있었다). 그러나 무대 위에서 누가 그녀를 알아볼 수 있단 말인가? 그녀는 자신의 배역에 맞게 변신해 있었다. 순진한 반카 브스탄카(실제로는 늙은 중위들 중 한 명)는 얼굴에 분홍색과 흰색 분칠을 하고 멀찌감치 떨어져서 선율이 아름다운 스무 개의 시구로 그녀에게 구애를 했는데, 안타깝게도 우리는 그 목가적인 시구를 이해할 수 없었다. 그는 사랑하는 여인을 향해 주저하는 듯, 애원하는 듯 두 손을 뻗었다. 그러자 그녀는 상냥하면서도 조롱하는 듯한 수사적인 말들로 지저귀듯 노래하면서, 웃음 띤 얼굴로 그러나 단호하게 그 손을 물리쳤다. 하지만 차츰차츰 거리는 좁혀지고, 그럴수록 왁자지껄한 환호성은 점점 커져갔다. 수많은 실랑이가 오간 후에 이 양치기 남녀는 서로의 뺨에 조심스레 입맞춤을 했고, 마침내 청중의 터질 듯한 환호성과 함께, 등과 등을 맞대고 열렬하게 육감적으로 비비는 것으로 끝이 났다.

우리는 귀가 약간 먹먹해졌지만 대부분 감동해서는 밖으로 나왔다. 공연은 마음 깊은 곳에서부터 우리에게 만족감을 주었다. 며칠 만에 갑작스레 마련된 공연이었고 또 그런 티가 났다. 소박하고 허세 부리지 않고 청교도적이며, 자주 유치한 데가 있는 공연이었다. 그러나 공연은 갑작스럽지 않은 무언가를, 아니 오히려 오래되고 견실한 무언가를 전제한 것이었다. 예컨대 기뻐할 줄 알고 표현할 줄 아는 능력, 젊고 발랄하고 강렬한 타고난 능력, 무대와 관중과의 애정 넘치고 다정다감한 친근감 같은 것을 말이다. 또한 공연은 공허한 과시와는 거리가 먼, 지적 추상과도, 인습과도, 전형의 안일한 반복과도 거리가 먼 것이었다. 한마디로 그 나름의 한계 내에서 따뜻하고 살아 있고 천박하지 않고 여느 것과도 다른, 자유와 주장이 가득한 공연이었다.

다음 날 모든 것은 제자리로 돌아왔다. 러시아인들은 눈 주위로 엷은 그늘이 생긴 것을 제외하고는 평상시의 얼굴로 돌아갔다. 진료소에서 마리야를 만난 나는 그녀에게 굉장히 재미있었다고 말했다. 그리고 우리 이탈리아 사람들 모두는 그녀와 그 동료들의 무대적 재능에 매우 감탄했다고 말했다. 이것은 순전한 사실이었다. 마리야는 평상시에는, 또 성격상 그다지 규율 바르고 정연하지는 않지만 매우 구체적인 여자였고, 집 안의 네 벽과 시계의 숫자판처럼, 손에 잡히는 테두리 내에 확고하게 자리 잡고 있으며, 실제적인 남자들을 좋아하고 공허한 연기 같은 이론들을 싫어했다. 그러나 평범한 일상의 느리지만 잔혹하며 끊임없고 감지하기 힘든 침투력에 저항할 수 있는 정신을 가진 인간이 과연 몇이나 되겠는가?

그녀는 설명하듯 진지하게 내게 대답했다. 그녀는 칭찬에 거의 형식적으로 감사를 표하고는 사령부 전체에 전하겠다고 장담했다. 그리고 굉장히 뻐기면서, 소비에트연방에서는 무용과 노래가 학교의 교과목에 들어가고 연기도 마찬가지라고 내게 알려주었다. 자신의 모든 능력이나 타고난 재능을 연마하려고 노력하는 것은 훌륭한 시민의 덕목이며 연극은 집단 교육의 가장 값진 도구들 중 하나라고도 말했다. 또 그녀는 다른 교육적인 진부한 말들도 해주었는데, 이것들은 아직도 전날 저녁의 희극이 보여준 넘치는 기운과 질풍과도 같은 생명력으로 충만한 내 귀에는 은근히 짜증나고 터무니없이 들렸다.

아무튼, (열여덟 살 갈리나의 판단에 따르면 '정신 나간 노친네'인) 마리야 자신도 공식적인 인격과 확연히 다른 제2의 인격을 가진 듯 보였다. 왜냐하면 전날 저녁, 연극이 끝난 뒤, 밑 빠진 독처럼 술을 들이키고, 광란의 기사가 이 말에서 저 말로 옮겨 타듯이 수많은 춤 상대들을 지치게 하면서 밤 늦게까지 바쿠스의 여사제처럼 춤을 추는 그녀의 모습이 목격되었기 때문이다.

승리와 평화는 또 다른 식으로도 기려졌는데, 그 덕분에 나는 간접적으로 굉장히 비싼 대가를 지불할 뻔했다. 5월 중순에 카토비체 팀과 우리 이탈리아인 대표팀이 맞붙은 축구 경기가 열렸다.

사실, 이것은 설욕전이었다. 첫번째 경기가 특별히 축제랄 것 없이 2~3주 전에 치러졌는데, 근교의 폴란드 광부들을 되는대로 불러 모은 무명팀에게 이탈리아인들이 큰 점수 차이로 승리를 거두었던 것이다.

그러나 설욕전에서 폴란드인들은 일류 대표팀을 내놓았다. 골키퍼를 포함한 몇몇 선수들은 이 경기를 위해 바르샤바에서 불러왔다는 소문이 돌았다. 반면 이탈리아인들은, 맙소사! 똑같이 할 수 있는 입장이 못 되었다.

이 골키퍼는 악몽 그 자체였다. 금발에 키다리인 그는 수척한 얼굴에 가슴이 오목하게 들어갔으며 아메리카 인디언처럼 동작이 굼떴다. 그는 튀는 순발력, 과장된 웅크림, 프로 골키퍼답게 신경을 바짝 세운 조바심 따위는 전혀 가지고 있지 않았다. 마치 경기를 단지 지켜보는 사람처럼 한쪽 골대에 기대서서, 우리를 무시하는 것 같기도 하고 동시에 시시한 경기에 불려와서 무시당했다는 듯한 분위기로, 오만하게도 골문 안쪽에 짐짓 겸손한 체하며 서 있었다. 그러나 몇 번 되지는 않지만 이탈리아 선수들이 공을 슈팅할 때에는, 한 번도 갑작스럽게 움직이는 일 없이, 마치 우연인 것처럼 항상 공이 날아오는 궤도 위에 가 있었다. 엄청나게 긴 팔을, 그것도 한쪽 팔만을 뻗었는데 마치 달팽이의 뿔처럼 몸에서 팔이 뻗어 나오는 것 같았고, 무척추동물의 빨판 같은 특질들을 가진 것처럼 보였다. 바로 그렇게, 공은 자신의 모든 생명력을 잃으면서 그에게로 가서 척 달라붙는 것이었다. 그러고는 그의 가슴에서 아래로 몸을 따라, 다리로, 땅으로 미끄러져 내려왔다. 다른 손은 절대로 쓰는 일이 없었다. 경기 내내 다른 손은 고집스레 주머니 속에 넣어둔 채였다.

경기는 보구치체에서 다소 먼 교외의 운동장에서 열렸다. 러시아인들은 이번 경기를 위해서 수용소 전체 사람들에게 외출을 허용했다. 시합하는 양쪽 팀 사이에서뿐만 아니라 양 팀과 심판 사이에서도 격렬하게 실랑이가 벌어졌다. 심판이자 귀빈이자 당국자 스탠드석의 책임자이자 경기 총괄자이자 선심으로서 이 모든 임무를 동시에 맡은 사람은 주방의 얼빠진 검사관인 NKVD 대위였다. 골절상에서 이미 완쾌된 그는 강한 흥미를 가지고, 그러나 스포츠적인 흥미가 아니라 불가사의하고 어쩌면 미학적인, 어쩌면 형이상학적인 흥미를 가지고 경기를 주시하는 것 같았다. 관중들 사이에 있는 많은 전문가들의 잣대로 판단했을 때 그의 행동은 사람들을 짜증나게 만드는, 아니 기진맥진하게 만드는 것이었고, 다른 관점에서 보면 너무나 웃기고 가히 대단한 교육을 받은 코미디언의 행동이라 부를 만했다.

그는 고압적인 호루라기 소리로 끊임없이, 무턱대고 경기를 중단시켰는데, 골대 바로 앞에서 경기가 진행되고 있는 극적인 순간들을 악의적으로 골랐다. 선수들이 그의 말을 듣지 않으면(선수들은 일찌감치 그의 말을 듣기를 포기했다. 경기 중단이 너무 잦았기 때문이다) 부츠를 신은 기다란 두 다리로 스탠드석 앞의 난간을 뛰어넘어 기차처럼 호루라기를 불어대면서 난장판에 달려들었고, 기어이 공을 차지하고야 말았다. 그러고 나서는 어떤 때는 공을 손에 쥐고, 마치 불발탄이라도 되는 것처럼 미심쩍은 태도로 이리저리 온갖 방향으로 돌려보았다. 또 어떤 때는 거만하고 단호한 제스처로 공을 경기장의 특정 지점에 놓게 했다. 그러고는 별로 만족하지 못한 듯 다가가서 공을 몇 센티미터 옮겨놓고는 명상에 잠겨 오랫동안 공 주위를 돌았다. 그러더니 마침내 무언가 확신을 한 듯 경기를 계속하라는 신호를 보냈다. 또 다른 경우, 그가 두 다리 사이에 공을 잡게 되었을 때에는 모두 멀리 떨어지게 한 후 온 힘을 다해 골문으로 공을 찼다. 그러고는 성이 나서 고함을 지르는 관중을 향해 환하게 웃으며 승리한 권투선수처럼 머리 위로 두 손을 모아 쥐고 오랫동안 인사했다. 게다가 그는 철저하게 편파적이었다.

이러한 상황에서 경기는(당연히 폴란드인들이 이겼는데) 저녁 6시경까지 두 시간 이상을 끌었다. 만약 모든 것이 대위에게 달려 있었다면 아마 밤까지 연장되었을 것이다. 대위는 시간에는 조금도 개의치 않았고 경기장에서 독불장군인 양 행동했다. 그리고 자신이 멋대로 해석한 심판의 역할에서 그는 무궁무진하고 광적인 희열을 얻는 듯했다. 그러나 석양이 질 무렵, 하늘이 순식간에 어두워지면서 첫 빗방울이 듣기 시작할 때 경기 종료를 알리는 휘슬이 울렸다.

비는 금세 폭우로 변했다. 보구치체는 멀었고 길에는 비를 피해 갈 데라고는 없었다. 우리는 흠뻑 젖어서 막사로 돌아왔다. 다음 날 나는 아팠다. 그리고 그 병은 오랫동안 불가사의한 상태로 남아 있었다.

더 이상 마음대로 숨을 쉴 수가 없었다. 허파들이 숨을 들이쉴 때마다 뭔가가 막히는 것 같았고 깊숙이 찌르는 듯한, 너무나 날카로운 통증이 위장의 윗부분 어디에, 그러나 뒤쪽으로 등 가까이에 자리하고 있었다. 그리고 이것은 얼마 이상 공기를 빨아들이지 못하도록 방해했다. 그 얼마는 날이 갈수록, 시간이 흐를수록 감소했다. 내가 마실 수 있는 공기의 양은 천천히 지속적으로 줄어들었고 이것은 나를 겁나게 했다. 사흘째가 되자 나는 더 이상 몸을 움직이지 못했다. 나흘째 되는 날에는 침대에 꼼짝도 않고 반듯이 드러누워 더위로 헐떡이는 개처럼 가늘고 짧은 숨을 빈번히 내쉬어야 했다.

꿈꾸는 사람들
I sognatori

✣   내 병에 대해 레오나르도는 나에게 감추려 했다. 그러나 그는 정확하게 병명을 알지 못했고 심각하게 걱정하고 있었다. 정확하게 무슨 병인지 진단하기는 어려운 것 같았다. 도구라고는 기껏해야 청진기 하나가 다였기 때문이다. 러시아 사람들로부터 카토비체의 민간 병원에 나를 입원시키도록 허락을 얻어내는 것은 상당히 어려울뿐더러 그다지 권할 만한 것도 못 되었다. 그리고 닥터 단첸코에게서는 별 도움을 기대할 수 없었다.

그렇게 해서 나는 여러 날을 단지 국물만 몇 모금 넘기면서 꼼짝 않고 누워 있었다. 움직이려고 할 때마다, 그리고 모든 고체 덩어리를 한입 삼키려고 할 때마다 통증이 성난 듯 다시 깨어났고 내 호흡을 끊어놓았기 때문이다. 꼼짝 못하고 괴롭게 1주일을 보낸 뒤, 레오나르도는 끈질기게 내 등과 가슴을 두드려보고는 어떤 병인지를 진단해내는 데 성공했다. 그것은 양쪽 폐 사이, 종격과 횡격막 쪽에 잠행성으로 자리 잡은 건성 늑막염이었다.

그러자 그는 보통 의사에게서 기대할 수 있는 것보다 훨씬 더 많은 일을 했다. 그는 체사레에게 효과적으로 도움을 받아 불법 상인으로, 의약품 밀수꾼으로 변신했고 술폰아미드와 칼슘 정맥주사를 찾아 도시 안, 이 주소에서 저 주소로 걸어서 수십 킬로미터를 다녔다. 약품을 구하는 일에서는 큰 성과를 거두지 못했다. 술폰아미드는 굉장히 드물었고 암시장에서가 아니면 구할 수도 없었다. 그것도 우리로서는 감당할 수 없는 엄청난 값에 말이다. 그러나 그는 더 나은 어떤 방법을 찾아냈다. 카토비체에서 어떤 불가사의한 동포를 찾아낸 것이다. 그는 그다지 합법적이지는 않지만 잘 구비된 진료실과 약품 캐비닛을 가지고 있었고, 돈과 빈 시간이 많았으며, 무엇보다도 이탈리아인 혹은 그 비슷한 사람이었다. 사실, 닥터 고틀리프에 관한 모든 것은 짙은 신비의 구름에 싸여 있었다. 이탈리아어를 완벽하게 구사했고 독일어, 폴란드어, 헝가리어, 러시아어도 이탈리아어만큼 잘했다. 그는 피우메 출신이었고, 비엔나 출신이었으며, 자그레브 출신이자 아우슈비츠 출신이었다. 아우슈비츠에 있었지만 어떤 지위, 어떤 환경에 있었는지 그는 결코 말한 적이 없었다. 물어보기 쉬운 사람도 아니었다. 한쪽 팔이 마비되어 있었는데도 아우슈비츠에서 어떻게 살아남았는지 도통 알 수 없었다. 그리고 더욱 상상하기 어려운 것은 어떤 비밀스러운 수단을 통해서, 어떤 환상적인 기술을 가지고 그가 동생과, 불가사의하기는 자신과 매한가지인 처남을 지켜 낼 수 있었는지, 그리고 라거에서 출발하여 수개월 내에, 러시아인들과 법률적인 문제들에도 불구하고 어떻게 해서 부유한 사람이 될 수 있었는 지, 카토비체에서 가장 존경받는 의사가 될 수 있었는지 하는 것이었다. 그는 놀라우리만치 잘 무장한 인물이었다. 마치 라듐이 에너지를 발산 하듯이, 조용히 침투해 들어가는 지속성을 가지고, 억지로 애쓰지도 않 고, 멈추지도 않고, 지친 기색도 없이, 동시에 모든 방향으로 총명함과 용의주도함을 발산하고 있었다. 그가 유능한 의사라는 것은 첫 만남에 서 이미 분명했다. 그리고 이러한 그의 직업적 탁월함이 단지 하나의 외 양에, 그가 가진 재능의 일면에 불과한 것이었는지, 아니면 바로 이것이 그의 침투 도구였는지, 적을 친구로 만들고 금지를 무용지물로 만들고 부정을 긍정으로 바꾸기 위한 그의 비장의 무기였는지 나는 결코 확인 할 수 없었다. 이것 또한 그를 휘감고 그와 함께 움직이는 구름의 일부 였다. 그 구름은 거의 눈에 보일 듯해서 그의 얼굴 윤곽, 그의 시선을 해 석하기 어렵게 만들었다. 그리고 그의 모든 행위, 모든 말, 모든 침묵의 이면에 어떤 전략과 기술이, 미세한 목표들의 추구가, 탐색하고 공들여 작업하고 침투해 들어가고 결국 소유해내는, 어떤 지속적인 교활한 술 책이 있는 것이 아닌지 의심하게 만들었다.

그럼에도 실질적인 목표들을 향한 닥터 고틀리프의 재능은 비인간적인 것이 아니었다. 그의 내부에는 확실성과 승리에의 익숙함과 자기 신뢰 가 그토록 차고 넘쳤으므로, 그것들을 재능이 덜한 상대방을 돕는 데 나눠주고도 남았다. 특히 우리를, 그와 마찬가지로 라거라는 치명적인 덫에서 빠져나온 우리를 돕는 데 말이다. 이러한 우리의 상황에 대해 그는 이상하게도 섬세함을 보였다.

고틀리프는 마술사처럼 나에게 건강을 가져다주었다. 처음에는 내 케이스를 연구하러 왔고 그러고 나서는 여러 번 앰플과 주사기들을 가지고 왔다. 마지막으로 왔을 때 그는 내게 말했다. "일어나서 걸으라."✢ 통증은 사라지고 호흡은 자유로웠다. 나는 매우 쇠약해 있었고, 배가 고팠지만 일어났고 걸을 수 있었다.

그렇지만 한 스무 날 동안 여전히 방에서 나가지 않았다. 끝도 없는 나날들을 누워서, 내가 구할 수 있는 몇 권의, 서로 아무런 연관성도 없는 책들을 골똘히 읽으면서 보냈다. 폴란드어로 된 영문법 책, 『나폴레옹의 연인, 마리아 발레프스카』, 기초 삼각법 입문서, 『룰르타빌의 구조』, 『카엔의 도형수들』, 그리고 나치 선전용의 이상한 소설인 『위대한 귀환』이 그것이었다. 『위대한 귀환』은 순수 독일 혈통의 갈리시아 마을에서 일어난 비극적인 사건을 묘사한 것이었는데, 이 마을이 사령관 벡이 이끄는 잔혹한 폴란드군에게 탄압받고 약탈당하고 결국은 파괴된다는 내용이었다.

바깥은 승리와 봄 기운으로 가득하고, 그리 멀지 않은 숲으로부터 바람이 이끼와 새로 돋은 풀들과 버섯의 매혹적인 냄새들을 실어오는데, 네

✢ 『신약성서』에서 예수가 병자를 고치며 했던 말씀.

벽 안에 갇혀 지낸다는 것은 슬픈 일이었다. 그리고 가장 기초적인 욕구 마저도, 식당에서 음식을 타온다거나 물을 마실 때에도, 처음 며칠 동안은 심지어 침대에서 자세를 바꿀 때마저도 동료들에게 의지해야 한다는 사실이 굴욕스러웠다.

내 방의 동료들은 20명가량 되었다. 그중에 레오나르도와 체사레가 있었다. 그런데 신체가 가장 발달하고 가장 눈에 띄는 사람은 그들 가운데 연장자인 모로 디 베로나였다. 그는 대지에 집요하게 결속된 혈통의 후예임에 틀림없었다. 왜냐하면 그의 본명은 아베사니였으며 베르토 바르바라니+가 칭송한, 세탁부들의 변두리 거주지인 아베사 출신이었기 때문이다. 그의 나이는 일흔이 넘었고 그 세월들이 그의 모습 속에서 고스란히 드러났다. 거칠고 공룡의 골격을 가진 거구의 노인이었다. 비록 나이와 피로가 그의 마디 굵은 관절들에서 유연함을 앗아가기는 했으나, 키가 크고 허리가 꼿꼿했으며 아직도 말처럼 힘이 셌다. 벗어진 그의 머리는 품격 있게 볼록했으며 새하얀 머리카락들이 왕관을 이루어 아래쪽으로 둘러싸고 있었다. 그러나 주름진 야윈 얼굴은 황달기가 있는 올리브색이었고 싯누렇고 핏대 선 두 눈은 마치 굴 속 깊숙이 들어앉은 잔인한 개들처럼 거대한 눈썹의 아치 밑으로 움푹 들어가 번뜩이고 있었다.

해골처럼 앙상한, 그러면서도 강인한 모로의 가슴속에는 거대하지만 막연한 분노가 끊임없이 끓어오르고 있었다. 모두에 대한, 모든 것에 대한

+ Berto Barbarani 1872~1945. 베로나 지방의 시인.

분노, 러시아인과 독일인에 대한 분노, 이탈리아와 이탈리아인에 대한 분노, 신과 인간에 대한 분노, 자기 자신과 우리에 대한 분노, 낮일 때는 낮에 대한 분노, 밤일 때는 밤에 대한 분노, 자신의 운명과 모두의 운명에 대한 분노, 핏속에 흐르는 자신의 직업에 대한 분노였다. 그는 벽돌공이었고 50년 동안 벽돌을 쌓았다. 이탈리아에서, 미국에서, 프랑스에서 그리고 다시 이탈리아에서, 마지막으로 독일에서. 그리고 그의 모든 벽돌은 저주들로 다져졌다. 그는 끊임없이 저주를 퍼붓되 기계적이지는 않았다. 자기 나름의 방식을 가지고, 연구를 해가면서 통렬하게 저주했고, 적합한 단어를 찾으려고 간간이 멈추기도 하고, 자주 고치기도 하면서 저주했다. 또 적합한 단어를 찾지 못할 때에는 조바심을 내기도 했다. 그러면 떠오르지 않는 저주에 대해서 저주했다.

그가 절망적인 노망이 들었다는 것은 의심할 여지가 없었다. 그러나 이러한 그의 광기 속에는 위대함이 있었다. 또한 어떤 힘과 어떤 원시적인 위엄이, 우리에 갇힌 야생 짐승들의 짓밟힌 위엄이, 카파네우스*와 켈리반+을 구원한 바로 그 위엄이 있었다.

모로는 침대에서 좀처럼 일어나지 않았다. 누렇고 뼈가 굵은 거대한 발을 두 뼘 정도 방의 한가운데까지 나오도록 쭉 뻗고서 하루 종일 침대에 누워 있었다. 그의 옆에는 형체 없이 되는대로 싼 거대한 꾸러미가 바닥

✢ 그리스 신화에서 테베를 공략한 일곱 장군 중 한 사람으로 그의 오만방자함에 분노한 제우스가 벼락을 내리쳐 성벽에서 떨어져 죽고 만다. 단테는 「신곡」 지옥편 제7원 14곡에서 지나친 자신감을 가진 인간의 전형으로 그리고 있다.
✢ 셰익스피어의 희곡 「템페스트」에서 밀라노의 영주였던 프로스페로를 섬기는 반인반수의 노예.

에 놓여 있었는데, 우리 중에서 누구도 감히 건드릴 생각을 하지 못했다. 이 지구상에서 그가 가진 모든 것이 들어 있는 것으로 보였다. 꾸러미 바깥으로 나무꾼들이 쓰는 무거운 도끼가 하나 달려 있었다. 보통, 모로는 핏발 선 눈으로 허공을 응시하고 말없이 있었다. 하지만 아주 미세한 자극, 복도에서 나는 소리나 그에게 어떤 질문을 하거나 거추장스러운 그의 발에 조심성 없이 부딪히거나 류머티즘으로 심한 통증이라도 오면, 그의 두툼한 가슴은 태풍에 부풀어 오르는 바다처럼 일어났고 모욕의 메커니즘이 다시 작동하기 시작했다.

우리 가운데에서 그는 존중을 받았고, 막연한 미신 같은 두려움의 대상이었다. 체사레만이 코뿔소의 바위처럼 딱딱한 잔등 위를 쪼아대는 새들의 뻔뻔한 친근함으로 그에게 다가가 모욕적이고 점잖지 못한 질문으로 화를 돋우면서 재미있어하곤 했다.

모로의 옆에는 로레토의 도둑학교에서 꼴찌를 하던, 이가 득실대는 무기력한 페라리가 기거하고 있었다. 하지만 우리 방에서 그가 산 비토레 동호회의 유일한 멤버는 아니었다. 트로바티와 크라베로 또한 이 동호회의 유명한 대표 선수들이었다.

트로바티는 이름이 암브로조 트로바티로 일명 '트라몬토'*라고 불렸는데 서른 살이 안 되었으며, 몸집은 왜소했지만 근육질에 굉장히 민첩했다. '트라몬토'는 예명이라고 그가 우리에게 설명했다. 그 이름은 그에

✤ 이탈리아어로 '일몰', '황혼'의 뜻.

게 자랑스럽고 완벽하게 어울리는 것이었다. 좌절된, 끝없는 반항심을 품은 채 기이한 편법들로 살아가는 암울한 사나이였기 때문이다. 그는 청소년기와 청춘을 감옥과 무대를 오가며 보냈다. 이 두 기관은 그의 혼란스러운 정신 속에서는 분명하게 구분되어 있지 않은 것 같았다. 그리고 독일에서의 감옥 생활은 그에게 치명타를 입혔음에 틀림없었다.

그의 이야기 속에 사실인 것과 있을 법한 것과 가공의 것들이 다양하고 풀리지 않는 얽힘 속에 짜여져 있었다. 마치 그 누구도 진정으로 자기 자신이 아니며 다만 놀이를 하고, 자신의 유능함을 증명하고, 다른 사람의 탈을 쓰고 어떤 역할을 하는 연극에 대해서 말하듯이 그는 감옥과 법정에 관해 얘기했다. 한편, 연극은 하나의 어둡고 거대한 상징이자 파멸의 암울한 도구였으며, 사악하고 어디에나 있는, 지하의 무리를 밖으로 드러내 보이는 것이었다. 이 무리는 모두에게 해를 끼치며 군림하고 사람의 집에 찾아가서 그를 데려가고 그에게 가면을 씌우고 그가 아닌 다른 사람이 되게 하고 그가 원치 않는 것을 하게 만든다. 이 무리는 바로 사회다. 이 거대한 적에 대항해서 그 사람 트라몬토는 언제나 싸워왔고, 늘 패배했지만 매번 영웅적으로 부활했다.

그를 찾아내고 그에게 도전해온 것은 사회였다. 그는 지상낙원에서 죄 없이 천진난만하게 살고 있었다. 그는 이발사였고 이발소의 주인이었다. 그런데 그가 방문을 받은 것이었다. 두 명의 전령이 그를 유혹하러, 이발소를 팔고 예술에 전념하라는 악마적인 제안을 하러 왔다. 그들은 그의 약점을 잘 알고 있었다. 그를 치켜세웠고 그의 몸의 형태와 목소리, 얼굴의 표정과 변화무쌍한 움직임을 칭찬했다. 그는 제안을 두세 번 물리치고 나서는 굴복했다. 영화 촬영소 주소를 손에 쥐고 밀라노를 향해 길을 떠났다. 그러나 주소는 엉터리였다. 그가 음모를 깨달을 때까지 이 문에서 또 다른 문으로 그를 보냈다. 그 두 전령은 그림자 속에 숨어, 촬영 카메라를 조준해 들고서 그를 따라다녔다. 그의 모든 말들, 실망의 몸짓들을 훔쳤고 그렇게 해서 그를 자신도 모르는 사이에 영화배우로 만들었다. 그에게서 영상과 그림자와 영혼을 훔친 것이었다. 그들이 바로 그를 저물게 했고, 그래서 그에게 '트라몬토'라는 이름이 붙은 것이었다.

그는 결국 그렇게 끝났다. 그들의 손아귀에 떨어진 것이었다. 가게는 팔렸고, 계약은 전무하고, 돈 몇 푼을 손에 쥐었을 뿐이었다. 가끔 단역 몇 번에, 살기 위해 도둑질도 몇 번 했다. 그의 영웅적 위업인 오미치디오 폴포소, 즉 과육치사果肉致死✢를 저지르기 전까지 말이다. 그는 자신을 유혹했던 자들 중 한 명을 길에서 만났고 그를 칼로 찔렀다. 그는 과육치사를 저지른 죄인이 되었고 그 때문에 법정에 끌려갔다. 하지만 그는 변호인을 원치 않았다. 왜냐하면 세상 전체가, 마지막 한 사람까지 그와 맞서고 있었고, 그는 그것을 알고 있었기 때문이었다. 하지만 그가 어찌나 호소력 있게 자신을 잘 변호했는지 법정은 열렬하게 환호하면서 즉시 그에게 무죄를 선언했고 모두가 울었다.

✢ '폴포소'polposo는 '과육'을 뜻하는 '폴파'polpa에서 나온 형용사로, '오미치디오 폴포소'omicidio polposo는 트라몬토가 과실치사인 '오미치디오 콜포소'omicidio colposo와 대조시켜 만들어낸 말이다.

이 전설적인 재판은 트로바티의 몽롱한 기억의 중심에 있었다. 그는 하루 중 매순간 그것을 되새겼고, 다른 것에 대해서는 전혀 말하지 않았다. 종종 저녁 식사가 끝난 뒤에 우리 모두에게 억지로 자신을 도와 일종의 신성한 공연으로 자신의 재판을 재연하도록 만들었다. 그는 각자에게 억지로 역할을 맡겼다. 너는 재판장, 너는 검사, 너희는 배심원, 너는 서기, 나머지 너희는 청중. 그러나 피고이자 동시에 변호인은 항상, 그리고 유일하게 그였다. 매번 재연할 때마다 그의 급류같이 흐르는 최후 변론의 시간에 이르면 그는 먼저, 재빨리 '별도로', 과육치사는 칼을 가슴이나 배가 아닌 여기, 심장과 겨드랑이 사이 살점, 과육에다 찌르는 것이고 따라서 덜 심각한 것이라고 설명했다.

그는 쉬지 않고 열정적으로, 이마에서 진짜 땀을 닦아가면서 한 시간을 줄창 말하기도 했다. 그러다가 커다란 동작으로, 있지도 않은 토가를 왼쪽 어깨 위로 넘기면서 마무리 지었다. "가라, 가라. 오, 뱀들아, 너희의 독을 맡기러!"

반면에 산 비토레의 세번째 인물인 토리노 사람 크라베로는 그야말로 완벽한 악당이었다. 이런 악당은 아마도 찾아보기 힘들 것이다. 마치 형법에 나오는 모든 범죄의 추상적 가설들이 인간의 모습을 하고 나타난 것 같았다. 그는 이탈리아의 모든 감옥들을 잘 알고 있었고 이탈리아에서 절도와 강도, 착취로 먹고살았다(그는 거리낌 없이, 오히려 자랑스러워하면서 그 점을 인정했다). 이 기술들을 손에 쥔 그는 독일에서 정착하는 데 아무런 어려움을 겪지 않았다. 토트 조직에 동원되어 베를린에서 꼭

한 달 일했을 뿐이었다. 그리고 나서는 지역 '암흑세계'의 어두운 바탕에 능숙하게 자신의 색깔을 동화시켜 자취를 감춰버렸다.

두세 번의 시도 끝에 그는 잘사는 과부 한 명을 발견했다. 그는 자신의 모든 경험을 동원하여 그녀를 도왔고 그녀에게 손님들을 대주었으며 흉기 사건까지 포함하여 분란의 소지가 있는 경우에는 재정 부분까지 돌봐주었다. 그녀는 그에게 거처를 제공했다. 언어적 어려움과 자신이 보호하는 여인의 몇 가지 기묘한 습관들에도 불구하고 그는 그 집에서 완벽하게 편안함을 느꼈다.

러시아 군인들이 베를린의 집 앞에 왔을 때 소란을 싫어하는 크라베로는 닻을 걷어올리고, 울부짖는 여인을 둔 채 바로 떠나버렸다. 그러나 러시아군은 신속한 진군으로 그를 따라잡았고, 그는 이 수용소에서 저 수용소로 옮겨다니다 결국 카토비체까지 왔다. 그러나 그곳에서 오래 머물지 않았다. 사실, 그는 이탈리아인들 중에서 자기 힘으로 귀환을 시도한 첫 번째 사람이었다. 본래 그랬듯이 그는 모든 법률의 테두리 밖에서 사는 데 익숙했고, 서류 없이 통과해야 할 많은 국경들과 돈 한 푼 없이 가야 할 1,500여 킬로미터의 장애는 그에게 그리 큰 걱정거리가 아니었다.

행선지가 마침 토리노였으므로, 그는 매우 친절하게도 우리 집에 편지를 전해주겠다고 자청했다. 나중에 알게 되지만 나는 별로 대수롭지 않게 생각하며 받아들였다. 내가 제안을 받아들인 것은 병중이었기 때문이다. 그리고 상대방에게 천성적으로 큰 믿음을 갖고 있었고, 폴란드 우체국은 제대로 돌아가지 않았으며, 게다가 나를 위해 서방 국가들에 편지를 한 통 써달라고 마리야 표도로프나에게 부탁했을 때 그녀가 하얗게 질리더니 화제를 바꾸었기 때문이다.

5월 중순, 카토비체에서 출발한 크라베로는 수없이 많은 봉쇄 지역들을 뱀장어처럼 미끄러지듯 유유히 통과하면서 내 어머니를 찾아냈고, 편지를 전했다(그것은 아홉 달 만에 목적지에 도착한, 내가 살아 있다는 유일한 표시였다). 그는 어머니에게 내가 지극히 염려스러운 건강 상태에서 어떻게 지내는지 허심탄회하게 설명했다. 물론 편지에 그런 얘기를 쓰지는 않았지만, 그는 내가 혼자이고 병들었으며 버려진 데다 돈도 없어서 도움이 절실하게 필요하다고 말했다. 그의 생각에는 즉시 조치를 취하는 것이 반드시 필요하다는 것이었다. 물론 쉽지는 않지만 형제 같은 친구로서 크라베로 자신이 언제라도 도움을 주겠다고 말했다. 만약 내 어머니가 자기에게 20만 리라를 내준다면 그는 2~3주 만에 나를 집으로 무사히 데려오겠다고 장담했다. 또 만약 아가씨(대화하는 자리에 있었던 내 여동생)가 자신과 동행하기를 원한다면······.

어머니와 여동생이 소식을 전한 사람을 곧이곧대로 믿지 않은 것은 칭찬할 일이다. 어머니와 여동생은 그에게 며칠 뒤에 다시 들러달라고 사정을 하고 그를 돌려보냈다. 왜냐하면 그만한 돈이 없었기 때문이다. 크라베로는 계단을 내려가서 현관 밑에 있던 내 여동생의 자전거를 훔쳐 사라졌다. 2년 뒤, 크리스마스에 그는 누오베 형무소에서 축복이 담긴 애정 어린 카드를 보내왔다.

트라몬토가 재판을 재연하는 일에서 우리를 면제시켜주는 저녁이면 종종 시뇨르 운버도르벤+의 무대가 있곤 했다. 이 기묘하고도 아름다운 이름의 소유자는 나이 지긋하고 온화하지만 성마른 트리에스테 출신의 왜소한 남자였다. 시뇨르 운버도르벤은 자신을 '시뇨레'라 부르지 않는 사람에게는 대꾸도 하지 않았고 존대어를 써주기를 요구했다. 파란만장하고 기나긴 이중의 삶을 살아온 그는 모로와 트라몬토처럼 하나의 꿈, 아니 두 가지 꿈의 포로였다.

그는 비르케나우 라거에서 불가사의하게 살아남았고, 거기서 한쪽 발에 무시무시한 봉와직염蜂窩織炎을 얻었다. 그래서 걸을 수 없었던 그는 내가 병석에 있는 동안 함께 있어주고 도움을 준 동료들 가운데 나를 가장 꼬박꼬박 챙겨주고 가장 공손한 사람이었다. 그는 또한 말이 꽤 많은 사람이었다. 노인들이 보통 그러는 것처럼 했던 말을 자주 반복하지 않았다면, 그가 들려준 이야기들은 그것만 가지고도 소설 한 권이 될 수 있었을 것이다. 그는 음악가였다. 이해받지 못하는 위대한 음악가, 작곡가, 오케스트라 지휘자였다. 그는 오페라 〈나바르의 여왕〉을 작곡했는데, 이것은 토스카니니의 찬사를 받았다. 그러나 친필 악보는 간행되지 않은 채 서랍 속에 누워 있었다. 왜냐하면 그의 적들이 불순한 인내심으로 그의 작품을 면밀히 조사한 끝에 악보의 연속 네 마디가 〈팔리아치〉+에 똑같이 들어 있다는 것을 밝혀냈기 때문이다. 그의 결백한 의도는 분명

+ 독일어로 '부패하지 않은', '청렴한'의 뜻이다.
+ 이탈리아어로 '광대'라는 뜻. 루제로 레온카발로가 작곡한 오페라로, 1892년 5월 밀라노에서 토스카니니의 지휘로 초연되었다.

하고 자명했다. 그러나 법은 이런 것들에 대해서는 아주 완강하다. 세 마디는 되지만 네 마디는 안 되는 것이다. 네 마디는 표절이다. 시뇨르 운버도르벤은 변호사들과의 소송으로 자신의 손을 더럽히기에는 너무나 점잖은 사람이었다. 그는 남자답게 예술에 작별을 고하고 대서양 횡단선의 전속 요리사로 새로운 삶을 꾸렸다.

그렇게 해서 그는 여행을 많이 하게 되었고 어느 누구도 보지 못한 것들을 보았다. 무엇보다도 그는 놀랄 만한 동식물들과 수많은 자연의 신비를 보았다. 코끝에서 꼬리까지 이어지는 단 하나의 단단한 뼈를 가진 갠지스 강의 악어들을 보았다. 그 악어들은 잔인하기 그지없고 바람같이 달린다. 하지만 바로 그런 특이한 신체 구조 때문에 그것들은 철로 위의 기차처럼 앞뒤로밖에 이동할 수 없다. 그러므로 안전하게 있으려면 그들 몸의 직선 경로에서 약간이라도 옆으로 비켜서는 것으로 충분하다. 그는 물고기들에게 물어뜯기지 않으려고 달리면서 물을 마시는 나일 강의 자칼들을 보았다. 밤이면 자칼들은 랜턴처럼 눈을 번쩍이며 허스키한 사람 목소리로 노래한다. 그는 또한 말레이시아 양배추도 보았다. 그것들은 우리네 양상추처럼 생겼지만 훨씬 더 크다. 잎사귀를 손가락으로 건드리기만 하면 그것에서 빠져나올 수가 없게 되고, 손이, 다음에는 팔이, 마지막으로 경솔한 그 사람의 몸 전체가 천천히 그러나 저항할 수 없이 이 육식 식물의 끈적끈적한 괴물 같은 심장으로 빨려 들어가서는 조금씩 조금씩 소화된다. 유일한 구제책은, 거의 아무도 모르는데, 불이다. 하지만 재빨리 행동해야 한다. 먹이를 움켜쥔 잎사귀 밑에 성냥불한 개비만 갖다 대도 충분하다. 그러면 식물의 기력이 풀린다. 이런 식으로 해서, 그의 신속함과 자연사적 지식 덕분에 시뇨르 운버도르벤은 배의 선장을 죽기 직전에 구해냈다. 또 오스트레일리아의 황량한 모래 속에 틀어박혀 사는 조그만 검은 뱀들이 있는데, 그것들은 멀리 있는 사람에게 총알같이 공중으로 달려든다. 그것들이 한번 물면 황소도 쓰러뜨릴 수 있다. 이 파충류에게 물린 상처는 인간의 침으로 처치하면 즉시 낫는다. 그러나 공격당한 사람의 침이 아니어야 한다. 그러므로 그곳에서는 아무도 절대로 혼자 여행하지 않는다.

폴란드의 기나긴 저녁이면, 타바코와 인간의 체취로 갑갑한 방 안 공기는 무의미한 꿈들로 포화 상태가 되었다. 현실적인 것에 대한 비현실적인 것의 지배. 이것이 바로 유배의, 절멸의 가장 즉각적인 결과다. 모두가 과거의 꿈들과 현재의 꿈들, 노예 시절의 꿈들과 해방의 꿈들, 있을 것 같지 않은 천국의 꿈들, 마찬가지로 신화적이고 있을 것 같지 않은 적들의 꿈들, 공기처럼 모든 것에 스며 퍼지는 우주적이고 사악하며 미세한 적들의 꿈을 꾼다. 어쩌면 크라베로는 예외일 것이다. 그리고 확실히 다가타는 예외다.

다가타는 꿈꿀 시간이 없었다. 왜냐하면 빈대들에 대한 공포에 사로잡혀 있었기 때문이다. 이 불편한 동반자를 좋아하는 사람은 당연히 아무도 없었다. 그러나 결국은 우리 모두 그것에 익숙해졌다. 빈대들은 소수도 아니었고 흩어져 있지도 않았다. 그것들은 하나의 밀집 부대였다. 봄이 오자 빈대들이 우리의 모든 침대들을 침략했다. 낮에는 벽 틈과 나무

침대의 틈 사이에 숨어 있다가 하루의 소란이 멈추자마자 침입해 들어오기 시작했다. 소량의 우리 피를 그것들에 양보하는 일은 기꺼이 감수할 만했을 것이다. 그러나 그것들이 얼굴과 몸 위로, 옷 밑으로 살그머니 돌아다니는 느낌에 익숙해지기란 쉽지 않은 노릇이었다. 단지 깊은 잠에 빠지는 행운을 가진, 그래서 그것들이 다시 깨어나기 전에 무의식 속으로 떨어질 수 있는 사람들만이 태평하게 잠을 잘 수 있었다.

몸집이 왜소하고 절도 있고 내성적이며 대단히 청결한 시칠리아의 벽돌공인 다가타는 결국 낮에 잠을 자게 되었고, 밤에는 침대 위에 쭈그리고 앉아서 공포로, 불면으로 그리고 눈을 둥그렇게 뜨고 조심스레 주위를 둘러보면서 시간을 보냈다. 막대기와 철망 조각으로 된 간단한 도구 하나를 손에 꼭 쥐고 있었는데, 그의 옆 벽은 핏자국으로 얼룩덜룩한 성운이 뒤덮고 있었다.

처음에 이러한 그의 습관들은 비웃음을 샀다. 그는 다른 사람들보다 더 섬세한 피부를 가졌단 말인가? 하지만 이후로는 어떤 질투의 흔적이 섞인 연민의 정이 우세해졌다. 왜냐하면 우리 모두 가운데 다가타만이 유일하게 구체적이고 현존하고 손으로 만질 수 있고 패배시키고 때리고 벽에 짓이겨버릴 수 있는 적을 가졌기 때문이었다.

남으로
Verso sud

✢ 나는 경탄할 만한 아침 공기 속에서, 상태가 나쁜 폐 깊숙이까지 약처럼 숨을 들이마시면서 몇 시간이고 걸었다. 두 다리로 그다지 굳건하게 서 있지는 못하지만, 내 몸을 다시 장악할 필요성을 느꼈다. 거의 2년 전에 이미 깨어진, 풀과 나무들과의 접촉을, 씨앗들의 떨림이 느껴지는 묵직한 고동색 땅과의 접촉을, 카르파티아 산맥으로부터 이 탄광 도시의 검은 길들에까지 파도 치며 전나무 꽃가루를 실어오는 대기의 바다와의 접촉을 복구해야 할 필요성을 절실히 느꼈다.
1주일 전부터 카토비체의 주위를 그렇게 탐험하고 있었다. 회복기의 감미로운 쇠약함이 내 혈관 속을 흐르고 있었다. 레오나르도와 고틀리프가 공동의 노력으로 내게 처방해주고 찾아내고 구입하여 주사를 놓아준, 에너지를 돋우는 인슐린이 그 나날들 동안 내 혈관 속을 흐르고 있었다. 내가 걷는 동안 인슐린은 자신의 경이로운 임무를 조용히 수행했다. 당분을 찾아 혈액과 함께 돌아다녔고 당분을 엉뚱한 목적지로 가지 못하도록 제지하고 부지런히 연소시켜 에너지로 바꾸도록 조치했다. 그러나 인슐린이 찾아낸 당분은 많지 않았고, 갑자기 극적으로, 언제나 거의 같은 시간에 이 호위대는 지쳐 나가떨어졌다. 그러면 내 다리는 구부러지고 모든 것이 캄캄해졌다. 나는 격렬한 시장기의 공격에 압도되고 오한을 느끼며 내가 있던 곳에서 그대로 바닥에 주저앉을 수밖에 없었다. 이쯤에서 내 세번째 보호자인 마리야 표도로프나 프리마의 업적과 선물이 나를 구해주었다. 나는 주머니에서 포도당 팩을 꺼내 허겁지겁 삼켰다. 몇 분 뒤에 빛은 다시 돌아오고 태양은 다시 따뜻해졌다. 그리고 다시 걸을 수 있었다.

그날 아침 수용소로 돌아오면서 나는 보통 때와 다른 장면을 발견했다. 광장 한가운데에 예고로프 대위가 이탈리아 사람들에게 빽빽하게 둘러싸여 있었다. 그는 손에 커다란 연발권총을 쥐고 있었는데, 그것은 단지 그가 하는 이야기의 중요한 대목을 커다란 제스처로 강조하는 데에만 쓰였다. 그의 이야기는 거의 이해할 수 없었다. 기본적으로 두 단어만 그가 자주 반복했기 때문에 알아들을 수 있었는데, 그 두 단어는 천상의 메시지였다. 바로 '리파트리야차'와 '오데사'였다.

즉, 오데사를 통한 '귀환'이었다. 돌아간다. 수용소 전체가 순간 정신을 잃었다. 예고로프 대위는 불안한 자세로 권총과 함께 그대로 번쩍 사람들의 어깨 위로 들어올려졌다. 사람들은 고함치며 복도로 달려갔다.

"집으로! 집으로!" 다른 사람들은, 할 수 있는 최대한의 소음을 내면서, 그리고 창문 밖으로 걸레, 휴지, 다 떨어진 신발과 온갖 종류의 잡동사니 폐물들을 집어던지면서 짐을 꾸렸다. 몇 시간 내로, 러시아인들의 태연자약한 시선 아래 수용소 전체는 비워졌다. 어떤 이는 여자친구에게 작별인사를 하러, 어떤 이는 순전히 야단법석 잔치를 하러, 또 어떤 이는 여행 비품을 사거나 다른 좀더 쓸데없는 방식으로 마지막 남은 즈워티를 쓰러 시내로 갔다.

맨 마지막의 계획을 가지고 체사례와 나도, 우리가 저축한 돈과 대여섯 명의 동료들이 저축한 돈을 함께 주머니에 넣고 카토비체로 내려갔다. 사실, 국경에서 무엇을 보게 될까? 알 수 없었다. 하지만 우리가 그때까지 러시아 군인들과 그들의 행동 방식을 겪어본 바에 의하면, 국경에서 환전을 기대할 수 있을 것 같지는 않았다. 그래서 우리의 행복한 기분과 상식은 수중에 있는 얼마 되지 않는 액수의 마지막 즈워티까지 써버리라고 우리에게 충고하고 있었다. 예를 들어, 우리가 기억도 까마득한 때부터 못 먹은, 버터를 넣은 스파게티를 기본으로 한, 이탈리아식의 성대한 점심 식사를 '조직'하는 것으로 돈을 없애는 것이다.

우리는 어느 식료품 가게로 들어갔다. 카운터 위에 가진 것을 모두 올려놓고 가게 여주인에게 우리의 의도를 최대한 잘 설명했다. 나는 늘 하던 대로 그녀에게 내가 독일어로 말하지만 독일 사람은 아니라고 말했다. 우리는 길을 떠나려는 이탈리아 사람이고 스파게티, 버터, 소금, 달걀, 딸기, 설탕을 최적의 비율로, 더도 덜도 말고 딱 63즈워티어치만큼 사고 싶다고 설명했다.

여주인은 변덕스럽고 의심 많은 분위기의 주름이 쭈글쭈글한 노파였다. 노파는 거북이 등껍질로 테를 두른 안경 너머로 조심스럽게 우리를 쳐다보더니, 더할 나위 없이 훌륭한 독일어로 자기가 보기에는 우리가 전혀 이탈리아인이 아니라고 딱 잘라 말했다. 무엇보다도 우리는 다소 어눌하긴 해도 독일어를 하고, 또 기본적으로 이탈리아 사람들은 머리카락이 검고 열정 넘치는 눈을 갖고 있는데, 우리는 이도저도 아니라는 것이었다. 잘 봐주어도 우리가 크로아티아 사람이라고 한다면 인정할 수 있겠다고 우겼다. 아니 지금 생각해보니, 우리를 닮은 크로아티아 사람들을 진짜로 만난 적이 있다는 것이었다. 우리는 크로아티아 사람이었다. 이것은 논란의 여지가 없었다.

나는 상당히 짜증이 나서 그녀에게 퉁명스럽게, 그녀가 좋아하든 말든 우리는 이탈리아 사람이고 이탈리아 유대인이며 한 사람은 로마 출신이고 한 사람은 토리노 출신인데 아우슈비츠에서 왔고 이제 집으로 돌아갈 거라고, 그리고 돈을 내고 살 것이며 쓸데없는 이야기로 시간을 낭비하고 싶지 않다고 말했다.

아우슈비츠의 유대인들이라고? 노파의 시선이 돌연 부드러워지더니 주름살마저도 펴진 것처럼 보였다. 그렇다면 이건 또 다른 얘기라는 것이었다. 그녀는 가게 뒤로 우리를 들어오게 하고는 자리에 앉히더니 진짜 맥주 두 잔을 내주었다. 그리고 지체 없이 우리에게 자신의 믿어지지 않는 이야기를 자랑스레 얘기했다. 그녀의 서사시는 시간상으로는 얼마 되지 않은 것이나, 수도 없이 반복한 나머지 세련되게 다듬어진 무훈시로 이미 충분히 변형되어 있었다.

그녀는 아우슈비츠를 알고 있었고 아우슈비츠에 관한 모든 것에 관심이 있었다. 그녀도 그곳에 갈 뻔했기 때문이다. 그녀는 폴란드인이 아니라 독일인이었다. 한창 때에 그녀는 남편과 함께 베를린에 가게를 가지고 있었다. 그들은 히틀러를 한 번도 좋아한 적이 없었다. 그리고 이러한 자신들의 독특한 의견을 이웃 사람들에게 누설되도록 내버려둔 것은 어쩌면 너무 경솔했는지도 몰랐다. 1935년 게슈타포가 남편을 데려갔고 그녀는 더 이상 남편에 대해 아무것도 알 수 없었다. 어마어마한 고통이었다. 하지만 그녀는 먹고살아야 했고, 그래서 '데어 룸프'* 히틀러가 라디오를 통해 전쟁을 선포하는 저 유명한 연설을 한 1938년까지 장사를 계속했다.

그녀는 분노했고 히틀러에게 편지를 썼다. 그에게 개인적으로 '라이히 제국의 총리 아돌프 히틀러 씨에게, 베를린에서'라는 장문의 편지를 썼다. 편지에서 그녀는 너무 많은 사람들이 죽을 것이기 때문에 전쟁을 하면 안 된다고 단단히 충고했다. 나아가, 독일이 전 세계를 상대로 이길 수는 없기 때문에 만약 전쟁을 한다면 패배할 것이며, 이것은 어린아이라도 안다고 히틀러에게 설명했다. 그녀는 성과 이름, 주소를 쓰고 서명했다. 그러고는 기다렸다.

---

* der Lump (독일어) 악당.

닷새 뒤에 갈색 셔츠를 입은 사람들이 왔다. 수색을 한다는 구실로 그들은 집과 가게를 약탈하고 파괴했다. 그들이 무엇을 찾아낼 수 있었겠는가? 아무것도 없었다. 그녀는 정치 활동을 하지 않았다. 그들은 단지 편지의 초고만을 발견했을 뿐이었다. 2주 뒤에 그녀는 게슈타포에게 불려갔다. 그녀는 매를 맞고 라거로 보내질 거라 생각했다. 그런데 그들은 추잡한 경멸로 그녀를 대하더니, 마땅히 교수형에 처해야 하겠지만 '아이네 알테 블뢰데 지게',[+] 즉 어리석은 늙은 염소일 뿐인 그녀에게는 밧줄도 아깝다고 말했다. 그리고 그들은 그녀의 사업 허가를 취소시켰고 그녀를 베를린 밖으로 추방했다.

그녀는 슐레지엔에서 자신의 예상대로 독일군이 전쟁에서 패배할 때까지 암시장 거래와 허드렛일을 하며 힘들게 먹고살았다. 당시 이웃 사람들은 모두 그녀의 행적을 알고 있었기 때문에 폴란드 당국은 그녀에게 식료품 가게를 내기 위한 허가증을 지체 없이 발급해주었다. 만약 지구상의 강대국들이 자신의 충고를 따랐더라면 세상은 얼마나 더 좋아졌을까, 라는 생각으로 더 강해진 그녀는 그렇게 해서 평화롭게 살게 되었다.

[+]   출발하기 전날 레오나르도와 나는 진료소의 열쇠를 반납하고 마리야 표도로프나와 닥터 단첸코에게 작별인사를 했다. 마리야는 말이 없었고 슬퍼 보였다. 나는 그녀에게 우리와 함께 이탈리아로

[+] eine alte blöde Ziege (독일어)

가지 않겠느냐고 물었는데, 이 질문에 그녀는 마치 부도덕한 제안이라도 받은 것처럼 얼굴이 빨개졌다. 단첸코가 들어왔다. 그는 알코올 한 병과 종이 두 장을 가져왔다. 처음에 우리는 알코올이 여행용 상비약으로 그가 개인적으로 기부하는 것인 줄 알았다. 그런데 아니었다. 그것은 작별의 건배를 위한 것이었고 우리는 정식으로 건배를 주고받았다.

그런데 종이는 뭐지? 사령부가 우리 두 사람에게서, 카토비체에서 휴머니즘과 공정함으로 대우받은 것에 대한 감사의 증서를 바란다는 사실을 알고 우리는 깜짝 놀랐다. 단첸코는 자신의 이름과 업적을 명백하게 언급해줄 것과 함께, 우리 이름 옆에 '의학 박사'라는 직함을 덧붙여 서명해줄 것을 우리에게 부탁했다. 이 서명은, 레오나르도는 할 수 있었고 또 했다. 하지만 내 경우는 위조에 해당하는 것이었다. 나는 당황했다. 그리고 단첸코에게 그것을 이해시키려고 애썼다. 그러나 이 사람은 나의 형식주의에 놀라더니 손가락으로 종이를 두드리며 내게 군소리하지 말라고 발끈해서 말했다. 나는 그가 원하는 대로 서명해주었다. 그의 경력에 보탬이 되는 이 조그만 도움을 왜 마다하겠는가?

의례는 아직 끝난 것이 아니었다. 이번에는 단첸코가, 학생 공책에서 뜯어낸 것이 분명한 줄 쳐진 두 장의 종이쪽지에 멋진 글씨체로 쓴 증명서 두 장을 꺼냈다. 나를 위한 증명서에는 사실 확인도 없이 관대하게, '의사 레비 박사는 토리노 출신으로, 4개월 동안 본 사령부의 진료소에서 유능하고도 성실한 작업을 수행했으며, 따라서 그는 전 세계 모든 노동자들로부터 감사 받을 자격이 있다'라고 쓰여 있었다.

✢　　　　　　다음 날 우리의 영원한 꿈은 현실이 되었다. 카토비체 역에 열차가 우리를 기다리고 있었던 것이다. 화차들로 된 긴 열차였다. 우리 이탈리아 사람들(약 800명 정도 되었다)은 시끌벅적하고 쾌활하게 자리를 잡았다. 오데사. 그리고 오리엔트의 관문들을 거쳐 뱃길로 가는 환상적인 여행. 그러고 나면 이탈리아.

형편없는 화물칸의 맨바닥에서 잠을 자며 수백 킬로미터를 가야 한다는 전망에도 우리는 전혀 걱정하지 않았고, 러시아 군인들이 우리에게 할당한 어이없는 배급품에도 우리는 걱정하지 않았다. 배급품이라고는 각 칸마다 콩으로 만든 마가린 한 통과 약간의 빵이 전부였다. 마가린은 미국산이었는데 굉장히 짜고 파르마산 치즈처럼 딱딱했다. 열대 지방으로 가야 할 물건이 상상할 수 없는 온갖 우여곡절 끝에 우리 손에 떨어진 것임에 분명했다. 그 나머지는, 러시아 군인들이 늘상 하던 대로 무신경하게, 여행 중에 배급될 것이라고 우리를 안심시켰다.

1945년 6월 중순에 희망을 실은 그 열차는 출발했다. 호위대도 없었고 러시아 사람은 한 사람도 타고 있지 않았다. 자진해서 우리 일행에 가담한 닥터 고틀리프가 열차의 책임자였고 통역과 의사, 이동 공동체 영사의 임무를 한꺼번에 맡았다. 우리는 그 어떤 의심이나 불확실함과도 거리가 먼, 안심할 수 있는 손에 맡겨져 있다고 느꼈다. 오데사에서 배가 우리를 기다리고 있었다.

여행은 엿새간 계속되었다. 여정 중에 우리가 배고픔으로 구걸이나 강도짓을 해야 할 처지로 내몰리지 않았던 것은, 아니 오히려 좋은 영양 상태로 목적지에 이르렀던 것은 순전히 닥터 고틀리프 덕분이었다. 출발하자마자 즉시, 카토비체의 러시아인들이 아무런 조치도 취하지 않고, 오데사의 동료들이나 여행 중 정차지들의 동료들과 아무런 협의도 하지 않고 마구잡이로 우리를 내보냈다는 것이 분명하게 드러났다. 우리 열차가 역에 정차하면(철로의 체증 때문에 그리고 군수차량에 우선권이 있었기 때문에 자주, 또 오랫동안 정차하곤 했다) 그 누구도 우리를 어떻게 조치해야 할지 몰랐다. 역장들과 역의 감독 군인들은 유감스럽고 놀란 눈으로, 그들 편에서는 불편한 존재들로부터 해방되기를 염원하면서 우리가 도착하는 것을 바라보고 있었다.

그러나 검처럼 날카로운 고틀리프가 거기 있었다. 매번 다른 방식으로 몇 분 이내에 그가 해결하지 못하는 그 어떤 절차상의 장애도, 태만의 장벽도, 관료의 고집도 없었다. 모든 어려움은 그의 거침없는 태도 앞에서, 그의 대단한 상상력 앞에서, 그의 검투사적인 기민함 앞에서 안개 걷히듯 사라졌다. 각종 서류들과 공문들이 쌓여 있는 곳이면 어디든 살고 있는 수천 개의 얼굴을 한 괴물과 만날 때마다 그는 마치 용과 대결하고 난 성 게오르기우스✢와도 같이 승리의 빛을 발하면서 우리에게 돌아왔고, 일의 경위를 짧게, 찬사를 받을 만한 그 탁월함에 비하면 너무나도 간결하게 우리에게 전달했다.

예를 들면 정차역의 감독 군인이, 모두들 알고 있듯이 존재하지도 않는

✢ 초기 그리스도교의 순교자이자 14성인 가운데 한 사람. 회화에서 일반적으로 칼이나 창으로 용을 찌르는 백마를 탄 기사의 모습으로 그려진다.

우리의 여행 서류를 요구했다. 고틀리프는 서류를 가지러 간다고 말하고는 근처에 있는 전신용품 가게로 들어갔다. 그리고 아무 종이나 가져와 당국의 진짜 공문처럼 존경스럽고도 성스러운 것으로 보일 만큼 스탬프와 인지, 읽을 수도 없는 서명들로 가득 채우고 사무적인 전문용어들을 아주 그럴싸하게 기입해 넣은 서류 한 장을 순식간에 만들었다. 또 한번은 코만단투르의 본부 사무실에 나타나서 역에 800명의 이탈리아인들이 머물러 있는데 먹을 것이 없다고 정중하게 통지했다. 보급계원은 "니체보"(상관없어)라고 말하고는, 창고는 텅 비었고 허가증이 필요하다면서 이튿날 지급해주겠다고 대답했다. 그리고는 마치 성가신 민원인을 대하듯 그를 문 쪽으로 보내려고 서투르게 애썼다. 그러나 고틀리프는 미소를 지으면서 그에게 이렇게 말했다. "동지, 이해를 잘 못했나 본데, 이 이탈리아 사람들은 먹을 것을 **받아야 해**, 그것도 오늘 당장. 그게 바로 스탈린이 원하는 거니까." 그러자 식량은 눈 깜짝할 사이에 도착했다.

나에게 여행은 너무도 고통스러운 것이었다. 늑막염이 나은 것은 틀림없었지만 내 몸은 내놓고 반항하고 있었고 약과 의사들과 놀이를 하기로 작정한 것 같았다. 밤마다 자는 동안에 열이 살그머니 내 몸을 침범했다. 원인을 알 수 없는 강렬한 열이었고 아침이 올 무렵이면 최고조에 도달했다. 절반쯤만 의식이 있는 채 기진맥진해서, 그리고 한쪽 손목이나 팔꿈치, 아니면 무릎이 쑤시는 통증으로 꼼짝할 수 없게 되어 잠에서 깨곤 했다. 그렇게 나는 섬망 상태와 고통에 사로잡혀 정오 무렵까지 열차 바닥이나 플랫폼의 시멘트 바닥 위에 누워 있었다. 그러고 나면 몇 시간 이내로 모든 것이 제자리로 돌아왔고, 저녁 무렵에는 몸이 거의 정상이 되는 것을 느꼈다. 레오나르도와 고틀리프는 도리 없고 황당하다는 듯이 나를 바라보았다.

열차는 경작된 평원과 도시와 어두운 마을들, 유럽의 심장부에서 수천 년 전에 사라졌다고 믿었던 울창한 야생의 숲들을 지나갔다. 침엽수와 자작나무들이 어찌나 빽빽한지 햇볕을 받기 위해 서로 경쟁하느라 필사적으로 위로, 숨막힐 듯이 수직으로 뻗어 있었다. 기차는 빽빽하게 얽혀 있는 가지들의 끊임없고도 엄청나게 높은 아치 아래, 벌거벗은 매끈한 나무줄기들 사이로 마치 터널 속처럼, 짙은 녹색의 어슴푸레함 속을 뚫고 나아갔다. 제슈프, 위협적인 요새 형태의 프셰미실, 리보프.

전쟁과 폭격으로 전복된 해골 같은 도시 리보프에서 열차는 폭우가 쏟아지는 밤 내내 정차해 있었다. 우리가 탄 화차의 지붕은 양철판으로 되어 있지 않았다. 내려서 비 피할 곳을 찾아야 했다. 몇몇 다른 사람들과 함께 우리가 찾아낸 최상의 피난처는 굴다리였다. 그곳은 컴컴하고 손가락 두 개 높이로 진흙이 차 있는 데다 광폭한 바람이 들어왔다. 한밤중이 되자 시간도 정확하게 열이 올랐고 딱하게도 머리를 몽둥이로 한 방 맞은 것처럼 무의식이라는 몽롱한 혜택이 나를 찾아들었다.

테르노폴, 프로스쿠로프. 해 질 무렵 열차는 프로스쿠로프에 도착했고 기관차는 분리되었다. 고틀리프는 우리에게 아침까지는 다시 출발하지 않을 것이라고 장담했다. 그래서 우리는 기차에서 밤을 보낼 준비를 했다. 대합실은 굉장히 넓었다. 체사레와 레오나르도, 다니엘레와 나는 한쪽 구석을 차지했다. 식량 담당자의 자격으로 체사레는 마을로 갔다가 잠시 후에 달걀과 샐러드거리, 차 한 통을 가지고 돌아왔다.

우리는 바닥에 불을 지폈다(우리가 불을 지핀 유일한 사람들도, 첫번째 사람들도 아니었다. 대합실에는 우리 앞에 다녀간 무수한 야영자들이 남긴 잔해들이 흩어져 있었고 천장과 벽은 오래된 부엌의 그것처럼 그을려 있었다). 체사레는 달걀을 익히고 설탕을 잔뜩 탄 차를 다량으로 준비했다.

그런데 어쩌면 그 차가 우리가 먹는 차보다 훨씬 더 강했거나 아니면 체사레가 차의 양을 잘못 넣었던 것 같다. 왜냐하면 얼마 지나지 않아 모든 졸음과 피로의 자취가 사라지더니, 쾌활해지고 만족스럽고 힘이 솟고 말똥말똥하고 예민한, 평상시와 다른 기분으로 생기가 넘치는 것을 느꼈기 때문이다. 그래서 그 밤에 했던 모든 행동, 모든 말은 내 기억 속에 각인되어 남아 있고, 마치 어제 일처럼 그 모든 것을 이야기할 수도 있다.

낮의 빛은 처음에는 장밋빛으로, 그리고 보랏빛으로, 다음에는 잿빛으로 지극히도 천천히 스러져갔고 미지근한 보름달의 은빛 광채가 그 뒤를 이었다. 명랑하게 대화를 나누고, 담배를 피우고 있던 우리 옆에는 검은 옷을 입은 두 여자애가 나무 상자 위에 앉아 있었다. 그들은 자기들끼리 러시아어가 아닌 이디시어로 말하고 있었다.

"쟤들이 하는 얘기 알아들어?" 체사레가 물었다.

"단어 몇 개 정도."

"그럼, 어서, 공격하라고! 생각이 있는지 떠봐."

그날 밤, 내게는 모든 것이 쉬워 보였다. 심지어 이디시어도 알아듣는 것 같았다. 평상시와 달리 대담하게 나는 그 여자애들에게 가서 인사를 한 다음, 그녀들의 이디시어 발음을 흉내 내려고 애쓰면서 독일어로 유대인인지 물었다. 그리고 우리 네 사람도 유대인이라고 밝혔다. 여자애들은(아마 열여섯 살에서 열여덟 살쯤 된 것 같았는데) 웃음을 터뜨렸다. "Ihr sprecht keyn Jiddish: ihr seyd ja keyne Jiden!"(당신들은 이디시어를 말할 줄 모르잖아요, 그러니까 당신들은 유대인이 아니에요!) 그녀들의 말에서 문장은 곧 하나의 엄격한 추리와 같은 것이었다.

그래도 나는 우리가 정말로 유대인이라고 설명했다. 이탈리아 유대인들이며, 이탈리아에 있는, 그리고 서방 유럽 전체에 있는 유대인들은 이디시어를 못한다고 말했다.

이것은 그녀들에게는 하나의 획기적인 사실이자 코미디 같은 일이었다. 그것은 마치 프랑스어를 할 줄 모르는 프랑스인들이 존재한다고 단언하는 것과 같았다. 나는 이스라엘 민족의 기본 기도문인 〈셰마〉의 첫머리를 그녀들에게 한번 낭송해 보였다. 그러자 그녀들의 불신감은 수그러든 반면 명랑함은 한층 더해졌다. 히브리어를 그토록 우스꽝스럽게 발음하는 것을 과연 누가 들어보았겠는가?

나이가 많은 여자애는 이름이 소레였다. 재기발랄하고 장난기 넘치는 조그만 얼굴은 동글동글하고 한쪽 볼에 보조개가 있었다. 우리의 그 절름발이 같은 힘겨운 대화가 그녀에게 톡톡 쏘는 듯한 재미를 유발하고 간지럼을 태우듯이 그녀를 자극하는 것처럼 보였다.

하지만 그녀는 둥그런 손짓을 해 보이며 대합실을 차지하고 있던 800명의 이탈리아 사람들을 가리키면서 만약 우리가 유대인이라면 저기 다른 사람들이 모두 다 유대인이겠다고 내게 말했다. 우리와 그들 사이에 무슨 차이가 있단 말인가? 같은 언어, 같은 얼굴, 같은 옷차림인데. 아니지, 저들은 기독교인들이고 제노바, 나폴리, 시칠리아 출신들이라고 나는 그녀에게 설명했다. 소레는 '이건 대혼란이야!'라고 말하는 듯 당혹스러운 얼굴로 주위를 둘러보았다. 그녀의 나라에서는 모든 것이 훨씬 더 분명했다. 유대인은 유대인이고 러시아인은 러시아인이고 미심쩍은 것도 모호함도 없었다.

그녀들은 둘 다 피난민이라고 내게 말했다. 백러시아의 민스크 출신이라고 했다. 독일군들이 가까이 왔을 때 그녀들의 가족은 아이히만이 이끄는 아인자츠코만도✛들의 대학살을 피하기 위해 소비에트연방의 내륙쪽으로 이주를 신청했다. 신청은 정확히 받아들여졌고 모두 다 자기들 나라에서 4,000킬로미터 떨어진 우즈베키스탄의 사마르칸트로, 해발 7,000미터의 산맥이 보이는 '세계의 지붕'의 문턱으로 보내졌다. 그녀와 동생은 아직 어린아이였다. 나중에 어머니가 돌아가셨고 아버지는 나로서는 알 수 없는, 전방의 어떤 일을 하는 데 징발되었다. 두 사람은 우즈베키스탄 말과 다른 많은 기본적인 일들을 배웠다. 그날그날 삶을

✛ Einsatzkommandos 유대인, 공산주의자 등을 색출해 처형하는, 이른바 인종 청소를 담당했던 독일군 특수 처형 부대. 아인자츠그루펜의 전신이기도 하다.

살아가는 일, 둘이서 조그만 가방 하나를 꾸려 대륙들을 여행하는 일, 그러니까, 실을 잣지도 않고, 베를 짜지도 않고 내일을 걱정하지도 않는, 하늘을 나는 새들처럼 살아가는 법을 배웠다.

그랬다, 소레와 그녀의 말없는 동생. 우리처럼 그녀들은 귀환길에 올라 있었다. 3월에 사마르칸트를 떠나 바람에 몸을 맡기는 깃털처럼 여행에 나섰다. 어떤 때는 트럭을 타고, 어떤 때는 걸어서 검은 모래사막인 카라쿰을 통과했다. 그녀들은 기차를 타고 카스피 해 연안의 크라스노보트스크에 도착했다. 그러고는 한 낚싯배가 그녀들을 바쿠로 데려다줄 때까지 거기서 기다렸다. 바쿠에서 계속 앞으로 나아갔다. 돈이 없기 때문에 항상 그때그때 되는대로 수단을 썼다. 대신, 그녀들에게는 미래와 상대방에 대한 한없는 믿음과 생에 대한 타고난, 변치 않는 사랑이 있었다.

주위는 모두 자고 있었다. 체사레는 조바심을 내며 대화를 지켜보다가 가끔 내게 사전 작업이 끝났는지, 본론으로 들어갔는지 물었고, 결국은 실망해서 좀더 구체적인 모험을 찾아 밖으로 나가버렸다.

대합실의 평화와 두 자매의 이야기는 자정 무렵, 갑작스레 중단되었다. 큰 대합실과 여행하는 군인들 전용의 조그만 다른 방을 연결하는 짧은 복도로 난 문이 바람이 몰아친 것처럼 난폭하게 활짝 열렸다. 문턱에 굉장히 젊은 술 취한 러시아 병사 하나가 나타났다. 그는 멍한 눈으로 주위를 돌아보고는 마치 바닥이 아래로 갑자기 심하게 기울어지기라도 한 것처럼 겁나게 비틀대며 고개를 숙이고 앞으로 돌진했다. 복도에는 담소에 푹 빠진 세 명의 소비에트군 장교가 서 있었다. 그들이 있는 지점에 이르자 병사는 멈춰 섰다. 그리고 빳빳하게 차렷 자세를 하더니 군대식으로 경례를 했다. 세 사람은 위엄 있게 답례를 했다. 병사는 다시 스케이트 선수처럼 빙글빙글 반원을 그리면서 외부로 난 문을 정확하게 통과해 나갔다. 잠시 후 그가 플랫폼에서 요란스레 구토를 하고 딸꾹질을 하는 소리가 들려왔다. 약간 덜 흔들리는 걸음으로 그는 다시 들어왔고 태연하게 서 있는 세 명의 장교에게 또 인사를 하고는 사라졌다. 한 15분이 지난 뒤 똑같은 장면이 악몽처럼 되풀이되었다. 극적인 등장, 잠깐 멈춤, 인사, 그러고는 잠자는 사람들의 다리 사이로 급하게 비스듬히 통과한 뒤 속을 게워내고 돌아와 인사. 그 장면은 규칙적으로 막간을 가지면서 그렇게 연달아 끝도 없이 반복되었다. 장교 세 사람은 슬쩍 한번 쳐다보고 모자에 손을 붙여 똑바로 경례를 하는 것 외에는 그에게 다른 어떤 행동도 하지 않았다.

잊지 못할 그 밤은 그렇게 흘러갔다. 열이 나를 굴복시키기 전까지 말이다. 열이 오르자 나는 온통 오한으로 덜덜 떨며 바닥에 드러누웠다. 고틀리프가 왔다. 그는 예사롭지 않은 약을 하나 가지고 왔는데, 불법으로 증류시킨, 보드카 0.5리터로 그가 주변 지역의 농부들에게서 사온 것이었다. 그는 곰팡이와 식초와 불*에 대해서 알고 있었다. "마셔." 그가 내게 말했다. "전부 다 마셔. 몸에 좋을 거야. 아무튼 여기서 자네 병을 위

---

* 곰팡이와 식초는 불법으로 증류된 보드카를, 불은 보드카가 만들어내는 효과를 뜻하는 말로, 고틀리프 목에서 불이 날 것이라는 사실을 알았다는 의미가 유머러스하게 들어 있다.

해 우리가 가진 건 이제 아무것도 없으니까."

목구멍과 식도에 불이 날 지경이었지만 그 지옥 같은 미약을 억지로 다 마셨다. 그리고 금세 곯아떨어졌다. 다음 날 아침, 잠에서 깨어났을 때 나는 어떤 엄청난 무게에 짓눌린 듯 느꼈다. 그것은 열도 아니었고 나쁜 꿈도 아니었다. 다른 잠자는 사람들의 한 층 밑에, 일종의 인간 인큐베이터 속에 파묻혀 있었던 것이다. 밤사이에 사람들이 도착했고, 이미 바닥에 누운 사람들의 위 말고는 다른 자리를 찾지 못했던 것이다.

목이 말랐다. 보드카와 동물적 열기의 복합적 작용 덕분에 수 리터의 땀을 흘린 것이 틀림없었다. 이 독특한 치료법은 대성공을 거두었다. 열과 통증은 완전히 사라졌고 다시는 재발하지 않았다.

열차는 다시 출발했다. 몇 시간 내로 우리는 오데사에서 350킬로미터 떨어진 환승역인 즈메린카에 도착했다. 어떤 커다란 놀라움과 잔인한 실망이 그곳에서 우리를 기다리고 있었다. 그 지역의 군 사령부와 협의를 한 고틀리프는 열차를 한 칸 한 칸 돌면서 우리에게 모두 내려야 한다고 알렸다. 열차는 더 이상 나아가지 않는다는 것이었다.

더 이상 가지 않는다니, 왜? 그러면 어떻게, 언제 우리가 오데사에 도착한단 말인가? "모르지." 당혹스러워하면서 고틀리프는 대답했다. "아무도 몰라. 내가 아는 것은 단지 열차에서 내려와 플랫폼에서 어떤 식으로든 자리를 잡고 지시를 기다려야 한다는 거야." 그는 하얗게 질려 있었고 눈에 띄게 낭패한 모습이었다.

우리는 내렸고 역 안에서 밤을 보냈다. 고틀리프의 패배, 그 첫 패배는 우리에게 극도로 불길한 전조로 보였다. 다음 날 아침, 우리의 길잡이는 자신의 떨어질 수 없는 동생과 처남과 함께 사라지고 없었다. 자기들의 거대한 짐꾸러미를 모두 들고 감쪽같이 사라져버렸다. 누군가 말하기를, 그들이 러시아 역무원들과 수근대며 이야기를 나누고는 밤중에 오데사에서 폴란드 국경을 향해 다시 올라가는 군용열차에 올라타는 것을 보았다고 했다.

우리는 즈메린카에서 그 지역 러시아인들로부터 억지로 얻어낼 수 있었던 단편적인 정보들과 각자의 기질에 따라 좌절감에, 공포에, 또는 불안감에 짓눌린 채 사흘을 머물렀다. 러시아인들은 우리의 운명과 어쩔 수 없는 정차에 대해 전혀 놀라워하지 않았고 우리의 질문들에 너무나도 당황스러운 방식으로 대답했다. 러시아 사람 하나는 우리에게 그렇다고, 오데사에서 귀환하는 영국군과 미군들을 실은 여러 척의 배가 떠났다고, 그러므로 우리 역시 빠르든 늦든 간에 배를 타게 될 것이라고 말했다. 그러면서 우리에게는 먹을 것도 있고, 더 이상 히틀러도 없는데 왜 불평을 하느냐고 반문했다. 또 다른 사람은 지난주에 오데사로 여행 중이던 프랑스 사람들의 열차가 즈메린카에서 멈춰 섰고 '철로가 중단되었기 때문에' 북쪽으로 방향을 바꾸었다고 말했다. 세번째 사람은 극동지역을 향해 가는, 독일인 포로들을 태운 열차를 자신의 눈으로 보았다고 우리에게 알려주었다. 그에 따르면 사태는 분명했다. 당신네가 독일인들과 연합을 했었지 아마? 그러니 일본 전선에서 참호를 파도록 우리도 그리로 보낸다는 것이었다.

일이 복잡하게 되려니까, 사흘째 되는 날 루마니아에서 온 또 다른 이탈리아인들의 열차 한 대가 즈메린카에 도착했다. 그들은 우리와 매우 다른 모습을 하고 있었다. 약 600명 정도 되는 남자들과 여자들이었는데 옷을 잘 차려입었고 짐 가방과 트렁크들을 소지하고 있었으며 몇몇은 목에 사진기를 걸고 있는 것이 거의 관광객들 같았다. 그들은 마치 가난한 친척들을 보듯이 우리를 위에서 아래로 내려다보았다. 그들은 표를 사서 객차들로 된 정규열차를 타고 그곳까지 여행해온 것이었고 여권, 돈, 여행 서류, 명단과 함께 오데사를 통해 이탈리아로 가는 단체여행 증서를 소지했으며 질서정연했다. 만약 우리가 그들과 합류할 수 있도록 러시아인들로부터 허가를 얻을 수만 있다면, 그러면 우리도 오데사에 도착할 수 있을 것이었다.

굉장히 겸손한 척하면서, 그들은 사실 자신들이 중요한 사람들이라는 것을 우리에게 넌지시 알렸다. 그들은 부쿠레슈티 주재 이탈리아 공사관의 민간 관료들과 군인 관료들이었고 그 밖에, ARMIR✢가 해체된 후 여러 임무를 띠고, 또는 어부지리를 얻으려고 루마니아에 잔류한 다양한 사람들이었다. 그들 중에는 남편과 루마니아 현지인 아내와 많은 자식들이 함께한 일가족도 여럿 있었다.

불행히도 러시아인들은 독일인들과 달리 구분과 분류의 재능을 조금도 가지고 있지 않았다. 며칠 지나지 않아서 우리 모두는 북쪽으로, 어떤

✢ 'Armata Italiana in Russia'의 약자로 제2차 세계대전 중 러시아에 파병(1941~1943)된 이탈리아 주둔군.

확실치 않은 목적지를 향하여, 아무튼 어떤 새로운 유배지를 향하여 여행을 떠났다. 이탈리아인-루마니아인과 이탈리아인-이탈리아인 모두 다 같은 화물열차를 타고, 모두 다 심장이 움츠러들어서, 우리에게 악의를 품은 것은 아니지만 그러나 의심스럽고 태만하고 우둔하고 모순적인, 그리고 결국은 자연의 위력처럼 맹목적인, 거대하고도 어두운 힘, 그 불가해한 소비에트 관료주의의 처분에 모두 다 내맡겨진 채.

북으로
Verso nord

+   즈메린카에서 보낸 며칠 동안 우리는 거지 신세로 전락했다. 우리의 상황에서 그것 자체로는, 미지의 목적지를 향한 출발이 임박했다는 훨씬 더 중요한 전망 앞에서 특별히 비극적이라고 할 수는 없었다. 고틀리프의 즉흥적인 재능이 없었던 우리로서는 '루마니아 사람들'의 경제적 우위의 힘이 주는 충격을 고스란히 받았다. 그들은 어떤 물품이건 간에 우리보다 다섯 배, 열 배의 값을 지불할 수 있었고 또 그렇게 했다. 그들도 역시 비상식량이 바닥났고, 그리고 돈이 그다지 중요하지 않거나 또는 돈을 보유하기가 어려운 곳을 향해 떠난다는 사실을 감지하고 있었기 때문이다.

우리는 역에서 야영을 했는데 주거 지역으로 자주 넘어가곤 했다. 나지막하고 모양이 다른, 기하학과 규율을 절묘하고도 유쾌하게 비웃으면서 지어놓은 집들, 거의 줄 맞춰 나란히 선 정면 외벽들, 거의 수직인 담들, 거의 직각인 모퉁이들. 그러나 나선 모양의 뽐내는 듯한 기둥머리를 단, 원주와 비슷하게 만들어놓은 벽기둥 몇 개가 여기저기 보였다. 두툼한 초가지붕들, 검게 그을린 어두컴컴한 내부, 그 안으로 중앙에 놓인 거대한 난로, 짚으로 된 매트리스, 한쪽 구석에 놓인 검은 성상들이 엿보였다. 한 십자로에서 몸집이 거인 같은 백발의 이야기 노래꾼이 맨발로 노래를 하고 있었다. 그는 멍한 눈으로 하늘에 시선을 고정시키고 있었는데, 간간이 고개를 숙이고 엄지손가락으로 이마에 성호를 긋곤 했다.

주도로에는 진흙 바닥에 박아놓은 두 개의 말뚝에 유럽 지도가 그려진 나무판이 못 박혀 있었다. 숱한 여름들이 지나가면서 태양과 빗물로 인해 지도는 이미 색이 바랬다. 전쟁 속보로 듣는 전선의 이동 상황을 표시하는 데 쓰인 것임에 틀림없었다. 하지만 마치 아주 먼 곳에서 바라본 것처럼 기억에 의지하여 대충 그려져 있었다. 프랑스는 영락없는 카페티에라*였고, 이베리아 반도는 포르투갈에서 코가 튀어나와 있는 옆얼굴이었으며, 이탈리아는 진짜 장화 그대로였는데 살짝 비스듬히 기울어 있고 장화 바닥과 뒤축이 아주 매끈하고 나란했다. 이탈리아에는 로마, 베네치아, 나폴리, 드로네로 이렇게 네 개의 도시만이 표시되어 있었다. 즈메린카는 거대한 농촌 마을로, 잘 다져놓은 땅에 가축의 고삐를 매는 데 적합한 철봉들이 수도 없이 늘어서 있는 널따란 중앙광장으로 짐작

---

* 보통 불 위에 얹어 커피를 뽑는 금속 용기. 아래 칸에 물을 담고 금속 필터에 커피 가루를 담아 가열하면 위 칸으로 커피가 올라온다.

할 수 있듯이, 옛날에는 장이 서는 곳이었다. 지금은 완전히 텅 비어 있었고, 단지 한쪽 구석의 떡갈나무 그늘 아래서 유목민 일족이 야영을 하고 있을 뿐이었다. 수천 년 떨어진 데서 튀어나온 광경이었다.

염소 모피로 몸을 덮은 남자와 여자들. 그들은 가죽 끈으로 염소 모피를 팔다리에 감싸매고 있었다. 발에는 자작나무 껍질로 만든 일종의 신발을 신고 있었다. 그들은 여러 가족으로, 스무 명 남짓 되었다. 전쟁 병기처럼 육중하고 거대한 마차 한 대가 그들의 집이었다. 그것은 서로 끼워서 짜 맞춘 약간 네모난 횡목들로 만들어져, 통나무를 그대로 잘라놓은 튼튼한 바퀴들 위에 얹혀 있었다. 말들이 마차를 끌게 하는 것이 마음 아팠던 모양이었다. 털이 북슬북슬하고 거대한 말 네 마리가 조금 떨어진 곳에서 풀을 뜯고 있는 것이 보였다. 그들은 누구이고 어디에서 왔으며 어디로 가는 것이었을까? 우리는 알지 못했다. 그러나 그 나날들만큼은 그들이 우리와 각별히 가깝다고 느꼈다. 그들도 우리처럼 바람에 이끌려 왔고, 그들과 우리를 싣고 가는 바퀴에서, 시작도 끝도 없는 원의 그 어리석은 완벽함에서 상징을 발견한, 멀고도 알 수 없는 어떤 권력의 변덕에 내맡겨졌으니 말이다.

광장에서 멀지 않은 철길 옆에서 우리는 운명으로 가득한 또 다른 환영을 만났다. 섬세한 것, 공들여 마무리한 것이라고는 찾아볼 수 없는 그 나라의 모든 것처럼, 다듬지 않은 무거운 통나무들을 쌓아두는 곳, 그 통나무들 사이로 열두 명 남짓 되는 거친 독일인 포로들이 햇볕에 탄 채 태양 아래 엎드려 있었다. 아무도 그들을 감시하지 않았고 그들에게 명령을 내리거나 돌보지 않았다. 겉으로 보기에 그들은 잊힌 사람들이었고 완전히 자신들의 운명에 내버려진 사람들이었다.

그들은 빛바랜 누더기를 입고 있었지만, 그래도 베어마흐트✦의 자랑스런 유니폼은 알아볼 수 있었다. 초췌하고 눈이 부신 듯 찡그린, 황량한 얼굴들이었다. 자신들의 버팀목이자 자양분인 **권력**✦의 강철 같은 규율 내에서 싸우고 작업하고 사는 데 익숙해진 그들은, 바로 그 권력이 무너지자 무력하고 죽은 듯이 되어버렸다. 그 훌륭한 신민들, 모든 명령의 훌륭한 집행자들, 권력의 훌륭한 도구들은 권력의 티끌조차도 정작 자신들 것으로 소유하지 못했다. 그들은 마치 바람이 외딴 구석에 쌓아놓는 고엽들처럼 공허하고 무기력했다. 그들은 도망쳐서 스스로를 구하려고 하지 않았다.

우리를 보더니 그들 중 몇몇이 로봇처럼 비틀대며 이쪽을 향해 걸어왔다. 자기들 언어도 아닌 러시아어로 우리에게 빵을 달라고 애걸했다. 우리는 거절했다. 우리의 빵은 귀중했기 때문이다. 그러나 다니엘레는 거절하지 않았다. 다니엘레, 그에게서 독일군은 강인한 아내와 형과 부모 그리고 적어도 서른 명은 되는 친척들의 목숨을 앗아갔다. 그는 베네치아의 게토에서 습격으로부터 살아남은 유일한 생존자였으며 해방의 그날로부터 고통을 먹고 살아왔다. 그런 다니엘레가 빵을 꺼내 그 유령들

✦ Wehrmacht (독일어) 독일국방군을 지칭하는 말.
✦ 원문에서 레비는 독일이 승승장구할 때의 강대함을 나타내는 의미로 대문자를 써서 Autorità로, 그러나 똑같은 권력이 무너질 때는 소문자 autorità로 쓰고 있다. 번역에서는 대문자 대신 굵은 글씨로 나타냈다.

에게 내보이고는 바닥에 내려놓았다. 그러나 다니엘레는 그들에게 바닥을 기어와서 빵을 가져가라고 요구했다. 그들은 온순하게 그대로 했다. 연합국의 포로 집단들이 몇 달 전에 오데사에서 승선했다는 것은, 러시아 군인 몇 사람이 우리에게 말했던 대로 사실임에 틀림없었다. 그리 아늑하지 않은 우리의 임시 거처 즈메린카 역에 아직도 그 흔적들이 고스란히 남아 있었기 때문이다. 이미 말라빠진, 잔가지들로 만든 '연합국 만세'라는 글씨판을 매단 개선 아치, 스탈린, 루스벨트, 처칠의 거대하고 끔찍한 초상화들, 공동의 적에 대한 승리를 칭송하는 문구들. 그러나 세 연합 강대국들 간의 짧은 화합의 시절은 이미 종말을 향하고 있음이 분명했다. 왜냐하면 초상화들은 악천후에 씻기고 퇴색했으며 우리가 머무르는 동안에 내려졌기 때문이다. 이어서 벽을 칠하는 도장공이 왔다. 그는 역 정면을 따라 비계飛階를 세우고는 '전 세계 노동자들이여, 단결하라!'라는 글씨를 회반죽 아래로 사라지게 만들었다. 그 자리에 한 자 한 자, 전혀 다른 또 하나의 문구가 탄생하는 것을 우리는 어떤 미묘한 냉담함을 가지고 바라보았다. '브뻬롯 나 자빳', 곧 '서방을 향하여 전진'.
연합군들의 귀환은 이미 끝났지만 다른 열차들이 도착했고, 남쪽을 향해 우리 눈앞에서 떠나갔다. 이 열차들도 러시아 군용열차였다. 그러나 카토비체를 통과할 때 본 적이 있는 그 영광스럽고 가족적인 군용열차들과는 상당히 달랐다. 이 열차들에는 독일에서 돌아오는 우크라이나 여자들이 타고 있었다. 오직 여자들밖에 없었다. 남자들은 군인이 되어 전장으로 갔거나 포로로 잡혔거나 또는 독일군 손에 죽었기 때문이었다.

그녀들의 유배는 우리의 그것과는 달랐다. 전쟁 포로들의 그것과도 달랐다. 전부는 아니지만 대부분이 '자발적으로' 자기 나라를 버렸던 것이다. 라디오로, 신문으로, 선언문으로 속이고 협박했던, 치밀하고 중압적인 나치의 선전과 기만에 뒤틀리고 갈취되고 강제된 자발적 의지였다. 그렇다 해도 그것은 자의自意, 동의였던 것이다. 16세에서 40세가량의 농촌 아낙네, 여학생, 여공 등 수십만 명의 여자들이 침략자의 빵을 얻기 위해 황폐해진 들과 폐쇄된 학교와 파괴된 공장을 떠났던 것이다. 적지 않은 수가 어머니들이었고 빵을 벌기 위해 자식들을 떠났다. 그녀들은 독일에서 빵을 발견했고, 철조망과 중노동과 독일의 명령과 노예 신세와 부끄러움을 발견했다. 그리고 이제, 그 부끄러움의 무게에 짓눌린 채, 기쁨도 희망도 없이 귀환하고 있었다.

승전국 러시아는 그녀들에게 베풀 관대함을 갖고 있지 않았다. 그녀들은 종종 지붕도 없는, 좀더 많이 공간을 활용하기 위해 판자로 좌우를 나누어놓은 화물칸에 몸을 실은 채 집으로 돌아가야 했다. 각 칸마다 60~80명의 여자들이 타고 있었다. 그녀들은 짐도 없었다. 그저 색 바래고 낡아빠진 입고 있는 옷뿐이었다. 아직 단단하고 건강한 젊은 육신들, 그러나 폐쇄적이고 씁쓸한 얼굴들, 회피하는 눈길들, 마음을 어지럽히는 동물적인 굴욕과 체념. 열차가 역에 정차했을 때 느릿느릿 풀어지던 사지의 저 복잡한 얽힘으로부터는 아무런 소리도 나오지 않았다. 아무도 그녀들을 기다리지 않았고 아무도 그녀들을 알아보는 것 같지 않았다. 그녀들의 무기력함, 그녀들의 고립, 그녀들의 슬픈 염치없음은 굴욕을 당하며 길들여진 동물들의 그것이었다. 우리만이 연민과 슬픔으로 그녀들이 지나가는 것을, 유럽을 쓰러뜨린 재앙의 새로운 면모와 새로운 증거를 그 자리에서 지켜보았다.

✢   운명의 불확실성과 실망에서 생겨난 심각한 불안감이 우리가 지켜본 즈메린카의 광경들 속에서 확인되었고 침울하게 공명했다. 우리는 그 심각한 불안감에 짓눌린 채 6월 말, 즈메린카에서 출발했다.

'루마니아 사람들'을 포함하여 우리 이탈리아인들은 총 1,400명이었다. 우리는 서른 량 남짓한 화물칸에 실렸고 이 화물칸들은 북행하는 열차에 연결되었다. 즈메린카에서 그 누구도 우리에게 목적지를 정확하게 알려주려 하지 않았고 아니, 알지도 못했다. 그런데 우리는 북쪽으로, 바다에서 멀리, 이탈리아에서 멀리, 포로 신세와 고독과 어둠과 겨울을 향해 가는 것이었다. 이 모든 것에도 불구하고 우리는 여행 보급품이 배급되지 않았다는 것을 좋은 징조로 받아들였고, 아마 이번 여행은 길지 않을 것이라고 판단했다.

아닌 게 아니라 우리는 정차도 몇 번 하지 않고, 황량한 대초원과 삼림, 외딴 마을들과 느리게 흐르는 넓은 강물의 장엄하고 단조로운 풍경을 통과하며 불과 이틀 낮과 하룻밤을 여행했다. 우리는 모든 화물칸에 꽉꽉 차 있어서 불편하기 짝이 없었다. 첫날 저녁, 정차 때를 이용하여 체사레와 나는 다리를 펴기 위해, 또 좀더 나은 거처를 찾아보기 위해 열차에서 내렸다. 우리는 앞머리에 여러 칸의 객차가 있는 것을 알아차렸다. 한 칸은 의무실이었고 비어 있는 것 같았다. "여기 타자!" 체사레가 제안했다. "금지되어 있잖아." 나는 활기 없이 대답했다. 사실, 왜 금지되어야 하고, 또 누가 금지한단 말인가? 게다가 금지에 대한 서방의(특히 독일의) 신조는 러시아에서 그리 깊은 뿌리를 내리고 있지 않다는 것을 우리는 이미 여러 기회를 통해 확인할 수 있었다.

의무실 칸은 비어 있었을 뿐만 아니라 시바리스인들[*] 같은 세련됨도 묻어났다. 물과 비누를 갖춘 효율적인 세탁 공간, 바퀴의 흔들림을 줄여주는 부드럽기 그지없는 완충 장치, 조절 가능한 용수철이 달린, 새하얀 시트와 따뜻한 담요를 완비한 근사한 침대들. 심지어 내가 고른 침대의 머리맡에서 나는 이탈리아어로 된 책 한 권을, 운명의 너무나 너그러운 선물을 발견했다. 어릴 때부터 한 번도 읽은 적이 없었던 『팔 거리의 소년들』이었다. 동료들이 우리가 실종되었다고 생각하는 동안, 우리는 꿈 같은 밤을 보냈다.

여행의 둘째 날이 저물어갈 무렵, 석류석처럼 붉은 태양이 마법에 걸린 듯 천천히 나무줄기들 사이로 비스듬히 기울면서 물과 숲, 비록 무기들과 군용차량들의 잔해가 흩어져 있긴 하지만 그래도 웅장한 평원을 핏빛으로 물들이는 동안, 기차는 베레시나 강을 건넜다. 몇 시간 뒤, 한밤중에 격렬한 태풍이 절정에 달한 가운데 여행은 끝났다. 폭우 아래, 칸

---

[*] 시바리스는 이탈리아 남부에 있는 고대 그리스의 도시로 그곳 사람들은 나태와 향락으로 유명했다.

간이 번개로 부서지는 칠흑 같은 암흑 속에 우리는 열차에서 내려졌다. 30분 동안 한 줄로 서서 풀밭과 진창 속을, 마치 장님처럼 앞 사람을 부여잡고 걸었다. 누가 맨 앞에서 대오를 이끌었는지 모르겠다. 결국 우리는 뼛속까지 젖은 채 폭격으로 반쯤 파괴된 어두운 건물에 도착했다. 비는 계속 내렸고 바닥은 진흙투성이에 흠뻑 젖어 있었으며 지붕의 구멍들에서 빗물이 떨어졌다. 지치고 무기력해진 우리는 비몽사몽 속에서 날이 밝기를 기다렸다.

눈부신 날이 밝았다. 우리는 밖으로 나왔고 그때야 비로소 우리가 어떤 극장의 1층에서 밤을 보냈다는 것과, 파괴되고 버려진 소비에트 병사 건물들의 거대한 복합체 속에 있다는 것을 알게 되었다. 모든 건물들은 게다가, 독일인들이 한 짓답게 세심하게 황폐화되고 약탈당해 있었다. 도망가던 독일군들이 문, 쇠창살, 난간, 조명 기구 및 난방 기구 일체, 수도관, 심지어는 울타리의 말뚝까지, 가져갈 수 있는 것은 모조리 다 가져간 것이다. 벽에서는 마지막 못 하나까지 뽑혀나갔다. 근처의 지선 철로에서는 레일과 침목들이 떼어졌다. 이에 맞는 특수 기계를 가지고 떼어냈다고 러시아 군인들이 말해주었다.

그러니까, 이것은 약탈 이상이었다. 파괴의 천재, 창조에 대항하는 천재가 아우슈비츠에서와 마찬가지로 여기에도 있었다. 모든 전쟁에 대한 필요성이나 전리품에 대한 충동 저 너머에 비움에 대한 집착이 있었다. 하지만 그들은 벽 전체를 뒤덮고 있는 저 잊을 수 없는 프레스코화마저 가져갈 수는 없었다. 익명의 몇몇 시인-군인들이 그린 순수하고 강렬하고 다듬어지지 않은 작품들이었다. 검과 투구와 곤봉으로 무장한 세 명의 거대한 기사들이 언덕 위에 멈춰 서서, 정복할 처녀지의 끝없는 지평선을 향해 시선을 보내고 있는 모습이었다. 의도상으로는 존경 어린 애정을 담아, 실제로는 신성모독적인 대담함을 가지고, 각각 콧수염과 턱수염, 안경과 같은 특징들로 알아볼 수 있는 스탈린, 레닌, 몰로토프⁺가 재현되어 있었다. 벽만큼이나 커다란 거미줄 한가운데는 지저분한 거미 한 마리가 있다. 거미는 두 눈 사이에 비스듬히 검은 털뭉치가 나 있었고 등에 나치 문장을 가졌는데 아래에 '히틀러 침략자들에게 죽음을'이라고 적혀 있다. 사슬에 묶여 있는, 키가 크고 금발인 소비에트 병사 한 명이 수갑이 채워진 한 손을 들어 자신의 재판관들을 심판하고 있다. 그리고 이 재판관들은 수백 명으로, 모두가 한 사람을 향해 원형극장식 법정의 긴 걸상들에 앉아 있는데, 노란색과 회색의 얼굴을 하고 있는 징그러운 인간─곤충들이다. 그 얼굴들은 해골처럼 무시무시하고 뒤틀리고 갈고리같이 생겼다. 그들은 포로 영웅의 예언자적 몸짓에 무無로 쫓겨나, 빛을 피해 도망가는 망령들처럼 몸을 뒷사람 쪽으로 밀며 물러나고 있다.

유럽 각국에서 온, 우리처럼 거쳐가는 수천 명의 외국인들이, 일부는 이 유령 같은 병사 건물들에서, 일부는 덤불로 뒤덮인 넓은 안뜰에서 옥외 야영을 하며 지내고 있었다.

⁺ V. M. Molotov 1890~1986. 러시아의 정치가이자 외교관. 외무인민위원으로 제2차 세계대전 전후에 소련 외교를 담당했다.

태양의 이로운 온기가 습한 땅으로 스며들기 시작하자 우리 주위의 모든 것에서 김이 났다. 나는 극장에서 수백 미터를 걸어 나와 수풀이 빽빽한 초원으로 들어갔다. 거기서 옷을 벗고 태양에 몸을 좀 말릴 생각이었다. 그런데 초원 한가운데에서 흡사 나를 기다렸다는 듯이 누군가 서 있었다. 누구를 보았겠는가, 내 친구 모르도 나훔이 아니라면! 호사스럽게 비대해진 모습 때문에 그리고 그가 입고 있던 소비에트군 제복에 가까운 옷 때문에 하마터면 그를 알아보지 못할 뻔했다. 그는 올빼미의 희멀건 눈을 하고 나를 바라보았다. 그의 두 눈은 붉은 수염을 기른 장밋빛 둥근 얼굴 속에 푹 꺼져 들어가 있었다.

그는 나를 형제같이 따뜻하게 맞아주었고, 그들 그리스인에게 그토록 몹쓸 통치를 했던 연합국에 대한 나의 짓궂은 질문은 들은 체 만 체했다. 그는 내가 어떻게 지내는지 물었다. 뭐가 필요하지? 음식? 옷? 그렇지, 나는 많은 것이 필요했으므로 그것을 부정할 수 없었다. "마련될 거야." 그는 인자하고도 모호하게 내게 대답했다. "내가 여기서는 중요하거든." 그는 잠깐 말을 멈추더니 다시 덧붙였다. "자네, 여자 필요한가?"

✚   나는 놀라서 그를 바라보았다. 혹시 내가 잘못 알아들은 것이 아닐까 의심했다. 그러나 그리스인은 손을 둘러 커다랗게 수평선에 반원을 그렸다. 키 큰 풀숲 가운데 햇볕을 받으며 여기저기 흩어져 졸음에 겨워 누워 있는 스무 명 남짓 되는 덩치 좋은 처녀들이 눈에 들어왔다. 그녀들은 강인한 등과 우람한 체격, 소처럼 평온한 얼굴을 한 혈

색 좋은 금발의 피조물들로, 조야하고 어울리지 않는 가지각색의 의상을 입고 있었다. "베사라비아 출신들이야." 그리스인이 내게 설명했다. "모두 내게 소속돼 있지. 러시아 사람들은 저런 여자들을 좋아해. 하얗고 포동포동하거든. 내가 오기 전에는 엉망이었는데 내가 관리하고부터는 모든 것이 놀랍도록 잘 돌아가고 있어. 청결 상태, 골고루 갖춘 상품들, 신중함, 그리고 돈 문제로 왈가왈부하지도 않고. 수지맞는 사업이기도 해. 또 가끔은 '무아 오시, 지 프랑 몽 플레지르'."✢

삶은 달걀에 대한 에피소드와 "내가 장사해본 적 없는 품목이 있나 어디 한번 대보라고!" 하던 그리스인의 경멸에 찬 도전적인 말이 새삼스레 떠올랐다. 아니, 나는 여자를 필요로 하는 게 아니었다. 적어도 그런 의미로는 아니었다. 우정 어린 대화를 나누고 나서 우리는 헤어졌다. 그때 이후로 나는, 구유럽을 휩쓴 소용돌이가 가라앉았다가 혼란스러운 이합집산 속으로 유럽을 다시 끌고 들어가는 바람에, 나의 그리스인 스승을 다시는 보지 못했고 그에 대한 이야기도 더는 듣지 못했다.

✢ Moi aussi, j'y prends mon plaisir. (프랑스어) 나 역시, 그걸 즐기곤 하지.

쿠리제타
Una curizetta

❖　　　　내가 뜻밖에도 모르도 나훔을 다시 만나게 되었던 집결 수용소는 슬루츠크라 불리는 곳이었다. 소비에트연방의 정확한 지도를 놓고 이 이름을 가진 조그만 마을을 찾는 사람은 약간의 인내심만 있으면 백러시아에서 민스크 남쪽으로 100킬로미터 정도 떨어진 지점에서 이 마을을 발견할 수도 있을 것이다. 그러나 우리의 마지막 행선지인 스타리예 도로기라는 이름의 마을은 그 어떤 지도에도 표시되어 있지 않다.

1945년 7월, 1만 명의 사람들이 슬루츠크에 머물렀다. 그들을 그냥 사람들이라고 부르련다. 왜냐하면 그 이상 어떤 한정적인 수식어도 적합하지 않을 테니까. 남자들, 그리고 상당수의 여자들과 아이들이 있었다. 가톨릭교도, 유대인, 그리스정교도, 이슬람교도들이 있었고 백인, 황인,

그리고 미군 제복을 입은 여러 명의 흑인들이 있었다. 독일인, 폴란드인, 프랑스인, 그리스인, 네덜란드인, 이탈리아인 그리고 기타 국적의 사람들이 있었다. 거기에다 오스트리아인이라고 주장하는 독일인, 스위스인이라고 스스로를 밝히는 오스트리아인, 이탈리아인이라고 밝히는 러시아인, 남장여자 한 명, 심지어 누더기를 걸친 사람들 가운데에서 눈에 띄게 예복을 차려입은, 싸우기 좋아하고 옷이 알록달록한, 닭처럼 멍청한 마자르 장군도 한 명 있었다.

슬루츠크에서는 지내기가 좋았다. 날씨는 더웠고, 그것도 너무 더웠고 바닥에서 잠을 자야 했지만 할 일은 없었고 모두에게 돌아갈 만큼 먹을 것이 있었다. 오히려 식당은 훌륭했다. 러시아 군인들이 1주일마다 돌아가면서 수용소 내의 대표적인 주요 국적의 사람들에게 일을 맡겼다. 환하고 깨끗한 넓은 장소에서 식사를 했다. 탁자마다 8인용으로 세팅이 되어 있었고 검사도 없고 순번도, 줄 설 필요도 없이 제시간에 와서 앉기만 하면 되었다. 그러면 금세 자원 조리사들의 행렬이 놀라운 요리와 빵과 차를 가지고 왔다. 우리가 머물렀던 짧은 기간 동안에는 헝가리인들이 권력을 쥐고 있었다. 그들은 뜨거운 스튜와 프레체몰로[+]를 넣어 만든, 믿을 수 없을 만큼 많은 양의 설탕을 친 엄청난 양의 스파게티를 요리했다. 게다가 자기 나라 우상들에게 충실해서, 조그만 집시 악단을 결성했다. 이들은 자국의 음악가 6명으로, 벨벳 바지와 수놓은 가죽조끼를

[+] 이탈리아 파슬리.

입고 위풍당당하게 그리고 땀을 뚝뚝 흘리며, 먼저 소비에트 국가와 헝가리 국가 그리고 (강인한 헝가리 유대인 집단에 대한 존경의 표시로) 하티크바✢를 연주한 다음 경박한 차르다시✢를 끝도 없이, 마지막 한 사람이 숟가락을 놓을 때까지 계속 연주했다.

수용소는 담이 둘러져 있지 않았다. 단층 또는 2층으로 된, 다 쓰러져가는 건물들로 이루어졌는데 이 건물들은 아마도 과거에 연병장이었을, 풀이 무성한 넓은 공터의 네 면에 줄지어 서 있었다. 러시아의 무더운 여름날 작열하는 태양 아래 공터에는 잠을 자는 사람들, 이를 잡거나 옷을 수선하는 사람들, 임시변통으로 불을 지펴 요리를 하는 데 열심인 사람들이 흩어져 있었다. 그리고 축구나 비릴로✢를 하는, 좀더 생기 있는 그룹들로 공터는 활기를 띠었다. 공터 중앙에는 정사각형의 나지막하고 거대한 나무 막사가 솟아 있었는데 세 개의 입구가 같은 면에 나 있었다. 그 세 입구의 문틀 위에는 서투른 손으로 연단鉛써을 가지고 굵직한 키릴 문자로 각각 '무즈스카야', '젠스카야', '아피체르스카야', 즉 '남자용', '여자용', '장교용'이라고 서툴게 쓰여 있었다. 이 막사는 수용소의 공중화장실이었고 동시에 수용소의 가장 두드러진 특징이었다. 내부에는 그저 판자를 울퉁불퉁하게 이어붙인 마룻바닥만이 깔려 있고 거기에는 마치 거대한 라블레풍✢의 구구단 표처럼 열 개씩 열 줄로 100개의

✢ Hatikvà 이스라엘 국가.
✢ csárdás 헝가리의 민속무용 또는 무곡.
✢ birillo 볼링과 유사한 놀이.

구멍이 나 있었다. 세 개의 성性에 지정된 구획 공간들 간에는 구분이 없었다. 아니면 있었는데 사라진 것인지도 몰랐다. 러시아 지휘부는 수용소에 전혀 신경 쓰지 않아서 과연 존재하는지조차 의심스러울 정도였다. 그러나 우리가 매일 식사를 할 수 있는 걸 보면 지휘부는 존재하는 게 틀림없었다. 다른 말로 하자면, 착한 지휘부였다. 슬루츠크에서 우리는 열흘 정도 머물렀다. 기억이 닻을 내릴 만한 사건도, 만남도 없는 공허한 나날들이었다. 하루는 사각형의 병사 건물들로부터 나와서 식용 풀을 뜯으러 평원으로 들어갔다. 그런데 30분을 걷고 나니, 마치 바다 한가운데에 있는 것처럼 나무 한 그루, 언덕 하나, 목표로 할 만한 집 한 채 없는 지평선 한가운데에 있게 되었다. 산과 언덕의 장막들과 사람들로 가득한 평야에 익숙한 우리 이탈리아인들에게 러시아의 웅장하고 광활한 공간은 현기증을 일으켰다. 그리고 고통스러운 기억들로 마음을 무겁게 했다. 나중에 우리는 뜯어온 풀들을 삶아보았지만 그다지 유용하지는 못했다.

나는 다락에서 산과학産科學 논문을 발견했다. 독일어로 쓰인, 컬러 삽화가 들어가 있는 묵직한 두 권짜리 논문이었다. 인쇄된 종이라면 뭐든지 닥치는 대로 읽는 약점을 가진 나는 1년이 넘도록 그것에 굶주려 있었기에 두서없이 책을 읽으면서, 또는 야생의 풀밭 한가운데에서 햇빛을 쬐며 잠을 자기도 하면서 시간을 보냈다.

✢ François Rabelais 1494년경~1553. 프랑스의 작가, 의사, 인문주의자로 프랑스 르네상스 문학의 최고 걸작인 『가르강튀아와 팡타그뤼엘』을 썼다. 라블레풍은 상스러우면서 호방하다는 의미다.

어느 날 아침, 사람들 사이에 번개같이 빠르고 불가사의한 속도로, 우리가 슬루츠크를 떠나게 되었다는 소문이 퍼졌다. 걸어서 70킬로미터 떨어진 스타리예 도로기로 가서 이탈리아인들만의 수용소에 머무르기 위해서라는 것이었다. 이와 유사한 상황이라면 독일군들은 출발 시간, 지정된 준비물, 구간별 시각 예정표 그리고 저항하는 사람들은 사형이라는 것을 명시하여 두 가지 언어로 선명하게 인쇄한 고지문을 벽 여기저기에 붙였을 것이다. 반면에 러시아 군인들은 명령이 저절로 퍼지도록, 그리고 이동 행군이 스스로 조직되도록 내버려두었다.

소식은 어느 정도의 동요를 불러왔다. 열흘 동안 우리는 슬루츠크에 제법 잘 적응했고, 무엇보다도 알지도 못하는 어떤 또 다른 비참한 상황에 맞서 슬루츠크 주방의 믿기 어려운 풍요로움을 포기해야 한다는 사실이 두려웠던 것이다. 게다가 70킬로미터는 장거리였다. 우리 중 누구도 그렇게 장거리 행군을 위한 훈련이 되어 있지 않았고, 소수만이 그에 맞는 신발을 갖고 있었다. 우리는 러시아 사령부로부터 좀더 정확한 정보를 얻으려고 노력했지만 허사였다. 기껏 얻어낸 정보라고는 7월 20일 아침에 출발해야 한다는 것과 진짜 러시아 사령부는 존재하지 않아 보인다는 것이 전부였다.

7월 20일 아침, 우리는 중앙광장에 마치 대규모의 집시 카라반처럼 모여 있었다. 마지막 순간에 슬루츠크와 스타리예 도로기 사이에 지선 철로가 존재한다는 사실을 알게 되었다. 그러나 기차를 탈 수 있는 이들은 여자들과 어린아이들 그리고 늘 그렇듯이 연줄 있는 사람들, 마찬가지로 늘 그렇듯이 영리한 사람들뿐이었다. 게다가 우리의 운명을 지배하던 취약한 관료주의를 속이는 데에는 그다지 대단한 용의주도함이 필요한 것도 아니었다. 하지만 결국, 당시에 그 사실을 알고 있는 사람은 많지 않았던 것이다.

10시경에 출발 명령이 떨어졌다. 그리고 곧 취소 명령이 떨어졌다. 여기에 다른 수많은 허위 출발 명령이 이어졌고, 그리하여 겨우 정오 무렵이 되어서야 식사도 안 한 상태로 우리는 이동하게 되었다.

슬루츠크와 스타리예 도로기에는 큰 고속도로가 지나가는데, 바르샤바와 모스크바를 잇는 바로 그 도로다. 당시에 이 도로는 완전히 버려져 있었다. 도로 양쪽에 말 전용의 맨흙길 두 개가 나 있고 가운데에는 아스팔트 포장도로가 나 있었는데, 폭발과 장갑차들의 바퀴 체인으로 심하게 훼손되어서 다른 두 흙길과 별반 다를 바가 없었다. 사람 사는 마을이 거의 없는, 그래서 기나긴 직선 구간들로 이루어진 이 도로는 끝없는 평원을 가로지르고 있었다. 슬루츠크와 스타리예 도로기 사이에는 살짝 굽은 커브길이 단 한 곳 있을 뿐이었다.

우리는 일종의 자신감을 가지고 출발했다. 눈부신 날씨였고 충분히 영양을 섭취한 상태였으므로 저 전설적인 나라의, 프리파치 습지의 심장부를 걸어가는 긴 행군에 대한 생각은 그 자체로 어떤 매력을 가지고 있었던 것이다. 그러나 얼마 못 가서 우리는 생각을 바꾸게 되었다.

내 생각에, 유럽의 다른 어떤 지역에서도 열 시간을, 악몽 속에서처럼 항상 같은 자리에 있는 자신을 발견하면서 걷는 일은 일어날 수 없다. 앞으로는 언제나 지평선까지 직선 길이 뻗어 있고 양쪽으로는 스텝과 숲이며 등 뒤로는 항상 또 다른 길이 반대편 지평선까지 배가 지나간 항적航跡처럼 뻗어 있는 것이다. 마을도, 집도, 연기도 없고, 다만 얼마만이라도 전진했다는 것을 표시하는 이정표 하나 없었다. 까마귀떼나 바람 속을 누비며 느긋하게 나는 몇 마리 매가 아니면 살아 움직이는 생명체를 만날 수도 없었다.

몇 시간 행군을 하고 나자, 처음에는 뭉쳐 있던 행렬이 이미 2~3킬로미터에 걸쳐 풀어져 있었다. 행렬의 끝에는 말 두 마리가 끌고 부루퉁한 얼굴의 괴물 같은 부사관이 모는 조그만 러시아 군용마차가 따르고 있었다. 그는 전쟁에서 두 입술을 잃었고 코에서 턱까지 그의 얼굴은 무시무시한 해골이었다. 내 생각에, 그는 기진맥진한 사람들을 모아 태웠어야 했지만 그 대신, 사람들이 피곤 때문에 더 이상 들고 가는 것을 포기하고 차츰차츰 길에다 버린 짐들을 부지런히 끌어모으는 데 열중했다. 잠시 동안 우리는, 도착했을 때 그가 짐들을 돌려줄 것이라고 착각했다. 그러나 부사관은 멈춰 서서 마차 기다리기를 시도한 맨처음 사람을 고함과 마른 채찍 소리, 발음이 분명치 않은 협박들로 맞았다. 내 개인 짐 가운데 가장 무거운 것에 해당했던 산과학 논문 두 권도 이런 식으로 끝이 났다.

해질 무렵, 우리 그룹은 이미 외따로 떨어진 채 나아가고 있었다. 내 옆에는 온화하고 참을성 많은 레오나르도와 갈증과 피곤으로 괴로워하면서 다리를 절뚝거리는 다니엘레, 시뇨르 운버도르벤과 트리에스테 출신인 그의 친구, 그리고 당연히 체사레가 걷고 있었다.

길의 잔인한 단조로움을 중단시켜주는 유일한 커브 길에서 우리는 잠시 숨을 돌리려고 멈추었다. 아마도 전쟁이 휩쓸어간 어느 마을의 눈에 보이는 유일한 잔해일지도 모를, 지붕이 벗겨진 오두막이 한 채 서 있었다. 그 뒤쪽으로 우물이 하나 있는 것을 발견하고 우리는 강렬한 기쁨을 느끼며 갈증을 해소했다. 우리는 피곤했고 발은 퉁퉁 부었고 상처투성이였다. 이미 오래전에 나는 대주교의 것 같은 신발을 잃어버리고, 누군가가 신던 사이클 선수의 것 같은 깃털처럼 가벼운 한 켤레의 신발을 물려받았다. 하지만 신발 볼이 좁아서 중간 중간 그것을 벗을 수밖에 없었고 때때로 맨발로 걸어야 했다.

우리는 짧은 회의를 열었다. 만약 저자가 우리를 밤새도록 걷게 한다면? 별반 놀랄 일도 아니었다. 한번은 카토비체에서 러시아 군인들이 우리에게 24시간 동안 기차에서 장화의 하적 일을 시키면서 그들도 우리와 함께 일을 한 적이 있었던 것이다. 왜 우리가 숲으로 들어가 숨지 않겠는가? 스타리예 도로기에는 다음 날 아침 완전히 차분하게 도착할 테고, 저 러시아 군인은 점호를 위한 명단을 갖고 있지 않은 게 확실했다. 밤기온도 미지근한 게 차지 않았고, 물도 있었고, 그리고 여섯 명 모두가 가진 것을 통틀어 많진 않았지만 저녁으로 먹을 거리도 있었다. 오두막은 파괴되었지만 그래도 우리가 이슬을 피할 만한 약간의 지붕은 남아 있었다.

"아주 좋아." 체사레가 말했다. "난 한다. 오늘 저녁에는 통닭구이를 해먹겠어."

그렇게 해서 우리는 해골과 함께 마차가 지나갈 때까지 덤불 속에 숨어 있었고 마지막 낙오자들이 우물에서 떠나갈 때까지 기다렸다. 그리고 우리의 야영지를 장악했다. 우리는 땅바닥에 담요를 깔고 꾸러미를 풀고 불을 지피고 빵과 기장이 든 '카샤'와 완두콩 한 깡통으로 저녁을 준비하기 시작했다.

"저녁은 무슨," 체사레가 말했다. "완두콩은 무슨. 자네들 잘 못 알아들은 모양인데, 나는 오늘 저녁에 잔치를 하고 싶단 말이야. 그러니까 통닭구이를 해먹겠다고."

체사레는 길들일 수 없는 인간이었다. 나는 그것을 이미 그와 함께 카토비체의 시장들을 돌았을 때 확신할 수 있었다. 오밤중에, 프리파치 습지 한가운데에서, 러시아어도 모르고 돈도 없이 닭을 찾는다는 것은 터무니없는 계획이라고 그에게 아무리 설명을 해도 소용없었다. 그의 마음을 가라앉히려고 '카샤'를 2인분이나 줘도 헛일이었다. "자네들은 '카셰타'+나 드셔. 혼자서라도 닭을 찾으러 가겠어. 하지만 이제는 나를 더 이상 못 볼 거야. 그럼 본관은 자네들과 러시아 군인들과 막사에 인사를 하고, 이만 가네. 그리고 이탈리아에는 혼자서 돌아갈 거야. 어쩌면 일본을 지나서 갈지도 모르지."

내가 그를 따라가겠다고 한 것은 바로 그때였다. 닭 때문이거나 협박 때

+ '카셰타'는 체사레가 '카샤'를 이탈리아식으로 어미 –etta를 붙여 쓴 말이다.

문이 아니라, 그저 그를 아끼는 마음에 뭔가를 하는 그가 보기 좋았기 때문이다.

"브라보, 라페." 체사레가 내게 말했다. 라페는 나다. 아주 오래전 체사레가 내게 그런 별명을 붙였고 아직까지도 나를 그렇게 부른다. 이유는 이렇다. 익히 알려져 있듯이 라거에서 우리는 머리를 빡빡 깎였다. 빡빡민 머리로 1년을 지낸 뒤, 해방되었을 때 모두에게 그리고 특히 내게 머리카락이 희한하게도 부드러운 직모로 다시 자라났던 것이다. 당시에 내 머리카락은 아직 많이 짧았고 체사레는 토끼 모피를 생각나게 만든다고 주장했다. 이제 '토끼', 아니 '토끼 가죽'은 체사레가 전문가인 상품 은어에서 바로 라페라고 부른다. 반면에 다니엘레는, 고대의 예언자처럼 정의와 복수에 목말라 있는, 턱수염이 덥수룩하고 머리털이 뻣뻣하게 쭈뼛 서고 얼굴을 찡그리고 있는 다니엘레는 '코랄리'라고 불렀다. 왜냐하면 '코랄리네'(유리구슬) 비가 내리면 네가 다 꿰어 갈 테니까, 라고 체사레는 말했다.

"브라보, 라페." 그가 내게 말했다. 그러고는 내게 자신의 계획을 설명했다. 사실, 체사레는 정신 나간 목표들을 세우곤 하지만 그것들을 매우 실제적인 감각을 가지고 추구한다. 닭은 그가 꿈을 꾼 것이 아니었다. 오두막에서 북쪽 방향으로 잘 다져진, 그러니까 최근에 난 오솔길을 슬쩍 보았던 것이다. 그 길은 마을로 이르는 길일 수도 있었다. 이제 마을이 있다면 닭들 또한 있을 것이었다. 우리는 밖으로 나왔다. 이미 사위는 어둑어둑해졌고 체사레가 옳았다. 겨우 감지할 수 있는 굴곡진 땅의 저 끝자락 위로, 약 2킬로미터 남짓 되는 거리에, 나무줄기들 사이로 작은 램프가 빛나는 것이 보였다. 그렇게 해서 우리는 덤불 한가운데에서 넘어질 뻔하기도 하고 탐욕스러운 모기떼에 쫓기기도 하면서 출발했다. 우리는 우리 그룹에서 떼어갈 수 있다고 결론을 내린 유일한 교환 물품을 가져갔는데, 그것은 러시아 군인들이 전에 군사 비품으로 우리에게 나누어준 여섯 개의 평범한 도기 접시였다.

우리는 어둠 속에서 길을 잃지 않으려고 조심조심 걸으면서 간간이 소리를 질러보았다. 마을 쪽에서는 아무런 응답이 없었다. 약 100미터 정도 근처에 왔을 때 체사레는 멈춰 서더니 숨을 들이쉬고는 소리를 질렀다. "헤이, 아 러시아 사람들아, 우리는 친구요. 이탈리안스키. 닭 한 마리 팔지 않겠어요?" 이번에는 응답이 왔다. 어둠 속에서 섬광이 번뜩이더니 마른 일발의 총격, 그리고 우리 머리에서 몇 미터 위로 총알이 핑 하고 날아가는 소리. 그 와중에도 나는 접시를 깨지 않으려고 천천히 바닥에 엎드렸다. 그런데 체사레는 격분해서 그대로 서 있었다. "아 제기랄! 친구라고 했잖소. 반듯한 집 자식들이오, 그러니 말 좀 하게 해주시오. 우리는 닭을 원해요. 우리는 산적도 아니고 도이체도 아니오. 우리는 이탈리안스키라고요!"

또 다른 총격은 없었고, 이미 언덕 끝자락에 사람들의 윤곽이 보였다. 설득력 있게 말을 계속하는 체사레가 앞에 서고, 한 번 더 땅바닥에 몸을 던질 준비를 갖춘 나는 뒤에 서서 조심스럽게 다가갔다.

드디어 마을에 도착했다. 조그마한 마당 주위로 목조 가옥이 대여섯 채

밖에 없었다. 서른 명 남짓 되는 주민 전체가 마당에서 우리를 기다리고 있었다. 주민의 대다수가 늙은 농부 아낙네들이었고, 아기들과 개들까지 모두가 경계하는 기색이 역력했다. 그 조그만 무리 사이로 수염이 덥수룩한 거구의 노인이 나타났다. 총을 쏜 사람이었다. 밑으로 내린 팔에 아직 머스켓총을 들고 있었다.

체사레는 작전을 맡은 자신의 역할은 이미 다했다고 생각하고 이번에는 내가 나설 차례라며 나를 불렀다. "이제 네 차례야. 뭘 기다리는 거야? 어서, 우리는 이탈리아 사람들이고 누구도 해칠 생각이 없고, 그저 구워 먹을 닭을 사려는 거라고 저들에게 설명해봐."

사람들은 미심쩍은 호기심으로 우리를 지켜보고 있었다. 비록 두 명의 탈주자 같은 행색이었으나 분명 위험한 사람들은 아니라고 확신하는 듯했다. 늙은 아낙네들은 떠들던 것을 멈추었고 개들도 조용해졌다. 총을 든 노인이 우리에게 알아들을 수 없는 질문들을 던졌다. 나는, 러시아어라고는 100단어 정도밖에 몰랐고 그 단어들 중 무엇 하나 이 상황에 적합하지 않았다. '이탈리안스키'만 빼고 말이다. 그래서 나는 노인이 주위 사람들에게 '이탈리안스키'라고 말할 때까지, 그 단어를 여러 번 반복했다.

일단 좀더 현실적인 체사레가 자루에서 접시들을 꺼내더니 시장에서처럼 바닥에 잘 보이도록 다섯 개를 진열하고 여섯 개째 접시를 손에 들었다. 그리고 제대로 소리가 나는지를 들려주기 위해 접시 가장자리를 손톱으로 튕겼다. 이 광경을 바라보던 농부 아낙네들이 재미있어하면서 호기심을 보였다. "타렐키,"(접시!) 한 여자가 말했다. "타렐키, 다!"(네, 접시예요!) 우리가 내놓은 물품의 이름을 알게 된 내가 기뻐하면서 대답했다. 그들 중 한 여자가 체사레가 보여주는 접시를 향해 주저하며 손길을 뻗었다.

"아니, 무슨 생각을 하는 거야?" 활기 있게 접시를 뒤로 빼며 그가 말했다. "이것들을 선물로 주는 게 아니거든." 그러고는 화가 나서 나를 돌아보았다. 그러니까, 접시 대신 닭을 달라고 하지 않고 무얼 기다리느냐는 것이었다. 도대체 공부는 무엇 때문에 한 거야?

나는 몹시 당황했다. 러시아어는 인도유럽어라고들 한다. 그리고 닭은 우리의 공통 조상들 때부터 알려져 있었음이 틀림없다. 물론 그들이 근대의 여러 인종 분파로 갈라지기 이전 시절에 말이다. '히스 프레투스'✢ 즉, 이런 멋진 이론적 기반 위에서, 나는 '닭'과 '새'를 내가 알고 있는 모든 방식으로 말해보았지만 아무런 가시적인 성과도 얻지 못했다.

체사레도 당황했다. 그는 속으로 독일인들이 독일어를 말하고 러시아인들이 러시아어를 말한다는 것을 결코 이해하지 못했고, 어떤 엉뚱한 악의 때문이 아니고서야 그럴 리가 없다고 믿었다. 그리고 바로 그 악의의 세련됨 때문에 그들이 이탈리아어를 못 알아듣는 척하는 것이라고 마음속으로 확신하고 있었다. 악의 때문이거나 아니면 지독히도 무식하기 때문이거나. 말하자면, 아주 대놓고 야만적인 거다. 그가 보기에 다른 개연

✢ His fretus (라틴어)

성은 없었다. 따라서 그의 당황함은 빠르게 분노로 변해가고 있었다. 그는 나지막이 투덜대면서 욕을 했다. 닭이 무언지 이해하는 게, 그리고 우리가 닭을 접시 여섯 개와 교환하고 싶어한다는 걸 이해하는 게 그렇게도 어렵단 말인가? 닭이라는 것은, 부리로 쪼면서, 땅을 헤집으면서, 그러다가 '꼬꼬댁' 하면서 돌아다니는 것들이다. 별다른 확신도 없이, 험상궂고 부루퉁한 얼굴로, 체사레는 땅에 쪼그리고 앉아 먼저 한쪽 발로, 그다음은 다른 쪽 발로 바닥을 긁으면서 손을 쐐기 모양으로 하고 여기저기를 쪼면서 닭들의 습관을 형편없이 서투르게 흉내 내어 보였다. 저주의 말을 중얼대는 사이사이에 '꼬꼬댁'도 했다. 하지만 익히 알고 있듯이, 닭에 대한 이러한 해석은 매우 관습적인 것으로 이탈리아에서만 통할 뿐 다른 곳에서는 그렇게 하지 않는다.

그러므로 결과는 헛수고였다. 그들은 휘둥그레진 눈으로 우리를 바라보았다. 우리를 미친 사람들로 생각하는 게 분명했다. 왜, 무슨 목적으로 지구 저쪽에서 와서는 그들의 마당에서 괴상한 광대짓을 한단 말인가? 이미 화가 날 대로 난 체사레는 심지어 알을 낳는 시늉까지 했다. 온갖 기상천외한 방식으로 그들을 모욕함으로써 자기가 해 보이는 시범의 의미를 더욱 알 수 없게 만들었다. 이 이상한 광경에 수다쟁이 여자들의 재잘거림은 한 옥타브 올라갔고 벌집을 쑤셔놓은 듯한 윙윙거림으로 변해갔다.

노파들 중 한 명이 수염 난 노인에게로 다가가, 우리 쪽을 바라보면서 신경질적으로 말하는 것을 보고, 나는 상황이 위태롭다는 것을 깨달았다.

나는 체사레를 그의 부자연스러운 자세에서 일으켜 세우고 다독였다. 그리고 그와 함께 노인에게로 다가가 이렇게 말했다. "제발, 이쪽으로." 그러고는 램프 불빛이 땅바닥을 웬만큼 잘 비추고 있는 어느 창가로 그를 이끌었다. 여기서, 수많은 의심의 눈초리들을 괴롭게 의식하면서 나는 바닥에, 차고도 남을 만큼 상세하게, 뒤쪽으로 달걀도 하나 포함해 모든 속성을 다 갖춘 닭을 한 마리 그렸다. 그런 다음 일어나서 이렇게 말했다. "당신들은 접시. 우리는, 먹다."

이어서 짧은 토의가 벌어졌다. 그러더니 사람들 무리에서 한 노파가 기쁨과 재기발랄함으로 눈을 반짝이며 튀어나왔다. 앞으로 두 걸음 나와서 쩌렁쩌렁 울리는 목소리로 "쿠라! 쿠리차!"라고 소리쳤.

그녀는 수수께끼를 푼 사람이 자신이라는 사실에 굉장히 기뻐하고 자랑스러워했다. 모든 곳에서 웃음과 박수, 그리고 "쿠리차, 쿠리차!" 소리가 터져나왔다. 놀이 분위기와 전체적인 열광에 휩쓸려서 우리도 손뼉을 쳤다. 노파는 연기가 끝났을 때의 여배우처럼 고개 숙여 인사를 했다. 그리고 사라지더니 몇 분 뒤에 이미 털을 뽑은 닭 한 마리를 손에 들고 다시 나타났다. 그녀는 재차 확인하듯이 닭을 체사레의 코밑에서 장난스럽게 흔들었다. 그가 긍정적으로 반응하는 것을 보고는, 잡았던 손을 놓고 접시를 끌어모아 가져가버렸다.

한창때 포르타 포르테제에서 노점을 했던 터라 이런 것에 정통한 체사레는 쿠리제타⁺가 상당히 토실토실해서 충분히 접시 여섯 개 값을 한다고 내게 보장했다. 우리는 오두막으로 돌아왔고 이미 잠든 동료들을 깨워 불을 지피고 닭을 요리했다. 그리고 닭고기를 손에 들고 먹었다. 더 이상 접시가 없었기 때문이다.

✢ 닭을 의미하는 러시아어 '쿠리차'에 체사레가 잘 쓰는 조어 방식으로 이탈리아어 어미 '-etta'를 붙인 말.

옛 길들
Vecchie strade

✤ 닭과 야영으로 보낸 밤은 보약처럼 우리 몸을 좋게 했다. 비록 맨땅에서이긴 하지만 원기를 회복시켜준 단잠을 잔 뒤 최상의 기분과 건강 상태로 우리는 아침에 일어났다. 태양이 있었기 때문에, 자유롭다고 느꼈기 때문에, 대지에서 풍겨오는 좋은 냄새 때문에 그리고 약간은, 2킬로미터 떨어진 곳에 악의 없는, 아니 오히려 재기발랄하고 잘 웃는 사람들, 우리에게 총을 쏘기는 했지만 그러고 나서 우리를 잘 맞아주고 우리에게 닭을 팔기까지 한 사람들이 있었기 때문에, 우리는 기뻤다. 그날 (내일을, 우리는 알지 못했다. 하지만 내일 일어날 수 있는 일이 늘 중요한 것은 아니다) 너무나 오래전부터 우리가 하지 못했던 일들을 할 수 있었기 때문에 기뻤다. 우물물을 마시고, 싱싱하고 키 큰 풀밭 한가운데에 누워 햇볕을 쬐고, 여름 공기의 냄새를 맡고, 불을 지펴 요기를

하고, 딸기와 버섯을 따러 숲 속으로 가고, 바람에 깨끗이 씻긴 높은 하늘을 바라보면서 담배를 피우는 일들을.

우리는 그 일들을 할 수 있었고, 또 어린아이 같은 기쁨을 느끼면서 그 일들을 했다. 그러나 식량이 떨어져가고 있었다. 사람은 딸기와 버섯만으로는 살 수 없다. 그리고 우리 중 그 누구도(도회적이고 '네로 황제 시절부터' 로마 시민인 체사레 또한) 불안정한 방랑 생활과 농작물을 훔치는 일에 도덕적으로나 기술적으로 채비가 되어 있지 않았다. 선택은 자명했다. 문명사회로 즉시 돌아가거나 굶거나. 그러나 30킬로미터는 족히 될 현기증 나는 직선 도로가 문명사회로부터, 즉 스타리에 도로기의 불가사의한 수용소로부터 우리를 갈라놓고 있었다. 우리는 그 길을 단숨에 가야 하고, 그럼 어쩌면 저녁 배급 시간에 맞춰 도착해 있을지도 모른다. 아니면 자유롭게 그러나 뱃속은 텅 빈 채 한 번 더 길에서 야숙을 하든가.

우리가 가진 재산에 대한 재빠른 조사가 이루어졌다. 많지 않았다. 모두 가진 돈을 합해 8루블이었다. 그때 그곳에서 이 돈의 구매력이 얼마나 되는지 알기란 어려운 노릇이었다. 러시아 사람들에게 겪었던 통화에 대한 과거의 우리 경험들은 일관성이 없고 불합리했다. 그들 중 일부는 별 어려움 없이 그 어떤 나라의 화폐도, 독일이나 폴란드의 화폐도 받아주었다. 다른 사람들은 의심스러워했고 사기당할까 봐 두려워했다. 그래서 오직 현물이나 경화硬貨만을 받아주었다. 경화는 가장 생각지도 못한 것들이 유통되었다. 조상들의 가족 은신처에서 나온 차르 시절의 경화, 페니, 스칸디나비아의 크로네, 심지어는 오스트리아-헝가리 제국의 옛 경화들도 있었다. 그러나 즈메린카에서는 역의 공중화장실들 중 하나에서 독일 마르크가 차마 입에 담지 못할 물질로 하나씩 하나씩 벽에 총총히, 꼼꼼하게 붙어 있는 것을 우리는 보았다.

어쨌든 8루블은 많지 않았다. 달걀 한 알 또는 두 알의 가치였다. 이미 대사로 공인된 체사레와 내가 마을로 다시 올라가서 8루블을 가지고 살 수 있는 가장 좋은 것이 무엇인지 현장에서 알아보도록 결정되었다.

우리는 그곳으로 향했다. 길을 가면서 한 가지 생각이 떠올랐다. 물건이 아니라 용역을 사는 것이었다. 최고의 투자는 스타리에 도로기까지 마차와 말 한 필을 우리 친구들에게 빌려달라고 청하는 일일 것이었다. 아마도 돈은 모자라겠지만, 그래도 옷가지 몇 벌을 주겠다고 할 수 있었다. 어차피 날씨도 무척 더웠으니까. 그렇게 해서 우리는 마을 마당에 다시 나타났다. 노파들은 아는 척해주는 웃음과 다정한 인사로, 개들은 사납게 짖어댐으로써 우리를 맞아주었다. 다시 조용해졌을 때 『미하일 스트로고프』+와 그외 옛날의 독서들로 무장한 내가 말했다. "텔레가. 스타리에 도로기." 그리고 8루블을 내보였다.

혼란스러운 웅성거림이 뒤를 이었다. 이상한 이야기지만, 아무도 이해를 못 했다. 그럼에도 나의 과제는 전날 저녁의 과제보다는 덜 어려울 징조를 보였다. 마당 한쪽 구석의 차양 아래, 좁고 긴, 양 측면 부분이

+ 쥘 베른의 소설 제목이자 거기에 나오는 인물로, 황제의 밀사로서 모스크바에서 이르쿠츠크까지 여행을 한다.

'V' 자 모양으로 벌어진 사륜 농가 마차가 내 눈에 띈 것이다. 그러니까, '텔레가'다. 그 사람들의 이해가 느린 것에 약간 짜증이 난 나는 마차를 만졌다. 이게, '텔레가'가 아니었나?

"쩰레가!" 수염 난 노인이 아버지처럼 엄하게 고쳐 말했다. 나의 야만적인 발음에 화가 난 것이었다.

"다. 쩰레가 나 스타리예 도로기. 우리 돈 내다, 8루블."

웃기는 값이었다. 걸어서 열두 시간 걸리는, 30 더하기 30킬로미터 길을 가는 데 달걀 두 알에 해당하는 삯을 내놓다니. 그러나 수염 난 노인은 루블을 받아 넣었고 마구간 안으로 사라졌다. 그리고 노새 한 마리를 몰고 나와 마차의 채에 묶었다. 우리에게 타라는 신호를 보냈다. 그는 계속 말없이 자루 몇 개를 실었고 우리는 주도로를 향해 출발했다. 체사레가 가서 다른 사람들을 불러왔고 그들 앞에서 우리의 진가를 인정받을 기회를 놓치지 않았다. 우리는 텔레가를 타고, 아니 쩰레가를 타고 편하기 그지없는 여행을 할 것이고 스타리예 도로기로 의기양양하게 입성할 것이다. 이 모든 것을 8루블에. 언어에 대한 지식과 외교적 능란함이란 바로 이런 거라고 말이다.

실제로는 8루블이 거의 버린 돈이라는 것을 우리는 나중에 알게 되었다(그리고 불행하게도 동료들 또한 알게 되었다). 수염 난 노인은 무슨 일 때문인지는 몰라도 스타리예 도로기로 어쨌든 가야 했고, 그래서 어쩌면 우리를 공짜로 태워줬을지도 모를 일이었다.

우리는 수염 난 노인의 썩 부드럽지 않은 자루 위에 누워 정오경에 길을 떠났다. 아무튼 걸어가는 것보다는 훨씬 나았고 무엇보다도 마음 편하게 경치를 감상할 수 있었다.

경치는 예사롭지 않고 놀라웠다. 전날 그 장엄한 진공으로 우리를 짓누르던 평원은 더 이상 혹독하게 평평하지는 않았다. 아주 약간, 겨우 감지할 수 있을 정도로 굴곡이 져 있었다. 아마도 고대의 모래 언덕으로 높이는 몇 미터밖에 되지 않았지만, 단조로움을 깨고 눈을 쉬게 하고 또한 어떤 리듬, 어떤 박자를 만들어내기에 충분한 것이었다. 한 언덕과 다른 언덕 사이에는 크고 작은 못과 늪이 펼쳐져 있었다. 드러난 땅은 모래투성이였고 야생의 얼룩처럼 관목들이 여기저기 쭈뼛이 서 있었다. 다른 곳에는 키 큰 나무들이 있었지만 드물었고 외따로 떨어져 있었다. 길의 양쪽으로는 형체 없는 녹슨 잔해들이, 대포, 마차, 철조망, 헬멧, 통 따위가 어질러져 있었다. 여러 달을 저곳들에서 대치했던 두 군대의 잔해였다. 우리는 프리파치 늪지대로 들어왔다.

길과 대지에는 인적이 없었다. 그런데 막 해가 지려 할 때 우리는 누군가가 우리를 추격해오는 것을 보았다. 뽀얀 먼지 위로 검은 한 남자가 우리 쪽을 향해 힘차게 걸어오고 있었다. 천천히 그러나 지속적으로 전진하더니 곧 목소리가 들릴 만큼 가까이 다가왔다. 우리는 그가 아베사의 그 위대한 노인 모로임을 알아보았다. 그 역시 어느 은신처에서 밤을 보낸 것이었고, 이제 태풍 같은 걸음으로 흰머리를 바람에 휘날리며 시뻘건 두 눈은 얼굴 앞쪽에 붙박인 듯 고정시킨 채 스타리에 도로기로 행진하는 중이었다. 그는 증기 기관차처럼 규칙적이고 힘차게 전진했다.

그의 등에는 그 유명하고 무거운 보따리가 묶여 있었고 보따리에 매달린 도끼가 크로노스*의 낫처럼 번뜩였다.

그는 우리를 보지 못한 것처럼, 아니 알아보지 못한 것처럼 앞지르려고 했다. 체사레가 그를 불러 함께 타자고 권했다. "천하의 망신거리. 인간 같지도 않은 추한 돼지들." 모로는 끊임없이 그의 머릿속을 차지하고 있던 모욕적이고 장황한 말을 입 밖으로 끄집어내면서 바로 대답했다. 그는 우리를 앞지르더니 그가 나타났던 지평선의 반대편 지평선을 향해 그 신화적 행진을 계속했다.

시뇨르 운버도르벤은 모로에 대해 우리보다 훨씬 더 많은 것들을 알고 있었다. 우리는 이번 기회에 모로가 변덕스러운 노인이 아님을(또는 단지 변덕스러운 노인인 것만은 아님을) 알게 되었다. 보따리에는 이유가 있었고 노인의 방랑 생활에도 또한 이유가 있었다. 여러 해 전에 홀아비가 된 그는 딸이 하나 있었다. 외동딸인데 이미 거의 쉰 살이 다 되었고 마비가 와서 침대에 누워 있었다. 앞으로도 결코 낫지 않을 터였다. 이 딸을 위하여 모로는 살았다. 딸에게 매주 도착할 수 없는 운명의 편지들을 썼고 오로지 딸을 위해 평생을 일했다. 그래서 호두나무처럼 검고 돌처럼 단단해졌다. 오로지 딸을 위하여 뜨내기처럼 세상을 돌아다니는 모로는 사정거리 내에 들어오는 것은 전부 다 맞교환하거나 기꺼이 쓸 만

---

* 그리스 신화에 나오는 농경과 시간의 신. 아들에게 지위를 빼앗긴다는 예언을 믿고 자식들이 태어나는 대로 잡아먹다가 어머니 레아의 도움으로 살아난 아들 제우스에게 쫓겨나게 된다. 미술에서 크로노스는 손에 하르페(반월도 혹은 낫)를 든 노인으로 묘사된다.

한 최소한의 가능성이라도 보이면 뭐든지 주워 담았다.
스타리예 도로기에 이를 때까지 우리는 사람이든 동물이든 다른 생명체는 전혀 만나지 못했다.

✢　　　　　　스타리예 도로기는 뜻밖이었다. 그것은 마을이 아니었다. 아니, 제대로 말해서, 그것은 이 세상에 존재하는 너무나도 조그만 마을로, 도로에서 약간 떨어진 숲 속에 있었다. 그러나 그 사실을 우리는 나중에야 알았고 또 그 이름이 '옛 길들'을 의미한다는 사실도 나중에 알게 되었다. 반면, 우리에게, 우리 1,400명의 이탈리아인 모두에게 지정된 숙영지는 하나의 거대한 건물로, 경작하지 않은 버려진 들판과 숲 줄기들의 한복판에 난 길가에 홀로 고립되어 있었다. 이 건물은 '크라스늬 돔', 즉 붉은 집이라 불렸는데, 아닌 게 아니라 안팎이 온통 붉었다.

이 건물은 화산의 용암처럼 모든 방향으로 무질서하게 뻗은 정말로 특이한 구조물이었다. 서로 화합이 안 된 여러 건축가들의 작품인지 아니면 어떤 미친 건축가 한 사람의 작품인지 알 수 없었다. 가장 오래된 핵심 부분은 나중에 혼란스럽게 지어진 동들과 익면의 동들에 질식한 듯 압도되어 있었는데, 한 블록의 3층 건물로, 아마도 이전에는 군사 또는 행정 사무실로 사용되었을 작은 방들로 나뉘어 있었다. 그러나 이 핵심부 주위로 큰 총회나 작은 회의를 열 수 있는 강당이 한 곳, 일련의 강의실들과 주방, 세탁실, 적어도 1,000개의 좌석이 마련되어 있는 극장, 의무실, 체육관 등 모든 것이 있었다. 정문 현관 옆에는 용도를 알 수 없는 받침대들이 쌓인 골방이 있었는데, 우리는 스키 보관소라고 해석했다. 그러나 이곳도 슬루츠크처럼 가구나 설비라고는 하나도, 아니 거의 아무것도 남아 있지 않았다. 물은커녕 수도관들도 아예 떼어 가버렸다. 주방의 조리용 화로들, 극장의 의자들, 강의실의 책상들, 계단의 난간들도 마찬가지였다.

붉은 집에서 계단은 가장 강박적인 요소였다. 이 거대한 건물 안에서 수많은 계단들을 볼 수 있었다. 으리으리하고 긴 계단들을 따라가면 먼지와 잡동사니로 가득한, 어처구니없는 비좁은 방들이 나왔다. 좁고 높낮이도 제각각인 다른 계단들은, 곧 무너질 것 같은 천장을 떠받치기 위해 대담하게 올려 세운 기둥으로 인해 중간에서 끊겨 있었다. 바닥이 경사지고 두 갈래로 나뉘는 이상한 계단의 일부분들이 인접한 옆동 건물의 지그재그로 높이가 다르게 놓인 층들을 연결하고 있었다. 모든 계단들 중에서도 특히 기억할 만한 것은 건물 정면들 중 하나를 따라 설치된 거대한 계단으로, 너비가 3미터나 되고 풀로 뒤덮인 마당에서 15미터를 올라가지만 어디로도 연결되어 있지 않았다.

붉은 집 주변으로는 울타리가 아예 없었다. 카토비체에서처럼 단지 상징일 뿐인 울타리도 없었다. 진정한 의미에서의 보초 업무도 없었다. 입구에 보통 굉장히 젊은 러시아 사병이 서 있는 모습을 종종 볼 수 있었지만, 이탈리아인들과 관련해서는 아무런 명령도 받은 것이 없었다. 그의 임무는 그저 다른 러시아인들이 밤에 이탈리아 여자들의 방으로 와서 추행하지 못하도록 막는 것뿐이었다.

러시아군 장교들과 사병들은 그리 멀지 않은 곳에 나무로 지어진 막사에 기거했다. 도로를 따라 지나가는 다른 러시아 군인들이 때때로 그곳에 머물다 가곤 했지만 우리에게 신경 쓰는 일은 드물었다. 우리를 감독하는 이들은 전에 전쟁포로였던 소수의 이탈리아 장교 집단이었다. 그들은 다소 고압적이고 교양이 없었다. 그들은 자신들이 처한 군사적 상황을 무겁게 의식하고 있었고 우리 민간인들을 향해 멸시와 무관심으로 일관했다. 그리고 우리를 놀라지 않을 수 없게 한 것은 그들이 근처 막사에 있는 동급의 소비에트 군인들과 최상의 관계를 유지한다는 점이었다. 오히려, 그들은 우리에 비해서뿐만 아니라 같은 소비에트 군대에 비해서도 특권적인 상황을 누리고 있었다. 러시아 장교 식당에서 식사를 했고 소비에트군의 새 군복(계급장은 없는)을 입었으며 좋은 군인용 부츠를 신었다. 그리고 시트와 이불이 있는 야영용 간이침대에서 잤다.

하지만 우리 쪽에서도 불평할 이유는 없었다. 우리는 러시아 사병들과 똑같은 대우를 받았고 어떤 특별한 규율이나 따라야 할 의무도 없었다. 단지 소수의 이탈리아인들만이 일을 했는데, 주방과 욕실 그리고 발전 설비 등의 업무를 위해 자발적으로 나선 사람들이었다. 나아가 레오나르도는 의사로, 나는 간호사로 일을 했다. 그러나 이미 계절이 좋아지고 아픈 사람도 드문 터라 우리의 일은 한직에 불과했다.

원하는 사람은 가도 좋았다. 많은 사람들이 그렇게 했다. 일부는 순전히 권태나 모험심 때문에, 일부는 국경선을 넘어 이탈리아로 돌아가려고 이를 시도했다. 그러나 방랑의 몇 주 또는 몇 달을 보낸 뒤 모두 되돌아왔다. 왜냐하면 여기 수용소는 경비하는 사람도 없고 울타리를 두르지도 않았지만, 머나먼 국경들은 그와 달리 철저하게 경비하고 울타리를 두르고 있었기 때문이다.

러시아 군인들 쪽에서는 이념적인 압력을 넣고자 하는 어떠한 야심도 보이지 않았다. 아니, 우리를 차별하려는 어떠한 시도도 없었다. 우리 공동체는 너무 복잡했다. ARMIR 소속 군인들, 유격대원들, 아우슈비츠의 해프틀링들, 토트의 노동자들, 산 비토레의 일반 범죄자들과 매춘부들, 우리가 공산주의자이거나 군주제주의자이거나 파시스트이거나 간에 러시아군 측으로부터는 더할 수 없이 공평한 무관심이 적용되었다. 우리는 이탈리아인들이었고 그것으로 충분했다. 나머지는 '브쑈 라브노', '모두 똑같았다.'

우리는 짚을 넣은 자루들로 뒤덮인 마룻바닥 위에서 잤다. 남자들을 위한 자루의 넓이는 60센티미터였다. 우리 눈에는 그것이 좁아 보였기 때문에 처음에는 항의를 했다. 그러나 러시아 사령부는 우리에게 정중하게 그 항의가 근거 없음을 살펴보게 했다. 침상 머리맡 마루에 연필로 휘갈겨 쓴, 우리보다 먼저 이 자리들을 차지했던 소련 병사들의 이름을 아직도 읽을 수 있었다. 우리 스스로 판단해보라는 말대로, 아닌 게 아니라 이름은 50센티미터마다 적혀 있었다.

식사에 대해서도 얘기는 마찬가지일 터였고, 실제로 우리는 마찬가지 얘기를 들었다. 하루에 우리는 빵 1킬로그램을 받았다. 약간 발효시킨, 축축하고 시큼한 호밀빵이었다. 그래도 양이 많았고 그리고 그들의 빵이었다. 일상적으로 먹는 '카샤'는 그들의 '카샤'였다. 이것은 돼지비계와 기장, 완두콩, 고기, 양념을 넣어 압축시킨 덩어리로, 영양가는 있었지만 지독하게 소화시키기 힘든 것이었다. 우리는 여러 날 실험을 한 뒤에야 비로소, 그것을 몇 시간 동안 끓임으로써 먹을 수 있게 만드는 법을 터득했다.

또 1주일에 서너 번은 '리바', 즉 생선이 배급되었다. 신선도가 의심스러운 민물 생선이었는데 가시투성이에 크고 날것이고 소금에 절이지 않은 것이었다. 이걸 어떻게 하나? 우리 중 소수만이 그것을 그 상태 그대로 먹는 데(많은 러시아 사람들이 그렇게 했다) 적응했다. 생선을 요리하자니 용기와 양념과 소금 그리고 조리법이 우리에겐 없었다. 곧 우리는 생선을 같은 러시아 군인들에게, 마을의 농부들에게 또는 도로를 통과하는 군인들에게 되파는 것이 최선이라고 확신했다. 체사레에게는 새로운 일이었고 얼마 안 가서 그는 그 일을 고도의 완벽한 기술로 끌어올렸다.

생선을 배급하는 날 아침이면 체사레는 철사 한 조각을 가지고 방들을 순회했다. '립바'*를 매점해서 생선의 눈을 연달아 철사에 꿴 다음 이 냄새 고약한 화환을 어깨에 둘러메고 사라졌다. 몇 시간이 지난 후, 가끔

✤ '리바'를 체사레가 로마 방언식으로 자음을 겹쳐 강하게 발음한 것.

은 저녁에 돌아왔고 자신의 위임자들에게 루블화나 치즈, 사등분한 닭, 달걀 등을 공평하게 나눠주어서 모든 사람들에게 그리고 주로 자신에게 이익을 남겼다.

장사로 얻은 첫 이익금으로 그는 커다란 저울을 하나 샀다. 그것 덕분에 그의 직업적 위신은 현저하게 높아졌다. 그러나 자신의 어떤 계획을 완벽하게 실현하기 위해서 그는 유용성이 확실치 않은 다른 도구 하나가 필요했다. 주사기였다. 러시아 마을에서 주사기를 발견할 가능성은 없었으므로 그는 의무실로 나를 찾아왔다. 내가 자신에게 주사기를 하나 빌려줄 수 있는지 물어보기 위해서였다.

"그걸로 뭘 할 건데?" 그에게 물었다.

"무슨 상관이야. 주사기 하나. 자네들은 여기 많이 갖고 있잖아."

"크기는 얼마만 한 걸로?"

"자네들이 가진 것들 중 제일 큰 걸로 줘. 좀 상태가 안 좋아도 괜찮아."

사실, 깨져서 이가 빠진, 실제로 사용할 수 없는 20시시짜리 하나가 있었다. 체사레는 조심스럽게 주사기를 살펴보더니 자신한테 딱 들어맞는다고 외쳤다.

"그런데 뭘 하려는 건데?" 나는 한 번 더 물어보았다. 체사레는 눈치 없는 내 태도에 짜증을 내면서 험상궂게 나를 쳐다보았다. 이것은 내가 상관할 바가 아니다, 자기가 생각해낸 아이디어가 하나 있는데 일단 실험을 해보는 거다, 잘될 수도 있고 못 될 수도 있다면서, 아무튼 내가 무슨 수를 써서라도 자신의 사적인 일까지 걱정하고 나서는 대단한 타입이라고 말했다. 그는 주사기를 조심스럽게 종이로 싸더니 모욕당한 왕자처럼 휑하니 가버렸다.

하지만 주사기의 비밀은 오래가지 못했다. 스타리예 도로기에서의 생활은 타인의 일에 대한 간섭과 수근거림이 급격히 퍼지지 않기에는 너무나 한가했다. 연이은 며칠 동안 체사레가 들통을 들고 물을 뜨러 가고, 숲으로 그 들통을 가져가는 장면이 레티치아 아주머니에게 목격되었다. 또 스텔리나는 그가 바로 그 숲에서 물통을 옆에 두고 생선 화환 가운데에 앉아 있는 것을 목격했다. 생선들에게 '먹이를 주는 것처럼 보였다'는 것이었다. 그리고 마침내 그는 경쟁자인 로바티와 마을에서 마주쳤다. 체사레는 들통 없이 생선을 팔고 있었는데, 배급받은 생선들처럼 납작하고 흐물흐물하지가 않고 통통하고 단단하며 둥근 것이 너무나 이상했다는 소문이었다.

수많은 과학적 발견들이 그렇듯이, 주사기에 대한 착상도 실패와 우연한 관찰에서 떠오른 것이었다. 며칠 전에 체사레는 마을에서 생선을 살아 있는 암탉 한 마리와 물물교환했다. 그는 최상의 거래를 했다고 확신하면서 붉은 집으로 돌아왔다. 그들은 이 멋진 암탉을 고작 생선 두 마리에 넘겨준 것이었다. 영계도 아니고 약간 울적한 분위기를 띠고 있었지만 놀랄 만큼 크고 살찐 닭이었다. 그러나 닭을 잡아서 털을 벗기고 나자 그는 뭔가 이상하다는 것을 깨달았다. 닭은 비대칭이었고 배가 온통 한쪽으로만 쏠려 있었다. 만져보니 단단하고 움직이는, 탄력 있는 무언가가 들어 있었다. 달걀이 아니었다. 물이 든 비대한 낭종이었다.

당연히 체사레는 만회할 방법을 찾았고, 곧 그 짐승을 다름 아닌 회계원 로비에게 웃돈을 받고 되파는 데 성공했다. 그러나 다음 순간, 스탕달적 영웅✤처럼 체사레는 그에 대해 곰곰이 생각했다. 왜 자연을 흉내 내면 안 된다는 거야? 왜, 생선으로 한번 시도해보지 그래?

처음에 그는 빨대를 주둥이에 넣고 물을 채우려고 시도해보았지만 물은 전부 도로 빠져나왔다. 그러자 체사레는 주사기를 생각했다. 주사기로는 몇 번은 어느 정도의 진전이 있었으나 주사를 놓는 지점에 따라 달랐다. 그 지점에 따라 물이 금방 또는 잠시 뒤에 도로 나오거나 아니면 지속적으로 안에 남아 있었다. 그래서 조그만 칼로 생선 여러 마리를 해부한 끝에, 체사레는 영구적 효과를 얻기 위해서는 부레에 주사를 놓아야 한다는 것을 알아낼 수 있었다.

이런 식으로 해서 체사레가 파는 생선들은 보통 생선들에 비해 무게가 20에서 30퍼센트 더 나갔고, 게다가 훨씬 더 매력적인 모습을 갖게 되었다. 물론, 이런 처치를 받은 '립바'를 같은 고객에게 두 번 팔 수는 없었다. 하지만 동쪽을 향하여 도로를 지나가는 징집 해제된 러시아 군인들은 수 킬로미터 떨어진 곳에 가서야 비로소 이 속임수에 대해 알게 될 것이므로 그들에게는 얼마든지 팔 수 있었다.

✤ 스탕달의 작품에서는 인생의 본질이 행복의 추구에 있다고 보고, 그것이 사랑이건 권력이건 자신이 원하는 행복에 도달하기 위해서는 수단과 방법을 가리지 않고 정열적으로 추구해가는 개인주의에 가까운 인생관과 철학이 한결같이 드러난다.

그러던 어느 날 체사레는 얼굴이 새카맣게 사색이 되어 돌아왔다. 수중에는 생선도 없고 돈도 없고 다른 물건들도 없었다. "나, 걸렸어." 이틀 동안 그에게 말을 걸 도리가 없었다. 그는 고슴도치처럼 털을 곤두세우고 몸을 웅크린 채 짚더미 요 위에 누워 있었고 식사 때에만 내려왔다. 평상시와는 다른 무슨 일이 그에게 생긴 것이었다.

나중에, 후덥지근한 날씨의 기나긴 어느 저녁에 그는 나에게, 만약에 알려지면 자신의 사업적 명성에 손상이 갈 것이므로 다른 데 가서 얘기하지 말라고 당부하면서 그 일을 말해주었다. 사실인즉, 처음에 사람들을 믿게 만들려고 애썼던 이야기처럼 잔혹스러운 러시아 군인이 포악하게 그에게서 생선을 잡아챈 것이 아니었다. 진실은 전혀 다른 것이었다. 생선을 선물했다고, 체사레는 부끄러움에 가득 차서 내게 고백했다.

그는 마을로 갔었다. 이전에 이미 수법을 써먹은 고객들을 피하기 위해 주도로에 모습을 보이지 않고, 대신 숲으로 들어가는 오솔길을 택했다. 수백 미터를 나아간 뒤 그는 조그만 외딴집 한 채를, 아니 플레이트와 벽돌을 아무렇게나 쌓아올려 만든 바라크(막사) 하나를 보았다. 밖에는 검은 옷을 입은 마른 여자가 있었고 문지방에는 창백한 세 아이가 앉아 있었다. 체사레는 다가가서 여자에게 생선을 내밀어 보였다. 그러자 그녀는 생선을 물론 원하지만, 그 대신 줄 것이 아무것도 없으며 자신과 아이들이 이틀 전부터 굶고 있다고 이야기했다. 그녀는 또한 체사레를 바라크 안으로 들어오게 했는데 안에는 아무것도 없었다. 단지 개집 안처럼 짚으로 된 거적들이 있을 뿐이었다.

그 순간, 아이들이 너무나 애원하는 듯한 눈으로 쳐다보았고, 체사레는 생선을 바닥에 던져주고 부끄러운 나머지 도둑처럼 도망쳤다.

숲과 길
Il bosco e la via

◆ 스타리예 도로기에서 우리는, 요정들의 성처럼 신비와 함정으로 가득한 붉은 집에서 장장 두 달 동안 머물러 있었다. 1945년 7월 15일부터 9월 15일까지였다.

하릴없고 상대적으로 건강하게 보낸, 그래서 가슴속에 스며드는 향수로 가득한 두 달이었다. 향수는 깨어지기 쉽고 섬세하며, 본질적으로 다른 고통이다. 구타와 추위, 배고픔, 공포, 박탈, 질병 같은, 우리가 그때까지 겪었던 고통들보다는 더 친밀하고 인간적인 고통이다. 맑고 깨끗한 고통이다. 그러나 절박한 고통이다. 하루에도 시시각각으로 스며들고 다른 생각들을 허용하지 않으며 도피로 몰아붙이는 것이다.

아마도 바로 이러한 점 때문에 수용소 주위의 숲이 우리에게 깊은 매력으로 다가온 것인지도 몰랐다. 아마도 고독이라는 무한한 가치의 선물을, 그것을 찾는 각각의 사람들에게 베풀기 때문인지도 몰랐다. 얼마나 오랫동안 그것을 빼앗겼는지! 아마도 우리에게 예전 삶의 다른 숲들, 다른 고독들을 상기시켜주기 때문인지도 몰랐다. 아니면 반대로, 장엄하고 엄격하며 우리가 알고 있던 그 어떤 장면과도 다르게 사람의 손길이 닿지 않은 자연 그대로의 것이기 때문인지도 몰랐다.

도로 너머, 붉은 집의 북쪽으로는 늪과 곱고 흰 모래톱의 띠가 군데군데 흩어져 있는, 관목과 초목, 소나무 숲이 혼합된 땅이 펼쳐져 있었고, 표시를 해놓은 지 얼마 되지 않은 구불구불한 오솔길들을 만날 수가 있었다. 이 길들은 멀리 떨어진 시골집들로 이어졌다. 그러나 남쪽으로는 붉은 집으로부터 채 몇백 걸음 가지 않아 인간의 모든 흔적이 사라졌다. 또한 짐승의 모든 흔적도 사라졌다. 다람쥐의 휙 하고 지나가는 우연한 황갈색의 번뜩임이나, 썩은 나무줄기를 휘감고 있는 물뱀의 꼼짝도 않는 음흉한 눈을 제외하면 말이다. 오솔길도, 나무꾼들의 흔적도, 아무것도 없었다. 오직 고요와 적막함만이 있을 뿐이었다. 그리고 사방에 나무줄기들이, 엷은 색의 자작나무 줄기들이, 침엽수의 적갈색 줄기들이 보이지 않는 하늘을 향해 수직으로 우뚝 솟아 있었다. 하늘만큼 바닥도, 고엽과 침엽수 잎들의 두터운 층과 허리까지 오는 야생 덤불로 덮여 있어서 보이지 않았다.

처음 그곳에 들어갔을 때 나는 '숲에서 길을 잃는' 위험이 동화 속에서만 존재하는 것이 아니라는 사실을 놀라움과 두려움으로 체득했다. 나는 여기저기 가지가 덜 빽빽한 부분에서 보이는 태양으로 최대한 방향을 잘 가늠해가면서 한 시간 정도 걸었다. 그러나 곧 하늘이 흐려지고 비가 쏟아질 것 같았다. 돌아가려고 했을 때 나는 북쪽 방향을 잃어버렸다는 것을 깨달았다. 나무줄기 위의 이끼? 그러나 그것은 사방에 다 있었다. 내 보기에 가장 맞을 것 같은 방향으로 걷기 시작했다. 그러나 가시나무와 마른 관목 덤불들 사이로 고생스럽게 한참을 걸은 뒤에 나는 움직이기 시작한 그 지점만큼이나 알 수 없는 지점에 와 있음을 깨달았다. 갈수록 더 피곤하고 불안해지면서 거의 해 질 무렵까지 또 몇 시간을 걸었다. 만약 동료들이 찾으러 온다 해도 나를 발견할 수 없을 것이며, 아니면 며칠이 지나서야 비로소 허기로 기진맥진해진 나를, 어쩌면 이미 죽은 나를 발견하게 될 것이라고 벌써부터 생각하고 있었다. 낮의 빛이 희미해지기 시작하자, 굶주린 커다란 모기떼들이 일어났고 총알처럼 굵고 단단한, 뭐라 정의할 수 없는 다른 곤충 떼가 일어나 줄기들 사이를 쏜살같이 날아다니며 내 얼굴을 마구 때렸다. 이쯤 되자 나는 대충 북쪽을 향하여(그러니까 서쪽에 해당할, 미미하게 좀더 밝은 하늘의 자취를 내 왼편에 두고) 앞으로 곧장 가기로, 그리고 큰길을 만나거나 어쨌든 오솔길이나 어떤 흔적을 만날 때까지 더 이상 멈추지 말고 걷기로 결심했다. 그렇게 나는 북방의 여름날 기나긴 황혼 속에 거의 완전히 어두워질 때까지, 이미 절정에 달한 공포와, 어둠과 숲과 진공에 대한 태곳적부터의 두려움에 사로잡힌 채 앞으로 나아갔다. 피로에도 불구하고 어느 방향이든 간에, 앞으로 달려나가고 싶은, 기운과 숨이 다할 때까지 달리고 싶은 격렬한 충동을 느꼈다.

갑자기 열차의 기적 소리가 들렸다. 그러니까 철로는 내 오른편에 있었다. 그런데 내가 생각한 대로라면 왼편으로 아주 멀리 있어야 했다. 그러니까 나는 잘못된 방향으로 가고 있었다. 열차 소리를 따라가면서 나는 밤이 되기 전에 철길에 이를 수 있었고, 구름 사이로 다시 나타난 작은곰자리 방향으로 번쩍이는 철로를 따라가서 먼저 스타리예 도로기에, 그리고 붉은 집에 무사히 도착했다.

한편, 숲 속으로 들어가 사는 사람이 있었다. 그 첫번째 사람은 '루마니아 사람들' 중 하나로, 은둔자로서의 소명을 발견한 칸타렐라였다. 칸타렐라는 칼라브리아 출신의 해병이었는데 키가 무척 크고 금욕주의자처럼 말랐으며 과묵하고 염세적이었다. 수용소에서 30분 정도 떨어진 곳에 통나무와 잔가지들로 오두막을 지었고, 야생의 고독 속에서 원시인처럼 허리춤에 걸치는 옷만 입은 채 거기서 살았다. 그는 명상적인 사람이었지만 게으른 사람은 아니었다. 그리고 희한한 사제 역할을 수행했다. 그는 망치와 일종의 조잡한 모루를 가지고 있었는데 전쟁의 잔해에서 찾아내어 그루터기 나무에 박은 것이었다. 이 연장들과 낡은 깡통들을 가지고 그는 종교적 근면함과 뛰어난 재주를 발휘하여 냄비와 프라이팬을 만들었다.

그는 새로 생겨나는 커플들을 위해서 그것들을 주문받아 만들었다. 우리의 다채로운 공동체에서 한 남자와 한 여자가 함께 살기로 결정을 하고, 따라서 가정을 꾸리기 위해 최소한의 가재도구를 장만하고자 할 때에는 둘이서 손을 잡고 칸타렐라에게 갔다. 그는 질문도 하지 않고 일에

착수했고 능수능란한 망치질로 철판을 접고 두들겨 한 시간 조금 더 걸려 부부가 원하는 모양으로 만들었다. 그는 보수를 요구하지 않았지만 빵, 치즈, 달걀 같은 현물로 주는 선물은 받았다. 그렇게 해서 결혼식은 거행되었고, 그렇게 해서 칸타렐라는 먹고살았다.

숲에는 다른 사람들도 살았다. 그 사실을 어느 날 서쪽으로 난 오솔길을 우연히 따라가다가 알게 되었다. 오솔길은 곧고 잘 표시되어 있었는데 그때까지는 내가 못 보던 길이었다. 오솔길은 특히 빽빽하게 우거진 숲의 어느 지역으로 통했고 오래된 참호를 통과한 다음, 통나무로 만든, 거의 지하에 위치한 포대砲臺의 문 앞에서 끝이 났다. 땅 위로는 지붕과 굴뚝만이 솟아 있었다. 문을 밀었더니 열렸다. 안에는 아무도 없었지만 분명 사람이 사는 곳이었다. 흙바닥(그러나 비질이 되어 있고 깨끗한)에 조그만 난로 하나와 접시 몇 개, 군대용 반합이 있었고, 한쪽 구석에는 건초로 만든 잠자리가 있었다. 벽에는 여자들의 옷가지가 걸려 있고 남자들 사진이 붙어 있었다.

나는 수용소로 돌아왔고, 그리고 내가 그 사실을 모르는 유일한 사람이었다는 것을 알게 되었다. 포대에는 누구나 알고 있던 독일인 여자 두 명이 살고 있었다. 베어마흐트의 보조원들이었는데 패배한 독일군들을 미처 따라가지 못하고 러시아군 구역에 외따로 떨어졌다. 그녀들은 러시아군을 겁냈고 그래서 스스로 신병을 인도하지 않았다. 여러 달 동안 불안정하게, 작은 절도를 하고 나물을 캐먹으면서, 우리보다 먼저 붉은 집을 점유했던 영국인들과 프랑스인들을 상대로 가끔씩 몰래 매춘을 해가며 살았다. 이탈리아인들이 정착해서 그녀들에게 번영과 안전을 가져다주기 전까지는 그랬다.

우리 공동체에서 여자들은 200명이 넘지 않는 소수였다. 그리고 거의 모두가 금세 안정적으로 자리를 잡아 짝이 있었다. 그러므로 수가 분명치 않은 다수의 이탈리아인들에게 '숲의 여자들에게' 가는 것은 습관이 되었고 독신 생활의 유일한 대안이었다. 그것은 복합적인 매력이 넘치는 대안이었다. 은밀하고 막연히 위험한(사실은 그들보다 여자들에게 훨씬 더 위험한) 일이었기 때문이고, 그녀들은 외국인인 데다가 반半 야생 상태의 여자들이었기 때문이다. 그리고 그녀들은 도움이 필요한 상태에 있었으므로 '여자들을 보호한다'는 고무적인 느낌도 가질 수 있었기 때문이다.

칸타렐라뿐만 아니라 벨레트라노도 숲 속에서 자기 자신을 재발견했다. 문명사회 속에 '야생 인간'을 이식하려는 실험은 여러 번, 인간 종족의 기본 단위를 증명하기 위해 시도되었고 종종 최상의 결과를 내기도 했다. 벨레트라노에게서는 정반대의 실험이 재현되었다. 인파가 북적이는 트라스테베레의 거리 출신인 그가 놀랄 만큼 쉽게 야생 인간으로 재변신했던 것이다.

사실 그가 대단히 문명인다웠던 적은 한 번도 없었음에 틀림없다. 벨레트라노는 아우슈비츠에서 살아 돌아온 서른 살가량의 유대인이었다. 그는 라거의 문신 담당관에게 분명 골칫거리였을 것이다. 근육질의 양 팔뚝이 기존의 문신들로 빽빽하게 차 있었으니까 말이다. 문신들은 여자들 이름이고, 그의 이름은 벨레트라노가 아니며 벨레트리에서 태어나서가 아니라 유모에게 맡겨져 잠시 그곳에 살아서 그렇게 부른다고, 오래전부터 그와 알고 지낸 체사레가 내게 설명해주었다.

그는 붉은 집에서 거의 밤을 보내지 않았고 숲 속에서 맨발에 반쯤 벌거벗은 채 살았다. 그는 우리의 먼 조상들처럼 살았다. 산토끼와 여우를 잡으려고 덫을 놓고 새 둥지를 노려 나무 위로 올라갔으며 돌을 던져 산비둘기들을 떨어뜨렸다. 그리고 좀더 멀리 떨어진 시골집들의 닭장을 모른 척하지 않았다. 버섯과 일반적으로는 못 먹는 것으로 알려진 나무딸기를 땄다. 저녁이면 수용소 부근에서, 커다랗게 불을 피워놓고 서투르게 노래를 부르면서 그날의 사냥감을 굽고 앉아 있는 그를 드물지 않게 볼 수 있었다. 그리고 타다 남은 장작불 옆에 누워 맨땅에서 잠을 잤다. 그렇더라도 그 또한 사람의 아들이었으므로 자기 나름의 방식대로 지식과 덕을 추구했고 매일같이 자신의 기술과 도구를 단련했다. 그는 칼을 제작했고 그런 다음 창과 도끼도 만들었다. 시간이 있었다면 농업과 목축 기술도 재발견했을 거라고 믿어 의심치 않는다.

하루를 잘 보낸 뒤에는 연회를 좋아하는 사교적인 인간이 되었다. 그를 자랑스러운 명물로 소개하고 그와 관련된 전설적인 사건들을 들려주는데 기꺼이 자청하고 나선 체사레를 통해, 그는 모두를 성대한 고기구이 파티에 초대하곤 했다. 누군가 거절을 하면 그는 심술궂어지고 칼을 뽑아들곤 했다.

며칠 비가 내리고, 또 며칠 해가 나고 바람 부는 날이 지나자, 버섯과 블루베리가 엄청나게 많이 자라나 숲은 더 이상 순수하게 전원적이고 스포츠적인 차원에서가 아니라 실리적인 차원에서 관심을 끌게 되었다. 길을 잃지 않기 위해 적절한 예방책을 취한 뒤 우리 모두는 꼬박 하루를 채집을 하며 보냈다. 우리네 것보다 훨씬 키가 큰 관목수풀 속에서 자라는 블루베리는 거의 개암처럼 굵었고 향긋했다. 우리는 블루베리 수 킬로그램을 수용소로 가져왔고, 심지어(헛수고이긴 했으나) 과즙을 발효시켜 포도주를 만들어보려고 시도했다. 버섯은 두 가지 종류가 있었다. 어떤 것들은 보통의 포르치니 버섯으로 향긋하고 확실히 먹을 수 있었다. 다른 것들은 포르치니 버섯과 모양과 냄새는 비슷했지만 더 크고 단단했으며 색깔도 상당히 달랐다.

우리 중 누구도 이 버섯이 먹어도 되는 것인지 확신할 수 없었다. 그렇다고 이것들을 숲 속에서 썩어가도록 내버려둔단 말인가? 그럴 수는 없었다. 우리 모두는 영양 상태가 안 좋았고 게다가 아우슈비츠의 배고팠던 기억이 아직 너무 생생했다. 따라서 그 기억은 격렬한 정신적 충동으로 변해서 위장을 넘치게 채우도록 우리를 강제했고 먹을 기회라면 어떤 경우에도 포기하는 것을 단호하게 금지했다. 체사레가 이 버섯을 상당히 많이 따서는 양념으로 마을에서 산, '모든 독소를 죽인다'는 보드카와 마늘을 첨가하여 나로서는 알 수 없는 예방책과 처방전에 따라 끓였다. 그런 다음 자기가 직접 그것을 조금 먹어보더니, 위험수위를 제한하고 이날 충분한 사례 연구를 할 수 있도록 많은 사람들에게 조금씩 나눠주었다. 다음 날 그는 방들을 한 바퀴 돌았다. 한 번도 그가 그렇게 깍

듯하게 사람들을 대하며, 그들의 안위를 염려한 적이 없었다. "안녕하세요, 엘비라 아주머니? 잘 지내세요, 돈 빈첸초? 잘들 주무셨어요? 다들 좋은 밤 보내셨어요?" 그러면서 한편으로 재빨리 진단하는 눈으로 그들의 얼굴을 바라보았다. 모두가 너무 건강했다. 그 이상한 버섯은 먹어도 좋았다.

제일 게으른 사람들과 제일 부자인 사람들은 '특별' 식량을 찾으러 숲으로 갈 필요가 없었다. 곧 스타리에 도로기 마을과 붉은 집의 길손인 우리 사이에서 상거래가 빈번해졌다. 매일 아침 농부 아낙네들이 바구니와 통을 들고 왔다. 바닥에 앉아 손님을 기다리면서 몇 시간이고 꼼짝 않고 있었다. 소나기가 와도 그녀들은 자리에서 움직이지 않았고 그저 속치마를 머리 위로 뒤집어쓸 뿐이었다. 러시아 군인들은 아낙네들을 쫓아버리려고 두세 번 시도를 했고, 거래를 하는 자에게 어처구니없이 엄한 형벌을 내리겠다고 엄포를 놓는, 2개 국어로 된 두세 개의 공고를 붙였다. 그러나 늘 그렇듯이 그 문제에 대해 무관심해졌고 물물교환은 방해받지 않고 계속되었다.

그들은 젊거나 나이 든 농부 아낙들이었다. 나이 든 아낙들은 전통적인 방식으로 속을 넣어 누빈 윗도리와 치마를 입고 머리에 두건을 쓰고 있었다. 젊은 처녀들은 면으로 된 얇은 옷을 입었고 대개는 맨발이었으며 솔직하고 용감하고 잘 웃었다. 하지만 뻔뻔하지 않은 여자들이었다. 버섯과 블루베리, 나무딸기 외에도 그녀들은 우유, 치즈, 달걀, 닭, 채소, 과일 등을 팔았고 대신 생선, 빵, 담배를 받았다. 그리고 옷이라면 무엇이든 간에, 천 조각이건 찢어지고 낡은 옷이건 가리지 않고 받았다. 또한 루블도 받았다. 물론 아직도 그걸 갖고 있는 사람한테서는 말이다.

얼마 안 가서 체사레는 그녀들 모두와, 특히 젊은 처녀들과 알고 지냈다. 나는 자주 그와 함께 러시아 여자들에게 가곤 했다. 그들의 흥미로운 거래를 지켜보기 위해서였다. 사업 관계에서 같은 언어를 사용하는 것의 유용함을 부인하지는 않지만, 경험상 이러한 조건이 반드시 필요하지는 않다는 것만은 확실하다. 양측 모두 상대방이 무엇을 원하는지 잘 알고 있고, 제각기 사고팔려는 욕구가 처음에는 어느 정도인지 모르지만, 상대방의 얼굴 표정과 그의 몸짓, 그가 응수하는 횟수로 굉장히 근접하게 추리해낸다.

자, 여기 체사레가 이른 아침에 생선 한 마리를 들고 시장에 모습을 드러낸다. 그와 동갑내기이자 친구인 이리나를 찾더니 이내 발견한다. 얼마 전, 그녀의 서글서글함이 마음에 들어 그는 그녀에게 '그레타 가르보'란 별명을 붙여주고 연필을 선물했다. 이리나는 젖소 한 마리를 키우며 우유, 곧 '몰로코'를 판다. 소에게 풀을 먹이고 저녁에 돌아오는 길에 붉은 집 앞에 멈추고는 고객의 용기에 직접 우유를 짜줄 때도 종종 있다. 오늘 아침 문제는 체사레의 생선이 우유 몇 리터의 가치가 있는지 합의를 보는 것이다. 체사레는 2리터짜리 냄비(칸타렐라가 만든 냄비들 중 하나로, 서로 맞지 않아 헤어진 '메나주'*에게서 체사레가 건져온 것이다)를 보

✤ ménage (프랑스어) 부부.

이며 한 손을 펴서 손바닥을 아래로 향한다. 냄비를 가득 채우라는 뜻이다. 이리나가 웃더니 명랑하고 음악적인 말들로 대답한다. 아마도 비웃는 것이리라. 그녀는 체사레의 손을 툭 쳐낸다. 그리고 손가락 두 개로 냄비의 벽면 절반 높이에 갖다댄다.

이제 체사레가 화를 낼 차례다. 그는 (손을 쓰지 않은) 생선을 휘두르며, 꼬리를 잡고 마치 20킬로그램은 너끈히 나간다는 듯이 힘겨워하며 공중에서 무게를 다는 시늉을 하고는 말한다. "이거는 립보나*거든!" 그리고 생선을 있는 길이 그대로 이리나의 코밑을 스치게 한다. 그러면서 눈을 감고 마치 향기에 취한 듯이 숨을 길게 들이마신다. 이리나는 체사레가 눈 감은 순간을 놓칠세라 고양이처럼 잽싸게 생선을 낚아채고는 새하얀 이로 생선 대가리를 떼어낸다. 그러고는 축 늘어지고 절단된 몸통을 있는 힘껏 체사레의 얼굴에 던진다. 그런 다음 우정과 협상을 망치지 않기 위해 냄비의 4분의 3 높이에 손가락을 댄다. 1.5리터다. 한 방 맞아 반쯤 어리벙벙해진 체사레는 중얼대는 목소리로 투덜댄다. "얼씨구우우우, 무슨 소리를 하는 거야?" 그리고 남자로서의 명예를 만회하기에 적합한 음탕한 소리들을 덧붙인다. 하지만 그러고 나서는 이리나의 마지막 제의를 받아들인다. 체사레가 생선을 넘기자 그녀는 그 자리에서 바로 먹어치운다.

나중에 우리는 먹성 좋은 이리나를, 우리 라틴계 사람들에게는 다소 당

---

* 체사레는 '리바'를 로마 방언식으로 '립바'라고 부르는데, '립보나'는 ribba에 크고 우람한 것을 나타내는 어미 –ona를 붙인 것이다.

황스러운, 그러나 그녀에게는 지극히 정상적인 어떤 상황에서 여러 차례 또 만나야 했다.

마을과 수용소 사이의 중간쯤 되는 거리에, 숲 속의 목초지에, 공중목욕탕이 있었다. 목욕탕은 러시아의 모든 마을에 빠짐없이 있는데, 스타리예 도로기에서는 러시아인들을 위한 날과 우리를 위한 날이 격일로 번갈아 운영되었다. 그것은 나무로 지은 커다란 창고로, 안에는 돌로 된 두 개의 긴 의자가 있고 다양한 크기의 아연 대야들이 여기저기 흩어져 있었다. 그리고 찬물과 더운물을 원하는 대로 쓸 수 있는 수도꼭지들이 벽에 붙어 있었다. 반면에 비누는 원하는 대로 쓸 수 없었다. 비누는 탈의실에서 굉장히 인색하게 배급되었다. 비누 배급 담당자가 바로 이리나였다.

그녀는 조그만 책상 위에 냄새 고약한 회색 비누 한 덩이를 놓고, 손에 칼을 쥐고 있었다. 그곳에서 사람들은 옷을 벗고, 옷을 살균실에 맡긴 뒤 완전히 벌거벗은 채로 이리나의 책상 앞에 줄을 섰다. 이렇게 공무원으로서 직무를 볼 때 그녀는 매우 진지했고 뇌물도 통하지 않았다. 주의를 집중하느라 이마를 찡그리고 어린아이처럼 혀를 이 사이에 물고는 목욕 대기자들에게 각각 비누를 썰어 주었다. 마른 사람들에게는 좀더 얇게, 뚱뚱한 사람들에게는 좀더 두껍게. 그렇게 하라고 그녀가 지시를 받은 것인지 아니면 분배 정의에 대한 무의식적 직관에 따라 움직인 것인지는 잘 모르겠다. 제일 추잡한 고객들의 무례한 태도에도 그녀는 얼굴 근육 하나조차 까딱하지 않았다.

목욕을 한 후에는 옷을 살균실에서 되찾아야 했다. 그런데 이것은 스타리예 도로기 체제가 보여주는 또 다른 놀라움이었다. 살균실 안은 섭씨 120도나 되었다. 옷을 걸으러 개별적으로 그곳에 들어가야 한다는 말을 처음 들었을 때 우리는 황당해서 서로를 쳐다보았다. 러시아 사람들은 청동으로 만들어졌다. 그런 줄을, 우리는 여러 기회에 봐서 안다. 하지만 우리는 아니다. 우리는 구이가 될 것이었다. 그러다가 누군가가 시도를 했고, 보이는 것만큼 일이 그렇게 끔찍하지는 않다는 것을 알 수 있었다. 다음과 같은 대비책을 쓴다면 말이다. 충분히 젖은 몸으로 들어갈 것, 미리 자신의 옷걸이 번호를 알아둘 것, 문을 통과해 들어가기 전에 숨을 깊게 들이마시고 그 후에는 더 이상 숨 쉬지 말 것, 금속으로 된 물건은 절대 만지지 말 것, 그리고 무엇보다도 빨리 할 것.

소독된 옷들은 흥미로운 현상을 보였다. 터지고 이상하게 변형된 이들의 시체가 나왔고, 몇몇 유복한 사람들이 주머니에 잊어버리고 넣어 둔 에보나이트 만년필들은 뒤틀리고 뚜껑이 용접되어 나왔다. 양초 꽁지들은 녹아서 천에 스며들었고, 실험할 목적으로 주머니에 넣어둔 달걀은 갈라지고 살균실 가마 속에서 이미 말라붙었지만 그래도 먹을 수는 있었다. 하지만 두 명의 러시아 안전 요원은 아무렇지도 않게 마치 전설의 불도마뱀처럼 가마 속을 들어갔다 나왔다.

✦   스타리예 도로기에서의 날들은, 멀리 떨어진 집에 대한 고통스러운 생각과 되찾은 자연의 매혹으로 다만 간간이 깨어지는

긴 휴가처럼, 자비롭고 졸음에 겨운 끝없는 무감함 속에 그렇게 지나갔다. 우리가 왜 돌아가지 않는지, 어떤 길을 통해 언제 돌아갈지, 어떤 앞날이 우리를 기다리고 있는지 물어보기 위해 사령부의 러시아 군인들에게 가봤자 소용없었다. 그들이라 해서 우리보다 더 아는 것은 아니었지만, 순수하게 친절한 마음으로 공상적이거나 무시무시하거나 아니면 어처구니없는 답변들을 내놓았다. 열차가 없다거나 미국과 전쟁을 벌이려고 한다거나 우리를 콜호스※에 보낸다거나 이탈리아에 있는 러시아인 포로들과 교환할 때까지 기다린다거나 하는 답변들이었다. 그들은 이런, 그리고 또 다른 엄청난 이야기들을, 아무런 증오나 조롱의 의미 없이, 오히려 질문을 너무 많이 하는 아이들을 안심시키기 위한 것처럼 거의 애정 어린 배려로 우리에게 말하는 것이었다. 사실 그들은 집으로 돌아가려는 우리의 다급함을 이해하지 못했다. 우리가 먹을 것이 없단 말인가, 잘 곳이 없단 말인가? 스타리예 도로기에서 일을 해야 하는 것도 아닌데 도대체 뭐가 부족하단 말인가? 4년 동안 전쟁을 하고 승리한 러시아 붉은 군대의 그들이야말로 어쩌면, 집으로 아직 못 돌아가고 있는 것을 불평해야 하는 사람들이 아닌가?

실제로 그들은 조금씩, 천천히, 외관상으로는 극도로 무질서하게 귀환하고 있었다. 러시아군의 동원 해제 광경은 이미 카토비체 역에서 감탄한 적이 있지만, 이제 우리 눈에는 다른 형태로 날마다 계속되었다. 더

※ Kolkhoz 소련의 집단농장. 모든 생산 수단을 사회화하고 협동조합 형식으로 농민들이 집단 경영을 했으며 각자의 노동에 따라 수익을 분배했다.

이상 철로를 통하지 않고 붉은 집 앞의 도로를 따라서 개선 군대의 단편들이, 분대가 뭉쳐서 또는 흩어져서 밤이고 낮이고 아무 때나 서쪽에서 동쪽을 향하여 지나갔다. 남자들이 걸어서, 종종 맨발로 어깨에는 신발을 메고 지나갔다. 갈 길이 멀었으므로 신발 밑창이 닳지 않게 하려는 것이었다. 군복을 입은 사람도 있고 안 입은 사람도 있었다. 무기를 가진 사람도 있고 안 가진 사람도 있었다. 어떤 사람들은 기세등등하게 노래를 부르면서, 다른 사람들은 흙빛의 얼굴에 기진맥진해서 걸었다. 또 몇몇은 어깨에 자루나 짐 가방을 지고 있었다. 다른 몇몇은 전혀 다른 도구들을, 예컨대 푹신하게 속을 넣은 의자, 다리 긴 스탠드, 구리 냄비, 라디오, 추시계를 지고 있었다.

어떤 사람들은 마차나 말을 타고 지나갔다. 또 어떤 사람들은 오토바이를 타고 속도에 취해 끔찍한 소음을 내면서 떼 지어 지나갔다. 미제인 다지 트럭*들이 보닛과 흙받이 위까지 사람들을 가득 싣고 지나갔다. 몇몇 트럭들은 마찬가지로 초만원인 차량들을 끌고 갔다. 이 견인되는 차량들 중 하나가 바퀴 세 개로 굴러가는 것이 보였다. 네번째 바퀴 자리에는 소나무를 비스듬히 받쳐놓았는데, 나무의 한쪽 끝이 바닥에 닿은 채 질질 끌려가고 있었다. 나무줄기가 마찰로 인해 끝이 점점 닳아 짧아지면서 차량이 평형 상태로 유지될 만큼 밑에서 점점 밀려 올라왔다. 거의 붉은 집 앞에 와서 살아남은 세 타이어들 중 하나가 흐물흐물해졌다.

✽ 크라이슬러 사에서 생산한 트럭 모델. 지프와 함께 전 세계에서 가장 많이 사용되고 있다.

차에 타고 있던 스무 명가량의 사람이 내리더니 길 밖으로 견인 차량을 뒤집어 엎어버리고는 이미 꽉 찬 트럭 위로 끼어들었다. 모두가 '우라!'+ 하고 소리 지르는 가운데 트럭은 먼지구름 속에서 다시 출발했다.

다른 보기 드문 차량들도 지나갔는데 모두가 과적되어 있었다. 농사에 쓰이는 트랙터, 우편수송차, 예전에 시내 노선으로 사용되었고 아직도 베를린 시내 종점들의 이름이 적힌 번호판을 달고 있는 독일 버스들이었다. 이 독일 버스들 중 몇 대는 이미 고장 나서 다른 트럭들에 견인되거나 말들이 끌고 갔다.

8월 초 무렵에 이러한 이주는 그 성격이 미미하게 바뀌어갔다. 차츰차츰 차량보다 말들이 우위를 점하기 시작했다. 1주일이 지나자 말들밖에는 보이지 않았고 길은 이제 말들의 세상이 되었다. 하루에도 수만 마리씩 점령지 독일의 말들이 죄다 이리로 오는 것 같았다. 구름 같은 파리 떼와 등에 떼 속에, 찌르는 듯한 야생의 냄새를 풍기며 지치고 땀에 젖고 굶주린 말들이 끝도 없이 지나갔다. 말들은 젊은 여자들이 가하는 채찍과 고함에 격려되어 떠밀려 가고 있었다. 여자 한 명당 100마리도 더 되는 짐승들을 몰고 있었는데, 그녀들은 안장도 없이 말을 타고 있었고 맨다리에 머리는 헝클어지고 더위에 시달렸다. 저녁에 여자들은 도로의 양쪽에 있는 숲과 목초지로 말들을 몰고 들어가 말들이 자유롭게 풀을 뜯으며 새벽까지 쉬게 했다. 짐말들과 경주용 말들, 노새들, 젖먹이 망

+ Hurrà (러시아어) 열광·환호의 표현으로 '와!', '만세!'의 뜻.

아지들을 데리고 있는 암말들, 관절이 마비된 늙고 별 볼일 없는 말들, 나귀들이 있었다. 우리는 곧 이 짐승들의 숫자를 셀 수도 없을뿐더러 가축을 치는 여자들이, 지쳐서 또는 병들거나 절뚝거리느라 길 밖으로 나오는 짐승들에 대해서, 그리고 밤에 사라지는 말들에 대해서도 전혀 신경을 쓰지 않는다는 것을 알아차렸다. 말들은 많고도 많았다. 목적지에 한 마리 더 또는 덜 도착하는 게 뭐 그리 중요했겠는가?

그러나 18개월 전부터 고기를 거의 못 먹은 우리에게 말 한 마리가 더 있거나 덜 있다는 것은 엄청나게 중요했다. 사냥을 처음 시작한 이는 당연히 벨레트라노였다. 어느 날 아침 그는 우리를 깨우러 왔다. 머리부터 발끝까지 온통 피투성이였다. 손에는 아직도 두 갈래로 나뉜 막대기의 끝에 석류석 조각을 가죽 끈으로 묶어놓은 원시적 무기가 들려 있었다. 우리가 현장 조사를 한 바로는(벨레트라노는 말로 설명하는 데 그리 뛰어나지 못했으므로) 필경 임종에 다다른 말에게 그가 온정의 일격을 가한 것이었다. 불쌍한 짐승은 굉장히 미심쩍은 모습을 하고 있었다. 부풀어 오른 배는 북소리를 냈고 입에는 거품을 물고 있었다. 옆으로 누워 발굽으로 풀밭에 반원 모양의 깊은 고동색 흙구덩이 두 개를 파놓은 걸 보면, 밤새도록 고통에 사로잡혀서 발길질을 했음에 틀림없었다. 그래도 우리는 그 말을 먹었다.

이어서 전문 사냥꾼과 도살자로 이루어진 조가 여럿 결성되었는데, 그들은 병들거나 무리에서 떨어진 말들을 쓰러뜨리는 것에 만족하지 않고, 이제는 가장 살진 말들을 골라 의도적으로 무리에서 벗어나게 만들고는 숲 속에서 도살했다. 그들은 첫 새벽이 밝아올 때 곧잘 행동했다. 한 사람이 천으로 짐승의 눈을 가리면 다른 사람이 목덜미에 치명적인 (그러나 항상 치명적이지만은 않은) 일격을 가했다.

기가 막힐 만큼 풍요로운 시기였다. 무제한으로, 공짜로 모두에게 말고기가 돌아갔다. 사냥꾼들은 죽은 말 한 마리당 최대한 두세 명분의 배급용 타바코를 요구할 정도였다. 숲의 구석이란 구석에서는 모두, 그리고 비가 올 때는 붉은 집의 복도와 계단 밑에서도 버섯을 넣은 거대한 말고기 스테이크를 요리하느라 바쁜 남녀들을 볼 수 있었다. 이 말고기 스테이크가 아니었더라면 우리 아우슈비츠의 생환자들은 수개월이 더 지나서야 겨우 원기를 회복했을 것이다.

이러한 약탈에 대해서도 러시아 사령부는 최소한의 고민도 하지 않았다. 단 한 번 러시아군의 개입과 징계가 있었다. 말들의 이동이 끝나갈 무렵, 이미 말고기가 드물어지고 가격이 오름세를 탈 때였다. 산 비토레 모임의 한 사람이 뻔뻔하게도 붉은 집의 수많은 골방들 중 하나에 진짜 정육점을 차렸다. 이 사업은 러시아 군인들의 비위를 거슬렸는데, 위생적인 이유에서인지 아니면 도덕적인 이유에서인지 분명치는 않았다. 죄인은 공개적으로 질책을 받았고, '코르트(악마), 파라지트(기생충), 스피예쿨란트(투기꾼)'라고 선고된 뒤 감방에 갇혔다.

그다지 엄한 처벌은 아니었다. 알 수 없는 이유에서, 어쩌면 한때 죄수들이 세 명씩 갇혀 있던 시절의 관료주의적 관례 때문인지, 감방에는 하루 3인분의 식량이 배급되었다. 구치인이 아홉 명이든 한 명이든 아니면 한 명도 없든 상관하지 않았다. 배급량은 항상 3인분이었다. 그렇게 해서 이 불법 정육업자는 열흘 동안 과다한 영양 섭취를 하고는, 형기가 끝나자 돼지처럼 뚱뚱해지고 삶의 기쁨을 만끽한 뒤 감방에서 나왔다.

휴가
Vacanza

◆　　　　항상 그렇듯이 배고픔이 종말을 고하자, 우리 마음속에 있던 또 하나의 더욱 깊은 배고픔이 모습을 드러냈다. 어떤 의미에서는 당연하고 미래에 예정되어 있는, 집에 대한 갈망이 아니었다. 그보다는 인간적 접촉에 대한, 정신적·육체적 노동에 대한, 새로움과 다양함에 대한 더욱 즉각적이고 절박한 욕구였다.

스타리예 도로기에서의 생활은, 일을 하는 사람에게 쉼표와도 같은 휴가로서는 거의 완벽에 가까웠을 테지만, 우리에게 강요된 총체적인 무위도식으로서 우리를 무겁게 짓누르기 시작했다. 이러한 상황에서 많은 사람들이 다른 곳에서의 삶과 모험을 찾아 떠나갔다. 수용소는 울타리도 없고 경비를 서지도 않았기 때문에, 그리고 러시아 군인들이 점호를 하지도 않고, 아니 제대로 세지도 않았기 때문에 탈주라고 하기에는 부적절할 것이다. 그저 친구들에게 인사를 하고는 수용소를 떠났다. 그들은 구하던 것을 얻었다. 여러 고장들과 사람들을 보았고 어떤 이들은 오데사와 모스크바까지, 또 다른 이들은 머나먼 국경선까지 나아갔다. 외딴 마을들의 유치장도 알게 되었다. 농부들의 성경 구절 같은 환대, 우연한 사랑, 경찰의 쓸데없는 심문들, 새로운 배고픔과 고독을 알게 되었다. 하지만 거의 모두가 스타리예 도로기로 돌아왔다. 붉은 집 주변으로는 철조망의 그림자조차 없었지만, 그들이 뚫고자 했던 서방 쪽의 전설적인 국경선은 엄격하게 닫혀 있었던 것이다.

그들은 다시 돌아와서 저 림보 체제를 체념하고 받아들였다. 북방의 여름날은 너무나도 길었다. 새벽 세 시면 이미 동이 터왔고 황혼은 저녁 아홉 시, 열 시까지 지칠 줄 모르고 길게 늘어졌다. 숲으로 떠나는 소풍, 식사, 잠, 늪에서의 위험한 목욕, 늘 반복되는 대화, 앞날을 위한 계획들은 그 기다림의 시간을 줄이는 데, 그리고 날마다 커가는 부담감을 줄이는 데 충분치 않았다.

우리는 러시아 군인들에게 다가가려고 시도해보았으나 별로 성공을 거두지 못했다. 가장 진화한 이들은(독일어나 영어를 말하는) 우리에게 정중했지만 의심이 많았고, 종종 죄책감을 느끼거나 감시의 눈길을 느낀 것처럼 대화를 갑자기 중단하곤 했다. 좀더 단순한 사람들과 사령부의 열일곱 살짜리 사병들과는, 그리고 근처 마을의 농부들과는 언어 장벽 때문에 단편적이고 초보적인 관계밖에 맺을 수 없었다.

아침 여섯 시다. 그러나 얼마 전부터 낮의 빛에 잠이 달아나버렸다. 체사례가 '조직한' 감자를 담은 냄비를 가지고 나는 실개천이 흐르는 조그만 숲을 향해 가고 있다. 여기는 물과 장작이 있기 때문에 우리가 선호하는 조리 장소다. 오늘은 내가 식기를 씻고 이어서 조리를 하는 차례가 돌아온 날이다. 돌 세 개 사이에 불을 지핀다. 그런데 저기, 그리 멀지 않은 곳에 러시아 군인 한 명이 있다. 몸집은 작지만 근육질에 아시아인의 두터운 얼굴을 하고 있다. 그도 나와 비슷한 준비를 하려 한다. 그는 성냥이 없다. 나에게 다가오더니 내게 불을 달라고 하는 것 같다. 상체는 벗었고 군복 바지만 입고 있다. 그다지 안심할 만한 분위기는 아니다. 허리에 총검을 차고 있다.

나는 그에게 불붙은 가지 하나를 내민다. 러시아 군인은 그것을 받아들고는 그 자리에 남아 미심쩍은 호기심으로 나를 바라보고 있다. 내 감자들을 훔친 것이라고 생각하는 걸까? 아니면 내게서 감자들을 가져가버릴 궁리를 하는 걸까? 아니면 나를 자기 마음에 들지 않는 누군가로 착각하고 있는 것일까?

아니다. 그를 심란하게 하는 다른 것이 있다. 그는 내가 러시아어를 할 줄 모른다는 것을 알아차렸고, 이것이 그를 짜증나게 한다. 정상적인 성인이 러시아어를 할 줄 모른다는, 다시 말해 말을 할 줄 모른다는 사실이 그에게는 무례하고 오만방자한 태도로 보인 것이다. 마치 내가 자신에게 대답하기를 노골적으로 거부하는 것처럼 말이다. 그는 나쁜 의도를 가진 것이 아니라, 오히려 나를 도와 무식함이라는 유죄 상태에서 건져줄 의향을 갖고 있다. 러시아어는 누구나 말할 정도로, 아직 걸음마도 못하는 어린아이조차 말할 정도로 너무나 쉽다. 그는 내 곁에 앉는다. 나는 계속 감자가 걱정이 되어 곁눈질로 지켜본다. 그러나 아무리 봐도 그는 마음속에 내가 잃어버린 시간을 만회하도록 도와주는 것 말고 다른 생각은 없는 것 같다. 거절하는 내 입장을 이해하지 못하고 용납하지 못한다. 그의 언어를 내게 가르치려고 한다.

불행하게도 그는 스승으로는 별로 신통치 않다. 그에게는 기술과 인내심이 부족하다. 게다가 그의 설명들과 그가 토를 다는 것들을 내가 이해할 수 있다는 잘못된 전제를 바탕으로 나를 가르치려 하고 있다. 어휘만 다룬다면 아직 어느 정도는 괜찮다. 그리고 나는 내심, 이 놀이가 싫지 않다. 그는 내게 감자를 가리키면서 "까르또펠"이라고 말한다. 그러고는 그의 두툼한 앞발로 내 어깨를 잡고 집게손가락을 내 코밑에 들이댄다. 한쪽 귀를 기울이고는 기다린다. 나는 따라한다. "카르토펠." 그는 토할 것 같은 표정을 한다. 내 발음이 엉망이다. 발음조차도! 그는 다시 두세 번을 시도한다. 그러고는 지겨워하면서 어휘를 바꾼다. "오곤"이라고 불을 가리키며 말한다. 이건 좀 낫다. 내가 따라한 말이 그를 만족시킨 것 같다. 교육적인 다른 물건을 찾아 주위를 둘러보더니 나를 강렬한 눈빛으로 쳐다본다. 나를 계속 뚫어지게 쳐다보면서 그는 천천히 일어선다. 마치 나에게 최면을 걸려고 하는 것 같다. 그러다가 갑자기 번개같이 총검을 뽑아들고는 허공에 휘두른다.

나는 벌떡 일어나 붉은 집 쪽으로 도망간다. 감자에게는 안 된 일이다. 그러나 몇 걸음 옮기고 나서 내 어깨 뒤로 들려오는 사람 잡아먹는 귀신 같은 웃음소리를 듣는다. 그의 장난은 멋지게 성공했다.

"브리뜨바." 그가 햇빛에 칼날을 번뜩이며 내게 말한다. 그리고 내가 따라한다. 별로 편안한 기분이 아니다. 그는 팔라딘의 기사*처럼 총검을 세로로 내리쳐서 나뭇가지 하나를 싹둑 자른 다음, 그것을 내게 보이면서 말한다. "제레보." 나는 따라한다. "제레보."

"자 루스끼흐 쌀닷."(나는 러시아 군인이다) 나는 최선을 다해 따라한다. "야 루스키 솔다트." 그는 또 크게 웃는다. 내게는 비웃는 것으로 들린다. **그는** 러시아 군인이다. 나는 아니다. 거기에 엄청난 차이가 있다. 그는 그것을 내게 혼란스럽게 설명한다. 내 가슴을 한 번 가리키고 자기 가슴을 한 번 가리키면서 그리고 고갯짓으로 예와 아니오를 표시하면서 봇물 같은 단어들로 설명한다. 그는 나를 최악의 학생이라고 생각하는 게 틀림없다. 절망적으로 머리가 둔한 케이스다. 그는 내 야만스러운 상태에 나를 버려둔 채 그의 불로 돌아가고 나는 안도의 숨을 내쉰다.

다른 어느 날, 그러나 같은 시간, 같은 장소에서 나는 예사롭지 않은 어떤 광경과 마주치게 된다. 한 러시아 해병 주위로 이탈리아 사람들이 떼거지로 몰려 있다. 러시아 해병은 아주 젊고 키가 크고 움직임이 날렵하다. 그는 전쟁 일화를 '이야기하는' 중이다. 그는 자신의 말이 통하지 않는다는 것을 알기 때문에 분명 말만큼, 아니 말보다 더 자연스럽게 나오는 대로, 자기가 할 수 있는 대로 표현한다. 모든 근육으로, 얼굴에 자

✢ 중세 샤를마뉴대제의 휘하에 있던 열두 명의 기사들을 지칭한다.

리 잡은, 겉늙어 생긴 주름으로, 눈과 치아의 번뜩임으로, 점프와 손짓 발짓으로 표현하는데, 거기서 매력과 힘이 넘치는 독무(獨舞)가 탄생한다. '노치', '밤'이다. 그는 두 손바닥을 아래로 하고 천천히 제자리에서 한 바퀴 돈다. 모든 것이 고요하다. 집게손가락을 코에 나란히 세우고 길게 '쉬잇' 한다. 눈을 찡긋하더니 지평선을 가리킨다. 저 아래, 멀리 멀리, '넴쯰', '독일군'들이 있어. 얼마나? 손가락으로 다섯을 표시한다. 그리고 좀더 분명히 하기 위해 이디시어로 '피네프'라고 덧붙인다. 한 손으로 모래에 조그맣고 둥근 구덩이를 판다. 그리고 거기다가 막대기 다섯 개를 눕힌다. 독일군들이다. 그리고 여섯번째 막대기를 비스듬히 꽂는다. '마쉬나', '기관총'이다. 독일군들이 뭘 하는데? 여기서 그의 눈은 야성적인 쾌활함으로 반짝 빛을 낸다. '스파츠', 잔다(그리고 잠시 그가 직접 태평하게 코를 곤다). 바보들이 잔다. 뭐가 그들을 기다리는지 아무 것도 모르고.

그가 뭘 했을까? 바로 이렇게 했다. 그는 표범처럼 바람이 불어가는 쪽으로 조심스럽게 다가갔다. 그리고 갑자기 칼을 뽑아들면서 은신처 안으로 뛰어들었다. 이미 극적인 무아지경에 완전히 빠진 그는 당시 자신이 했던 행동들을 재연한다. 매복과 번개같이 빠르고 잔인한 난투극, 이것을 그는 우리 눈앞에서 재연한다. 사악하고 긴장된 웃음으로 얼굴을 바꾼 남자는 회오리바람으로 변신한다. 앞으로 뒤로 뜀박질을 하고 엄청난 에너지를 폭발시키면서 자신의 앞을, 옆을, 위를, 아래를 찌른다. 진심에서 우러나오는 분노다. 그의 무기는(진짜 존재하는, 그가 부츠에서 빼어든 긴 칼이다) 잔인하게 그리고 놀랄 만큼 능란하게 우리 얼굴 앞 1미터 지점에서 찌르고 가르고 찢는다.

갑자기 해병이 멈추더니 천천히 몸을 세운다. 칼이 그의 손에서 떨어진다. 그의 가슴은 헐떡거리고, 그의 시선은 멍하다. 그는 마치 거기 있는 시체들과 흥건한 피를 미처 알아차리지 못한 것에 놀랐다는 듯이 바닥을 바라본다. 그리고 공허하고 혼란스러운 듯이 주위를 둘러본다. 그는 우리를 알아보고 어린아이 같은 수줍은 웃음을 지어 보이고는 "까네쉬너"라고 말한다. 끝난 것이다. 그러고는 느릿한 걸음으로 멀어져간다.

중위의 경우는 상당히 달랐고 지금도 여전히 불가사의하다. 중위는(우리는 그의 이름을 결국 알 수 없었고 이는 아마도 우연은 아니었을 것이다) 마른 체격에 올리브색 피부를 가진, 늘 찡그린 얼굴을 하고 있는 러시아 청년이었다. 그는 이탈리아어를 완벽하게 구사했는데 러시아식 어투가 너무나 미미해서 몇몇 이탈리아 방언의 억양과 혼동할 정도였다. 그러나 우리에 대해서는, 사령부의 여느 러시아 군인들과 달리 친절하고 서글서글한 태도를 좀처럼 보이지 않았다. 우리가 문의를 할 수 있는 유일한 사람이 그였다. 어떻게 이탈리아어를 할 줄 아는가? 왜 그는 우리들 사이에 있는가? 전쟁이 끝난 지 4개월이 지난 마당에 왜 우리를 러시아에 붙잡아두고 있는가? 우리는 인질인가? 우리는 잊혔나? 왜 우리는 이탈리아로 편지를 쓸 수 없나? 우리는 언제 돌아가나? 그러나 납처럼 무거운 이런 모든 질문에, 중위는 그리 높지 않은 계급에 안 어울리는 권위와 자신감을 드러내며 날카로우면서도 핵심을 피해가는 식으로 대답했다. 우리는 러시아군 상급자들도 마치 그를 두려워하는 듯한 이상한 경외심으로 대한다는 것을 알아차렸다.

러시아 군인들과도 그리고 우리와도 그는 껄끄러운 거리를 유지했다. 그는 절대 웃지 않았고 술을 마시지도 않았다. 초대를 받아들이지도 않았고 담배조차도 받지 않았다. 말수가 적었고 한 단어 한 단어 무게를 달듯이 신중하게 고른 단어들로 말했다. 처음 그가 나타났을 때, 그를 러시아 사령부 내의 우리 측 대표이자 통역으로 생각하는 것이 당연해 보였다. 그러나 얼마 안 가 그의 임무는 (혹시 임무가 있다면, 그리고 만약 그의 태도가 단지 스스로 중요한 사람으로 보이기 위한 복잡한 방식일 뿐이 아니라면) 다른 것들임에 틀림없다는 사실을 알 수 있었고, 우리는 그의 앞에서 입을 다무는 쪽을 택했다. 그가 아끼면서 하는 몇몇 문장으로부터 우리는 그가 토리노와 밀라노의 지형을 잘 안다는 것을 깨달았다. 이탈리아에 머문 적이 있었소? "아니오." 그는 우리에게 무뚝뚝하게 대답하고는 다른 설명을 해주지 않았다.

사람들의 건강은 아주 좋았고 따라서 진료실을 찾는 이들도 소수의, 항상 같은 사람들이었다. 부스럼이 있는 사람, 늘상 있는 꾀병 환자들, 옴 환자 몇 명, 장염 환자 몇 명이 전부였다. 어느 날 한 여자가 와서 모호한 증상들을 호소했다. 구토, 허리 통증, 현기증, 열꽃. 레오나르도가 그녀를 진찰했다. 몸 전체에 약간씩 멍이 나 있었지만 그녀는 계단에서 굴렀다면서 신경 쓰지 말라고 말했다. 가지고 있는 도구들로는 그다지 심도 있는 진단을 내리기가 쉽지 않았지만 예외적으로, 또 우리 여성들의 수많은 전례로 보아, 십중팔구는 임신 3개월인 것 같다고 레오나르도가 환자에게 말했다. 여자는 기쁨도 불안감도 놀라움도 분노도 보이지 않았다. 다만 받아들였고, 고맙다고 인사를 했다. 하지만 돌아가지 않았다. 다시 복도의 의자로 가서 마치 누군가를 기다리듯이 말없이 조용하게 앉아 있었다.

체구가 작고 갈색 머리를 가진, 스물다섯 살가량 된 여자였다. 주부 같고 순종적이고 공상에 잠긴 듯한 분위기였다. 그리 매력적이지도 않고 표정이 풍부하지도 않은 그녀의 얼굴이 내게는 낯설지가 않았다. 토스카나 지방의 상냥한 억양을 지닌 그녀의 말투도 마찬가지였다.

확실히 전에 그녀를 만난 적이 있음에 틀림없었다. 그러나 스타리예 도로기에서가 아니었다. 나는 어떤 혼란스러운, 자리가 바뀐 듯한, 관계가 크게 역전된 듯한, 그럼에도 뭐라고 정의 내릴 수 없는 아련한 느낌을 가졌다. 모호하지만 고집스럽게 나는 그 여자의 모습에 강렬한 감정들의 매듭을 다시 연결시켰다. 초라하고도 아스라한 찬미, 고마움, 좌절, 두려움, 심지어 막연한 동경, 그러나 대개는 불명확하고도 깊은 불안감이었다.

그녀가 움직이지 않고 조용히, 전혀 조바심 내는 기색 없이 계속 의자에 앉아 있었으므로, 나는 그녀에게 혹시 필요한 것이라도 있는지, 혹시 우리가 아직 필요한지 물었다. 진료는 끝났고 다른 환자들은 없었다. 문을 닫을 시간이었다. "아뇨, 아니에요." 그녀가 대답했다. "아무것도 필요

없어요. 저 지금 가요."

플로라! 희미한 기억이 갑자기 형체를 띠면서, 정확하고 분명한, 시간과 장소, 색깔, 과거로 돌아가는 심정, 분위기, 냄새 등 세부적인 것들로 가득한 하나의 그림으로 응결되었다. 그녀는 플로라였다. 부나의 지하 창고에 있던 이탈리아 여자, 라거의 여자, 한 달 이상 나와 알베르토가 꿈꾸던 대상, 잃어버린 그리고 더 이상 바랄 수 없는 자유의 무의식적인 상징이던 그녀였다. 그녀를 마지막으로 본 건 1년 전이었으나, 마치 100년은 지난 것처럼 느껴졌다.

플로라는 시골의 매춘부로, 토트 조직에 동원되어 독일에 가게 되었다. 독일어를 몰랐고 다른 일도 할 줄 몰랐다. 그래서 부나 공장의 바닥을 쓰는 일에 보내졌다. 그녀는 아무와도 말을 주고받지 않고, 빗자루에서 그리고 끝도 없는 자신의 일에서 눈을 떼지 않고, 하루 종일 녹초가 되도록 쓸었다. 아무도 그녀에게 신경 쓰지 않는 것처럼 보였고 그녀는 마치 낮의 햇빛을 두려워하는 것처럼 가능한 한 위층으로 올라가지 않았다. 지하 창고들을 꼭대기부터 바닥까지 끝도 없이 쓸고는 몽유병자처럼 처음부터 다시 시작했다.

그녀는 몇 달 동안 우리가 본 유일한 여자였고 우리말을 했다. 하지만 우리 해프틀링들에게는 그녀에게 말을 건네는 것이 금지되어 있었다. 알베르토와 내게 그녀는 굉장히 아름답고 신비스럽고 비물질적으로 보였다. 금지되어 있음에도 우리는 플로라와 숨어서 몇 마디 말을 주고받았다. 어떤 면에서 금지는 위반이라는 자극적인 묘미를 우리의 만남에 가미하면서 그 만남이 지니는 매혹을 배가시켰다. 우리는 그녀에게 우리가 이탈리아인이라는 것을 알렸고, 빵을 달라고 청했다. 사실 우리 자신과 그 미묘한 인간적 접촉의 가치를 실추시킬 수 있음을 알기에 썩 내키지는 않았다. 그러나 타협하기 어려운 배고픔은 기회를 날려버리지 말 것을 우리에게 강요했다.

플로라는 우리에게 여러 번 빵을 가져다주었다. 그녀는 당황한 모습으로 지하의 어두운 구석에서, 눈물을 찔끔거리면서 우리에게 빵을 건넸다. 그녀는 우리에게 연민을 가졌고 다른 방식으로 우리를 도와주려고 했지만 방법을 몰랐고 또 두려워했다. 무방비 상태의 짐승처럼 모든 것을 두려워했다. 어쩌면 우리도 두려워했을지 모른다. 직접적으로는 아니라도 다만 우리가, 그녀를 조국으로부터 끌어내 손에 빗자루를 쥐어 쫓아내버린, 그리고 땅 밑으로 그녀를 보내 이미 100번도 더 쓴 바닥을 또 쓸게 한 그 낯설고 이해할 수 없는 세계의 사람들이라는 사실만으로도 그럴 수 있었다.

우리 둘은 어쩔 줄 모르며 고마워했고 부끄러움으로 몸 둘 바를 몰랐다. 우리의 초라한 모습을 갑자기 의식하게 되었고 그것 때문에 괴로워했다. 사냥개처럼 눈을 바닥에 깔고 하루 종일 돌아다니기 때문에 별 이상한 것도 다 찾아낼 줄 알던 알베르토가 어디서인지 빗을 하나 발견했다. 우리는 아직 머리카락이 있던 플로라에게 빗을 엄숙하게 선물했다. 이 일이 있고 난 다음 우리는 어떤 감미롭고 순수한 인연으로 그녀에게 연결되어 있다고 느꼈고 밤에는 그녀를 꿈꾸었다. 그래서 플로라가 다른 남자들과 밀회한다는 명백한 진상을 알게 되고 인정할 수밖에 없었을 때, 우리는 날카로운 당혹감과 어처구니없고도 무력한, 어떤 질투와 환멸이 뒤섞인 감정을 느꼈다. 어디서 어떻게, 그리고 누구와 밀회를 한단 말인가? 그다지 아름답지 못한 장소와 방식으로였다. 약간 떨어진 곳에, 폴란드인과 독일인 카포들의 합작으로 어느 계단 아래 공간에 '조직'된 불법 토끼장 안의 건초 더미 위에서였다. 윙크나 거만하고 단호한 고갯짓 같은 작은 신호 하나만으로도 충분했다. 그러면 플로라는 빗자루를 내려놓고 순순히 그 순간의 남자를 따라갔다. 몇 분 뒤에 그녀는 혼자 돌아왔고 옷매무새를 가다듬고는 우리 얼굴을 마주보지 않고 비질을 했다. 이 씁쓸한 사실을 안 우리에게 플로라의 빵은 짠맛*이 났다. 그러나 우리는 그 때문에 빵을 받아먹는 것을 그만두지는 않았다.

그녀를 향한, 그리고 나 자신을 향한 연민 때문에 나는 플로라가 나를 알아보도록 하지 않았다. 부나의 나 자신과 그 유령들과 기억 속의 그녀와 그리고 그녀의 환생 앞에서 나는 내가 달라졌다고, 완전히 '다른 사람'이 되었다고 느꼈다. 마치 유충 앞의 나비처럼. 스타리예 도로기의 림보에서 나는 더럽고 누더기를 걸치고 피곤하고 침울하고 기다림에 지쳐 있지만, 그럼에도 젊고 힘이 넘치고 앞날을 바라보고 서 있는 나 자신을 느꼈다. 반면, 플로라는 변하지 않았다. 그녀는 지금 베르가모 출신의

✦ 단테의 『신곡』 천국편 제7곡 58행을 암시한다. '남의 빵이란 얼마나 쓴 것인지 또 남의 층층대를 오르내리는 것이 얼마나 힘든 것인지'라는 이 감동적인 비가에서 단테는 추방당하여 이곳저곳을 떠돌아야 하는 심정을 절절히 표현하고 있다.

구두수선공과 살고 있었다. 아내로 사는 것이 아니라 노예로 살고 있었다. 그 남자를 위해 빨래를 하고 요리를 했으며 겸손하고 순종적인 눈으로 그를 보면서 그를 따라갔다. 말이 없고 원숭이 같은 남자는 그녀의 일거수일투족을 감시했고 의심의 그림자라도 보일라치면 야만적으로 그녀를 때렸다. 그녀의 몸이 온통 멍들어 있었던 것은 바로 그 때문이었다. 그녀는 몰래 진료실로 왔고, 이제 자기 주인의 노여움과 부닥치러 나가는 것을 주저하고 있었다.

✢   스타리예 도로기에서는 아무도 우리에게 뭔가를 요구하지 않았다. 우리에게 그 어떤 힘도 행사하지 않았고 우리는 그 무엇으로부터도 우리 자신을 방어할 필요가 없었다. 홍수로 쌓인 퇴적물처럼 우리 자신이 무기력하고 가라앉아 정착되어버린 듯 느꼈다. 아무 일도 일어나지 않는 이 무감한 삶에서 소비에트군 영화관의 조그만 트럭이 도착한 것은 기억할 만한 사건으로 기록되었다. 전선과 후방의 군대에서 이전에 복무하던 이동 부대임에 틀림없었다. 이제 이 부대도 귀환길에 올라 있었다. 부대는 영사기, 동력 장치, 한 벌의 영화 필름 그리고 이를 담당할 인원을 포함하고 있었는데, 스타리예 도로기에 사흘을 머무르면서 매일 저녁 영화를 보여주었다.

영화는 극장 홀에서 상영되었다. 홀은 매우 넓었고, 독일군들이 가져간 의자들을 대체한 투박한 긴 의자들은 화면으로부터 갤러리 쪽을 향해 오르막을 이루는 바닥 위에서 불안정한 균형을 이루고 있었다. 마찬가지로 바닥이 기울어 있는 갤러리는 좁고 긴 공간으로 축소되어 있었다. 갤러리의 가장 높은 부분은, 붉은 집을 지은 신비스럽고 기이한 건축가들의 기발한 착상으로 칸막이 벽을 세워 일련의 작은 방들로 나뉘었기 때문이다. 공기도, 빛도 들지 않는 이 방들의 문은 무대 쪽으로 나 있었고, 우리 공동체의 독신 여성들이 그곳에서 기거했다.

첫날 저녁에는 오스트리아의 옛날 영화가 상영되었다. 그 자체로는 평범한 영화로 러시아인들에게는 별반 흥미롭지 못했지만, 우리 이탈리아인들에게는 감흥으로 가득한 영화였다. 스파이 전쟁물로 독일어 자막이 달린 무성 영화였다. 더 정확하게는 제1차 세계대전 당시 이탈리아 전선에서의 일화를 다룬 영화였다. 연합군 측이 제작한 이와 유사한 영화들에서 볼 수 있는 순진함과 수사학적 장치가 등장했다. 군대의 환영식, 성스러운 국경들, 영웅적이지만 처녀들처럼 금방이라도 울음을 터뜨릴 것 같은 전사들, 실제로는 있을 법하지 않은, 열광적으로 행해지는 총심공격. 단지 모든 것이 거꾸로 되어 있었다. 장교들과 사병들인 오스트리아-헝가리 제국 사람들은 귀족적이고 건장한 인물들로 용감하고 기사도에 투철했다. 역사적 전사들의 영적이고 섬세한 얼굴들, 첫눈에 서글서글함을 풍기는 농부들의 투박하고 정직한 얼굴들. 반면 이탈리아 사람들은 모두가 상스러운 불한당들의 무리였고 하나같이 우스꽝스럽고 눈에 띄는 육체적 결함을 가지고 있었다. 사팔뜨기, 뚱보, 어깨가 병 모양으로 움츠러든 사람, 헤라클레스처럼 튼튼한 다리를 가진 사람, 이마가 좁고 납작한 사람들이었다. 그들은 비겁하고 잔혹하고 난폭했으며 수상한 사람들이었다. 장교들은 카도르나 장군+과 디아츠 장군+의 초상화로 우리에게 낯이 익은 둥근 냄비 모양의 모자를 썼는데, 치수가 맞지 않아 모자 밑으로 나약한 탕아 같은 얼굴이 푹 눌려 있었다. 돼지나 원숭이 같은 사병들의 찡그린 얼굴은 비스듬히 눌러쓰거나 음흉하게 시선을 숨기려고 눈까지 내려 쓴 우리 아버지들 세대의 헬멧으로 부각되었다.

비엔나에서 활동하는 이탈리아 스파이인 반역자 중의 반역자는 절반은 단눈치오+적이고 절반은 비토리오 에마누엘레+적인 기이한 키메라+였다. 어처구니없을 만큼 키가 작아서 사람들을 올려다볼 수밖에 없는 그는 애꾸눈에 나비넥타이를 맸는데 화면의 아래위로 수평아리처럼 거만하게 폴짝거렸다. 이탈리아 국경선 안으로 다시 들어온 그는 무시무시한 냉정함으로 죄 없는 열 명의 티롤 양민들을 총살하도록 지휘했다.

성격상 증오스러울 수밖에 없는 '적'의 입장이 된 우리 자신을 보는 것에 전혀 익숙지 않고, 누군가로부터 미움을 받는다는 생각에 너무나도

+ Luigi Cadorna 1850~1928. 이탈리아의 장군으로 제1차 세계대전 당시 트렌티노에 대한 오스트리아군의 공세를 둔화시키고 고리치아를 점령했다.
+ Armando Diaz 1861~1928. 이탈리아의 장군으로 제1차 세계대전 당시 루이지 카르도나의 휘하에 있으면서 카르소 전투와 고리치아 전투에서 승리를 거두었다.
+ Gabriele D'Annunzio 1863~1938. 이탈리아의 시인, 소설가, 극작가. 데카당 문학의 대표자이며 관능적 이단주의라는 독자적인 작품세계를 수립했다. 세계대전에 참전하고 파시즘을 옹호한 바 있다.
+ Vittorio Emanuele III 1869~1947. 이탈리아의 국왕으로 1943년 파시스트평의회에서 무솔리니의 실각을 결의하고 그를 감금시킨다. 제2차 세계대전 후에 무솔리니 파시즘 정권의 출현을 막지 못한 책임을 지고 퇴위한다.
+ 그리스 신화에 나오는 괴물로 몸통의 앞부분은 사자, 중간 부분은 염소, 뒷부분은 용과 비슷하다. 곧 서로 어울리기 힘든 모양과 특질들이 한 대상에 괴상하게 결합된 것을 비유할 때 쓴다.

휴가

괴로운 나머지 이 영화를 관람하고 나서 너무나도 낙심한 우리 이탈리아인들은 영화를 보면서 마음이 편치만은 않은, 건전한 성찰의 원천이 되는 어떤 복합적인 즐거움을 얻었다.

이튿날 저녁에는 소련 영화가 상영될 예정이라고 게시되었다. 그러자 분위기는 달아오르기 시작했다. 우리 이탈리아인들로서는 처음 보는 러시아 영화였고, 러시아인들에게는 제목이 액션과 총격전으로 가득한 전쟁 이야기임을 예고했기 때문이다. 소문이 퍼졌다. 갑자기 가깝고 먼 수비 부대들로부터 러시아 군인들이 도착했고 극장은 문전성시를 이루었다. 극장 문이 열리자 사람들은 안으로 물밀듯이 돌진해 들어와 시끌벅적하게 의자를 뛰어넘고, 팔꿈치로 닥치는 대로 마구 치고 밀치면서 자리를 차지했다.

영화는 순진하고 단조로웠다. 소비에트군의 비행기 한 대가 고장으로 위치를 알 수 없는 국경의 산악 지대에 불시착하게 된다. 조그만 2인용 비행기이고 조종사 한 사람만 타고 있다. 고장 난 곳을 수리한 뒤 이륙하려는 찰나에 지역의 명망가인 터번을 두른 회교도 족장이 유별나게 수상쩍은 모습으로 나타나서는 터키식으로 무릎 꿇고 절을 하면서 태워 달라고 간청한다. 그가 위험한 악당이거나 어쩌면 밀수업자이거나 반체제 인사 또는 외국 첩보원이라는 것을 바보라도 알아차렸을 것이다. 그러나 결국 조종사는 무분별한 관용으로 그의 장황한 간청을 받아들여 그를 비행기의 뒷좌석에 태운다.

이륙과 더불어 얼음으로 반짝이는 산맥(카프카스 산맥으로 짐작된다)을 공중에서 촬영한 아주 훌륭한 장면들이 이어진다. 그런 다음, 족장이 몰래 독사 같은 움직임으로 망토의 주름 속에서 연발총을 꺼내 조종사의 등에 겨누고는 항로를 변경하라고 명령한다. 조종사는 뒤를 돌아보지도 않고 번개 같은 결단으로 대응한다. 비행기를 급상승시켜 공중제비를 도는 것이다. 족장은 구토증과 두려움에 휩싸여 의자 위에 쓰러진다. 조종사는 그를 때려눕히는 대신, 태평스럽게 예정된 목적지를 향해 계속 비행한다. 높은 산의 또 다른 장관들이 나오고 몇 분 뒤, 무법자는 정신을 차린다. 조종사를 향해 살금살금 다가가 다시 총을 들이댄다. 이번에는 비행기가 가파른 봉우리와 깊은 협곡의 지옥을 향해 수천 미터를 추락하듯 급강하한다. 족장은 기절하고 비행기는 고도를 회복한다. 그런 식으로 비행은, 이슬람교도는 내내 공격하고 조종사는 내내 새로운 곡예를 선보이면서 한 시간 이상 계속된다. 고양이처럼 목숨이 아홉 개는 되어 보이는 족장의 마지막 협박이 있은 뒤 비행기는 빙글빙글 회전하고 급기야 구름 낀 산들과 얼음들이 비행기 주위로 격렬하게 소용돌이 친다. 그러고 나서 결국 비행기는 무사히 예정된 비행장에 내려앉는다. 초주검이 된 족장에게는 수갑이 채워진다. 꽃처럼 싱싱한 조종사는 조사를 받으러 가는 대신 근엄한 상관들의 악수를 받고, 그 자리에서 바로 진급되며, 그를 오랫동안 기다린 것으로 보이는 여인에게서 수줍은 입맞춤을 받는다.

관객 중 러시아 군인들은 그 어수룩한 사건의 추이를, 영웅에게 박수갈채를 보내고 배신자에게 모욕을 퍼부으면서 시끌벅적하고 열광적으로 지켜보았다. 하지만 셋째 날 저녁에 일어난 일에 비하면 이것은 아무것도 아니었다.

사흘날 저녁에는 1930년대의 꽤 잘 만든 미국 영화, 〈허리케인〉을 상영한다고 게시되었다. '고귀한 미개인'의 현대판 인물로, 소박하고 강인하며 온화한 성품의 한 폴리네시아인 선원이 선술집에서 일단의 술 취한 백인들에게 저속한 놀림을 당하고 그중 한 명에게 가벼운 부상을 입힌다. 분명 그가 잘못한 것은 없지만 아무도 그를 위해 증언해주지 않는다. 그는 체포되고 재판을 받게 되는데, 통탄스럽게도 그로서는 이해할 수 없는 징역 1개월을 선고받는다. 그는 며칠밖에 견디지 못한다. 거의 동물적인 자유에의 욕구와 참을 수 없는 구속 때문만은 아니다. 근본적으로 그가 아니라 백인들이 정의를 어겼다는 것을 느끼고, 알고 있기 때문이다. 이것이 백인들의 법이라면, 그렇다면 법은 옳지 않다. 그는 간수를 쓰러뜨리고 비 오듯 쏟아지는 총알들을 피해 탈출한다.

이제 이 온화한 선원은 진짜 범죄자가 된다. 군도群島 전역에서 그를 뒤쫓는다. 그러나 멀리서 그를 찾는 것은 쓸데없는 일이다. 그는 태연하게 자기 마을로 되돌아온 것이다. 그는 붙잡혀서 어느 멀리 떨어진 섬의 형무소에 유배된다. 노동과 채찍질. 다시 도망친다. 현기증 나는 벼랑에서 바다로 몸을 던진 그는 작은 배를 훔쳐 타고 고향 땅을 향하여 먹지도, 마시지도 않고 며칠을 항해한다. 제목에 기약된 허리케인이 다가오는 가운데 그는 기진맥진한 채 고향 땅에 상륙한다. 곧 허리케인은 성난 듯 몰아치고 남자는 훌륭한 미국적 영웅답게 홀로 자연의 힘에 대항해 싸운다. 자신의 연인뿐만 아니라 교회와 교회 안에서 피난처를 찾았다고 착각하는 목사와 신도들을 구한다. 그리하여 복권한 그는, 달아나는 마지막 구름들 사이로 나타난 태양 아래 연인과 함께 행복한 미래를 찾아 길을 떠난다.

전형적으로 개인주의적이고 초보적인, 그리고 과히 나쁘지는 않게 전개된 이 이야기는 러시아인들 사이에 지진과도 같은 열광이 터져나오게 했다. 상영 시작 한 시간 전에 이미, 야단법석하는 군중(옷을 아주, 아주 조금만 입고 있는 눈부시게 아름다운 폴리네시아 여인의 포스터에 끌린)이 문을 밀어댔다. 거의 모두가 매우 젊은 군인들이었는데 무장을 하고 있었다. '기울어진 홀'은 넓었지만 그 안에 모두를 수용할 자리가 없다는 것은, 서 있을 자리조차 없다는 것은 분명했다. 바로 이 때문에 그들은 서로 먼저 입장을 하기 위해 팔꿈치로 치면서 열심히 싸우는 것이었다. 누군가 넘어졌고 짓밟혔다. 다음 날 다친 이가 진료소로 왔는데, 우리는 그가 거의 박살이 났을 거라고 생각했다. 그러나 그는 몇 군데 타박상밖에는 입지 않았다. 뼈가 단단한 사람들이다. 얼마 안 있어 문들은 허물어지고 산산조각이 났으며 그 잔해를 곤봉처럼 손에 쥐고 군중은 극장 안으로 밀고 들어왔다. 군중은 처음부터 몹시 흥분해 있었고 전투적이었다.

그들에게는 마치 영화 속의 인물들이, 스크린에 투영된 그림자가 아니라, 손에 닿을 듯이 가까이에 있는, 마치 실제의 친구나 적인 것 같았다. 선원은 하는 일마다 박수갈채를 받았고, 기관총을 머리 위로 위험하게 휘두르며 내지르는 시끌벅적한 환호성으로 환영받았다. 경찰들과 간수들은 피 터지게 욕을 먹었고 "가라", "죽어버려", "타도하라", "그를 내버려둬" 등의 고함으로 야유를 받았다. 첫 탈출 후, 지치고 상처 입은 도망자가 다시 쇠사슬에 묶이는 신세가 되고, 게다가 냉소적이고 비대칭적인 얼굴의 존 캐러딘[*]으로부터 조롱당하고 비웃음을 받았을 때는 급기야 대혼란이 일어났다. 죄 없는 그를 아낌없이 변호하면서 관객이 고함을 지르며 들고일어난 것이다. 복수를 하려는 사람들의 거센 물결이 스크린을 향해 밀려갔고, 그들은 덜 흥분했거나 이야기가 어떻게 끝날지 더 보고 싶어하는 사람들에게 비난을 받고 제지당했다. 스크린 위로 돌과 흙덩이, 부서진 문의 파편들이 날아갔다. 심지어 군화 한 짝이 날아가 거대하게 클로즈업된, 그 대단한 적의 가증스러운 두 눈 사이를, 너무나 분노해서 반드시 잡고야 말겠다고 작정한 듯 정확하게 맞혔다.

길고 격렬한 일련의 폭풍우 장면에 이르자 소란은 악마의 연회로 변해 갔다. 밀어붙이는 사람들 틈바구니에 낀 소수의 여자들이 지르는 날카로운 비명들이 들려왔다. 장대가 등장했고, 잠시 후 또 하나가 더 나타났다. 이 장대들은 머리 위로 손에서 손으로 전해져 귀청이 떨어질 것 같은 아우성 사이를 지나갔다. 처음에는 장대가 무엇에 쓰일지 알 수 없었지만 곧 계획이 밝혀졌다. 밖에서 소란을 부리던 제외된 자들이 십중팔구 미리 꾸민 계획임에 틀림없었다. 갤러리의 규방들로 올라가려는

[*] John Carradine 1906~1988. 미국의 영화배우.

것이었다.

장대들을 세워서 발코니에 기대어놓고는 여러 명의 정신 나간 남자들이 부츠를 벗고, 마을 축제에서 미끄러운 장대를 오르는 놀이를 하듯 기어오르기 시작했다. 이 순간부터는 장대를 오르는 구경거리가 화면에서 계속되던 영화로부터 모든 관심을 앗아가버렸다. 지원자들 중 한 사람이 수많은 머리들 위로 올라가는 데 성공하자마자 열 개, 스무 개의 손이 그의 발을 잡아당겨 바닥으로 다시 내려놓았다. 지지하는 편들과 반대편들이 생겨났다. 어떤 용감한 사람이 군중으로부터 풀려나 두 팔로 성큼성큼 오를 수 있었다. 다른 사람이 그를 쫓아 같은 장대 위를 올라갔다. 거의 발코니 높이에서, 밑에 있는 사람이 위에 있는 사람의 뒤꿈치를 잡아당기고 위의 사람은 인정사정없이 발로 내려치면서 방어하는 가운데 몇 분 동안 싸움이 벌어졌다. 그러는 사이, 포위 공격을 받는 여자들을 보호하기 위하여 붉은 집의 구불구불한 계단을 통해 다급하게 올라간 일군의 이탈리아 사람들이 발코니에서 머리를 내밀고 있는 것이 보였다. 이 수비군들에 의해 장대가 떠밀려 오락가락 흔들리더니 긴 순간을 공중에 수직으로 서 있었다. 그리고 군중들 사이로 나무꾼이 쓰러뜨린 소나무처럼 거기 달라붙은 두 사람과 함께 넘어갔다. 이 시점에 우연인지 아니면 현명하게도 저 위쪽 영사실에서 개입했기 때문인지 잘 모르겠지만, 영사기의 불이 꺼지고 모든 것이 순식간에 깜깜해졌다. 아래층의 소동은 위험하게 격렬해졌고 고함과 욕설 그리고 환호성을 지르며 모두가 달빛 아래 밖으로 나왔다.

다음 날 아침, 다들 아쉬워하는 가운데 이동 영화관은 떠났다. 이어진 저녁에는 여성 구역을 침범하려는 러시아인 측의 또 한 번의 무모한 시도가 확인되었다. 이번에는 지붕과 홈통을 통해 시도한 것이었다. 이에 따라 이탈리아인 자원자들로 야간 경계반이 조직되었다. 게다가 더욱 조심하기 위해 갤러리의 여자들은 그곳에서 나와 공동으로 사용하는 커다란 방에 다수의 여성 거주자들과 재결합했다. 덜 아늑했지만 더 안전한 거처였다.

연극
Teatro

◆   그러나 8월 중순경에 러시아 군인들과 접촉할 기회가 마련되었다. 준비 현장의 비밀스러움에도 불구하고, '루마니아 사람들'이 당국의 동의와 지원으로 다채로운 공연을 조직 중이라는 것을 수용소 전체가 알게 되었다. 연습은 '기울어진 홀'에서 이루어졌다. 홀의 문들은 그럭저럭 복구되었고 보초병들이 경비를 서서 모든 외부인의 출입을 금지했다. 공연 순서 중에 탭댄스가 있었다. 탭댄스 전문가이면서 굉장히 성실한 한 해병이 감정가들과 고문들에게 작은 원으로 둘러싸인 가운데, 매일 저녁 연습을 했다. 그런데 이 연습은 그 성격상 시끄러울 수밖에 없었다. 중위가 그 부근을 지나다가 리드미컬한 시끄러운 소리를 들었다. 그는 봉쇄 지점을 명백한 권력 남용으로 억지로 뚫고 들어갔다. 그는 참석자들이 불편해하는 가운데 평상시의 거리끼는 태도를 벗

어버리지 않고, 그 난해한 찡그린 얼굴을 부드럽게 펴지도 않은 채 연습을 두세 번 지켜보았다. 그러더니 갑자기 조직위원회에 자신은 여가 시간에는 열렬한 무용 애호가이며 오래전부터 정확하게 탭댄스를 배우는 것이 소망이었다고, 따라서 탭댄서에게 레슨을 요청한다고, 아니 명령을 받은 줄 알라고 통보했다.

이 레슨 광경은 내게 너무나도 흥미로워서 나는 붉은 집의 이상하고 구불구불한 통로를 따라 들어가 어두운 구석자리에 웅크리고 숨어서 그것을 지켜볼 방법을 찾아냈다. 중위는 상상할 수 있는 최고의 제자였다. 아주 진지하고 의욕적이며 집요했고 또 신체적 조건도 잘 갖추고 있었다. 그는 군복을 입고 부츠를 신고서 하루에 한 시간을 춤을 췄고 스승에게나 자기 자신에게 잠깐의 휴식도 허용치 않았다. 그의 실력은 굉장히 빠르게 향상되었다.

1주일 뒤, 공연이 무대에 올랐을 때 탭댄스 차례는 모두를 놀라게 했다. 스승과 제자가 완전무결한 동시성과 평행성으로, 나무랄 데 없이 춤을 췄다. 스승은 여자들이 마련해준 기발한 집시 의상을 입고서 윙크를 하고 미소를 지으면서, 중위는 코를 위로 치켜들고 눈은 바닥을 향한 채 마치 번제燔祭의 춤을 거행하듯이 침울한 얼굴로 춤을 추었다. 물론 그는 군복을 입었고 가슴에 달린 훈장들과 옆구리에 찬 권총집이 그와 함께 춤을 췄다.

그들은 박수갈채를 받았다. 그다지 독창적이지 않은 다른 순서들(고전적인 레퍼토리인 나폴리 가요 몇 곡, 〈비주의 소방관들〉, 사랑에 빠진 남자가 꽃다발이 아닌, 우리의 냄새 고약한 생선 '리바'로 아가씨의 마음을 얻는 토막극 한 편, 합창으로 부른 〈라 몬타나라〉. 합창 지도는 시뇨르 운버도르벤이 맡았다)도 똑같은 박수갈채를 받았다. 그러나 다소 평범치 않은 두 순서가 열광적인 성공을 거두었고 또 그럴 만했다.

두 다리를 쩍 벌리고 서툰 걸음으로 뚱뚱하고 거대한 인물이 무대에 등장했다. 가면을 쓰고 옷으로 온몸을 둘둘 말고 있는 그는 미슐랭 타이어 사의 그 유명한 '비벤덤'과 비슷했다. 그는 운동선수들이 하는 식으로 두 손을 모아 머리 위로 치켜들고서 관객에게 인사를 했다. 그러는 사이, 조수 두 명이 역기처럼 생긴, 봉 하나에 바퀴 두 개가 달린 거대한 기구를 그의 옆으로 아주 힘들게 굴려왔다.

그는 몸을 숙여 봉을 잡고 모든 근육을 긴장시켰다. 전혀, 봉은 움직이지 않았다. 그러자 그는 망토를 벗었다. 꼼꼼하게 망토를 개어 바닥에 놓았다. 그리고 새로운 시도에 들어갔다. 이번에도 역기는 바닥에서 들리지 않았으므로 그는 두번째 망토를 벗어 처음 망토 옆에 놓았다. 그렇게 해서 여러 벌의 망토들이, 군인 망토와 민간인 망토, 비옷 망토, 신부님 망토, 남성용 일반 망토들이 계속 벗겨졌다. 선수는 눈에 띌 만큼 덩치가 줄어들었고 무대는 옷들로 채워져갔다. 그리고 역기는 땅에 아예 뿌리를 내린 것 같았다.

망토들을 다 벗자 그는 모든 종류의 재킷들을 벗기 시작했다(이 중에는 해프틀링의 줄무늬 윗도리도 있었다. 우리들 소수에게 경의를 표하려는 뜻이었다). 그다음에는 수많은 셔츠들이었다. 그리고 매번 옷을 하나 놓고

난 후에는 늘 고집스러운 엄숙함으로 기구 들어올리기를 시도하고, 참을성을 잃거나 놀라는 기색이 전혀 없이 포기했다. 그러나 네 벌째인지 다섯 벌째인지의 셔츠를 벗던 중에 그는 갑자기 동작을 멈추었다. 셔츠를, 먼저 팔을 뻗은 거리에서, 다음은 가까이에 대고 주의 깊게 바라보았다. 원숭이 같은 날랜 움직임으로 칼라와 솔기들을 뒤지더니, 드디어, 엄지손가락과 집게손가락으로 가공의 이 한 마리를 잡아냈다. 공포로 휘둥그레진 눈을 하고 이를 찬찬히 살피더니 조심조심 바닥에 내려놓았고, 그 둘레에 분필로 동그라미를 그렸다. 그리고 뒤로 돌더니 그 순간만은 갈대처럼 가벼워진 역기를 한 손으로 땅에서 휙 뽑아들고는 정확하고 깨끗한 한 방으로 이를 뭉개버렸다.

이 짧은 삽입 장면을 넣은 후 본론으로 돌아와, 그는 다시 셔츠들과 바지들, 양말들과 복대들을 진중하고도 단정하게 벗고 또 역기를 들어올리려 애쓰기 시작했다. 마지막에는 옷가지들이 산더미처럼 쌓인 가운데 팬티만 입고 있었다. 그는 가면을 벗었고 관객은 그가 서글서글하고 인기 만점인 조리사 그리다쿠코라는 것을 알아차렸다. 덩치가 작고 말랐으며, 분주하게 깡충거리고 다녔기 때문에 체사레가 적절하게 '귀뚜라미 먹따기'라는 별명을 붙인 그였다. 우레 같은 박수갈채가 쏟아졌. '귀뚜라미 먹따기'는 당황스러운 듯 주위를 둘러보더니 관객 앞에서 갑자기 겁을 먹은 것처럼, 십중팔구 두꺼운 마분지로 만든 역기를 주워들더니 한쪽 겨드랑이 밑에 끼고 급히 도망쳤다.

큰 성공을 거둔 또 다른 순서는 〈뾰족 챙이 셋인 모자〉라는 노래였다.

이것은 엄밀하게 아무런 의미가 없는 노래로, 꼭 4행시로 되어 있는데 계속 되풀이되고('내 모자는 뾰족 챙이 세 개 있지/뾰족 챙 세 개가 내 모자에는 있지/뾰족 챙 세 개가 없으면/내 모자가 아니지'), 전통적으로 하도 많이 써먹고 낡아빠진 것이라서 아무도 더 이상 그 기원을 알지 못하는 어떤 가락에 맞춰 부른다. 그러나 매번 되풀이할 때마다 4행시의 단어들 중 하나는 소리 내지 않고 손짓으로 대신한다는 특징이 있다. 즉, '모자' 대신 손을 오목하게 해서 머리 위에 대고, '내' 대신 가슴으로 주먹을 한 번 치고, '뾰족 챙' 대신 원뿔 모양으로 손가락들을 올리는 것이다. 단어가 다 제거되어, 시가 더 이상 신호들로 표시될 수 없는 관사들과 접속사들의 불완전한 더듬거림이 되거나 아니면 또 다른 변형판에서 볼 수 있듯이, 율동적인 몸짓으로 표현되는 완전한 침묵이 될 때까지 이런 식으로 계속된다.

'루마니아 사람들'의 잡다한 집단에는 핏속에 연극적 재능이 흐르는 누군가가 있음에 틀림없었다. 이 유아적인 기묘함은 그들의 연출에서, 보는 이들로 하여금 불안하게 만드는 상징적인 반향들로 가득 찬, 침울한 우화처럼 하나의 불길한 팬터마임으로 변했다.

러시아 군인들에게서 악기를 제공받은 작은 오케스트라가 우울한 저음으로, 저 케케묵은 짧은 가락을 연주하기 시작했다. 리듬에 맞춰 천천히 앞뒤로 흔들거리면서 사악한 밤과도 같은 세 인물들이 무대에 등장했다. 검은 망토로 몸을 감싸고 머리에는 망토에 달린 검은 모자를 쓰고 있었다. 이 모자들에서 노쇠한, 시체처럼 창백한 세 얼굴이 나타났다.

납빛의 깊은 주름이 팬 얼굴들이었다. 손에는 불 꺼진 기다란 초를 들고 머뭇머뭇 춤추는 걸음으로 등장했다. 무대 앞 중앙에 이르자 그들은 계속 리듬에 맞추면서, 노인의 힘겨움으로, 굳은 허리로, 지쳐서 여러 번 멈춰가며 느릿느릿 몸을 숙여 관중을 향해 절을 했다. 몸을 숙였다가 다시 일으키는 데 족히 2분은 걸렸고, 관객들 모두에게는 불안함을 주는 시간이었다. 고통스럽게 똑바로 선 자세로 돌아오자 오케스트라는 침묵했고, 이 세 유령은 저 싱거운 노래를 부르기 시작했다. 매번 반복할 때마다 불확실한 몸짓으로 대체된 공백이 쌓여가면서 목소리와 함께 삶도 그들로부터 달아나는 것 같았다. 조용하게 오직 북 하나로 치는 최면에 빠뜨리는 듯한 박자에 맞춰, 마비는 천천히 회복할 수 없이 진행되었다. 오케스트라와 노래 부르는 사람들, 그리고 관객들의 완전한 침묵 속에, 마지막 반복은 너무나도 고통스러운 임종, 죽어가는 자의 몸부림이었다.

노래가 끝나자 오케스트라는 구슬프게 다시 연주하기 시작했다. 세 인물은 극도의 노력으로, 사지를 떨면서 다시 절을 했다. 믿을 수 없었지만 그들은 다시 몸을 일으키는 데 성공했고, 흔들리는 초를 들고서, 끔찍하고 무시무시하게 멈칫거리면서 계속 리듬에 맞추어 막 뒤로 영원히 사라졌다.

〈뾰족 챙이 셋인 모자〉 공연은 호흡을 앗아갔다. 그리고 매일 저녁 박수갈채보다도 더 웅변적인 침묵으로 맞아들여졌다. 왜일까? 어쩌면 그것에서 우리는 이 기괴한 연극 장치 아래, 노동과 고통이 멈추었을 때, 그리고 그 무엇도 인간 자신에게 보호막을 세워주지 않을 때, 망명 생활과 무위도식이 증발시키는 꿈의, 집단적인 꿈의 무거운 숨결을 감지할 수 있었기 때문일 것이다. 어쩌면 그것에서 우리는, 우리의 삶과 인생의 무력함과 무가치함, 그리고 이성이 잠듦으로써 생겨나는 괴물들의 비스듬하고 꼽추 같은 옆모습을 볼 수 있었기 때문일 것이다.

✢   덜 가슴 아프게 하고, 아니 오히려 유치하고 서툴렀던 것은 이후에 조직된 다른 공연에 담긴 알레고리였다. '의지 없는 자들의 난파'라는 제목에서부터 이미 분명했다. 의지 없는 자들은 우리였다. 귀환길에서 길을 잃은, 그리고 무기력과 권태에 익숙해진 이탈리아 사람들이었다. 외딴 섬은 스타리에 도로기였다. 식인종들은 눈으로 봐도 알 수 있게 그들, 즉 사령부의 착한 러시아 사람들이었다. 절대 봐주는 것 없는 식인종들은 문신을 한 나체의 몸으로 무대에 등장했고 이해할 수 없는 원시적인 은어로 재잘댔다. 피가 뚝뚝 떨어지는 인간의 날고기를 먹었다. 그들의 추장은 나뭇가지로 만든 오두막에서 살았다. 그는 발받침 대용으로 영구히 엎드린 자세로 있는 백인 노예를 거느리고 있었고, 가슴에는 커다란 자명종을 매달고 있었다. 시간을 보기 위해서가 아니라 통치 결정들을 내리는 데 있어서 점을 보기 위한 것이었다. 우리 수용소의 총책임자인 사령관 동지는 유머 감각이 있는 사람이거나 지극히 너그러운 사람이거나 아니면 바보임에 틀림없었다. 자신의 인격에 대한 그리고 자신의 직무에 대한 그토록 신랄한 풍자를 허용한 것을 보면 말

이다. 또는 어쩌면 한 번 더, 그들의 역사상 행복한 그 순간에 지위 고하를 막론하고 나타나 있던 오블로모프*적 태만이라는, 러시아의 아주 오래된 유익한 무사태평 때문이었는지도 몰랐다.

사실, 사령부의 그들이 풍자를 소화하지 못하거나 아니면 후회했을 거라는 의심이 적어도 한 번은 우리를 사로잡았다. 〈난파〉의 초연이 있은 후, 한밤중에 붉은 집에서는 세상이 끝난 듯한 대소동이 벌어졌던 것이다. 방들을 다니며 고함을 지르고, 문들을 차고, 러시아어, 이탈리아어, 형편없는 독일어로 명령을 내렸다. 카토비체에서 온, 그리고 이미 이와 유사한 대혼란을 지켜보았던 우리는 단지 반쯤 놀랐을 뿐이었다. 다른 사람들(특히, 대본의 책임자들인 '루마니아 사람들')은 제정신이 아니었다. 러시아 군인들의 보복이 이어지리라는 소문이 금세 퍼졌고 가장 쉽사리 걱정하는 사람들은 벌써부터 시베리아를 생각했다.

그러한 상황에서 평상시보다 더욱 불행하고 경멸하는 듯한 표정을 짓고 있던 중위의 중개로 러시아 군인들은 우리 모두를 급히 서둘러 일어나 옷을 입게 했다. 그리고 건물의 구불구불한 통로들 중 하나에서 우리를 줄 세웠다. 30분이 지나고 한 시간이 지났다. 아무 일도 일어나지 않았다. 그 줄의 맨 끝자리들 중 하나에 잡고 있던 나는 그 머리가 어디인지 알 수 없었고 줄은 앞으로 한 걸음도 나아가지 않았다. '의지 없는 자들'

✦ 러시아의 작가 곤차로프가 지은 소설 제목이자 그 주인공의 이름. 지성과 교양을 갖춘 재능 있는 청년 귀족 오블로모프가 아무것도 하지 않고 무기력하게 살아가는 모습을 그렸다. 오블로모프는 러시아어로 '쓸모없는 인간'이라는 뜻이다.

을 향한 복수라는 추측 외에도, 좀더 성급한 다른 추측들이 입에서 입으로 전해졌다. 러시아 군인들이 파시스트들을 찾아내기로 결정을 봤다, 숲 속의 두 여자를 찾는다, 임질 때문에 우리가 진찰을 받게 된다, 콜호스에서 노동을 할 신병을 뽑는다, 독일군처럼 전문 인력을 찾는다 등등이었다. 그러다가 이탈리아인 한 명이 온통 들떠서는 지나가는 것이 보였다. "돈을 준다!"고 말하면서 손에 조그만 루블 다발을 흔들었다. 아무도 그를 믿지 않았다. 그러나 두번째 사람이 지나가고, 이어서 세번째 사람이 지나가고, 모두가 같은 소식을 확인해주었다. 이 일은 한 번도 제대로 이해되지 못했다(그러나 우리가 스타리예 도로기에 왜 있는지, 거기서 우리가 뭘 하고 있는지 도대체 누가 완전히 이해했단 말인가?). 더욱 신중한 해석에 의하면 적어도 몇몇 소비에트 행정처는 우리가 전쟁 포로와 동등하다고 봤고, 따라서 노동을 제공한 날들에 대한 보수가 지급된 것이라는 추측은 믿을 만했다. 그러나 어떤 기준으로 이 날짜들이 계산되었는지(우리 중 거의 아무도 러시아인들을 위해 일한 적이 없었다. 스타리예 도로기에서도, 그 이전에도), 왜 아이들도 보수를 지급받는지, 그리고 무엇보다, 왜 그렇게 요란스럽게 새벽 두 시부터 여섯 시 사이에 의식이 행해져야 했는지, 이 모든 것은 밝혀지지 않았다.

러시아 군인들은 알 수 없는 기준에 따라, 아니면 되는대로, 1인당 30에서 80루블 사이의 다양한 보수를 나눠주었다. 큰 금액은 아니지만 모두를 기분 좋게 해주었다. 그것은 며칠간의 급식량에 맞먹는 금액이었다. 일어난 일에 대해 여러 가지 해석을 하면서 우리는 새벽에 침대로 돌아왔다. 아무도 이것이 좋은 징조였음을, 귀환의 서곡이었음을 알지 못했다. 그러나 그날로부터, 아무런 공식적인 고지는 없었지만 신호들은 배가되었다. 희미하고 불확실하고 소심한 신호들이었지만 드디어 무언가 움직인다는, 무슨 일인가가 일어나려 한다는 느낌을 퍼뜨리기에는 충분했다. 아직 수염도 안 났고 얼떨떨한 젊은 러시아 군인들로 이루어진 정찰대가 도착했다. 그들은 오스트리아에서 왔고 외국인들의 열차를 호송하여 곧 다시 출발하게 되어 있다고 우리에게 이야기해주었다. 그러나 그들도 어디로 가는지는 몰랐다. 아무 소용도 없이 수개월간 탄원을 한 뒤에 사령부가 필요한 모든 사람들에게 신발을 지급했다. 끝으로 중위가 마치 하늘로 증발한 것처럼 사라졌다.

모든 것이 약간 모호한 정도가 아니라 극도로 애매했다. 출발이 임박했다는 것을 인정한다 하더라도, 어딘지도 모를 곳으로 다시 이동하지 않고 고국으로 돌아가는 것이라고 누가 장담할 수 있단 말인가? 러시아인들의 방식에 대해 우리가 습득해온 이미 오랜 경험은 의심이라는 건전한 계수로써 우리의 희망을 자제할 것을 충고하고 있었다. 또한 계절도 우리를 불안하게 만드는 데 한몫했다. 우리 상황의 불안정함을 상기시키려는 듯 공기는 습하고 쌀쌀해졌다. 첫 비가 내렸다.

도로와 초원과 들판은 황량한 늪지로 변해갔다. 붉은 집의 지붕들로부터는 다량의 빗물이 새어들었고 밤에 침상 위로 무자비하게 방울져 떨어졌다. 빗물은 유리 없는 창문들로부터도 들어왔다. 우리 중 아무도 두꺼운 옷을 가진 사람이 없었다. 마을에서는 농부들이 마차에 장작과 잡목을 싣고 숲에서 돌아오는 것이 보였다. 어떤 이들은 집을 수리하고 초가지붕을 손질했다. 모두, 여자들도 부츠를 신었다. 바람이 집들로부터 새로운 경고의 냄새를 실어왔다. 젖은 장작이 타는 시큼한 연기, 다가오는 겨울의 냄새였다. 또 다른 겨울, 세번째 겨울이었다. 아, 또 무슨 겨울이란 말인가!

마침내 고지가 났다. 귀환을, 구원을, 우리의 기나긴 방랑의 결말을 알리는 고지였다. 평상시와는 다른 새로운 두 가지 방식으로 양측에 의해 고지되었는데, 확신에 차 있었고 분명했으며 그래서 모든 불안감을 사라지게 만들었다. 극장에서 연극을 통해 왔고, 진창인 도로를 따라 유명하고도 특이한 전령이 가져왔다.

밤이었다. 비가 내리고 있었다. 사람들이 '기울어진 홀'을 가득 메우고서(저녁에, 축축한 담요 사이로 들어가기 전에 다른 무슨 일을 할 수 있단 말인가?) 〈의지 없는 자들의 난파〉를 아마도 아홉번째인가 열번째로 공연하고 있었을 것이다. 이 〈난파〉는 형체가 없는, 그러나 기이하고 매일의 우리 삶에 대한 재치 있고 부드러운 암시들로 생생한, 복잡다단한 작품이었다. 우리 모두는 재연되는 공연을 매회 지켜보았고 이미 달달 외우고 있었다. 매회 재연될 때마다 원작보다 훨씬 더 야생적인 칸타렐라가, 가장 두드러지게 의지 박약인 사람들을 삶으려고 작정한 러시아 식인종들의 주문을 받아 깡통으로 거대한 냄비를 만드는 장면은 우리를 점점 덜 웃게 했다. 그리고 배가 도착하는 마지막 장면은 우리의 심장을 점점 더 옥죄어왔다.

이런 장면이 있어야 되는 것은 분명한 일인 만큼, 수평선에 돛이 나타나고 모든 조난자들이 웃으며 울며 황량한 해변으로 달려가는 장면이 있었기 때문이다. 이제 그들 중 끝없는 기다림에 허리가 꼬부라진 백발의 연장자가 바다를 향해 손가락으로 가리키면서 소리쳤다. "배다!" 우리 모두는 목구멍에 뭐가 걸린 것처럼 마지막 장면의 해피엔딩을 맞으며 또다시 우리의 잠자리로 물러갈 채비를 하는데, 갑작스러운 파열음이 들려왔다. 정말로 데우스 엑스 마키나*인 식인종 추장이, 하늘에서 떨어진 것처럼 무대에 수직으로 툭 하고 떨어져, 목에서 자명종을, 코에서 반지를, 머리에서 깃털 모자를 떼어버리고 천둥 같은 목소리로 외쳤다. "내일 출발이다!"

우리는 깜짝 놀랐고, 처음에는 이해하지 못했다. 장난인가? 그러나 그 야만인은 보채듯 소리쳤다. "정말로 하는 소리야. 더 이상 연극이 아니라니까. 이번엔 잘됐어! 전보가 도착했다고. 우리 모두 내일 집으로 간다!" 이번에는 배우고 관객이고 단역이고 할 것 없이 우리 이탈리아 사람들 모두가, 대본에 예정되어 있지 않은 그 장면에 대해 아무것도 이해하지 못한 러시아 군인들을 한순간 어리벙벙하게 뒤흔들어놓았다. 우리는 무질서하게 밖으로 뛰쳐나갔다. 처음에는 대답도 없는 질문들만 숨 가쁘게 오갔다. 그러나 잠시 후 우리는 이탈리아 사람에게 빙 둘러싸인 사령관이 그렇다는 고갯짓을 하는 것을 보았다. 이제 때가 왔다는 것

✶ Deus ex machina '기계장치로 온 신'이라는 뜻의 라틴어. 고대 그리스와 로마 연극에서 줄거리를 풀어나가고 해결하기 위해 신이 때맞춰 나타나는 것을 일컫는다.

을 알 수 있었다. 우리는 숲 속에 커다랗게 불을 지폈다. 잠을 자려는 사람은 아무도 없었다. 그 밤의 남은 시간을 우리는 춤을 추고 노래를 하면서, 서로 돌아가며 지난 모험담들을 얘기하면서, 그리고 잃어버린 친구들을 기억하면서 보냈다. 온전한 기쁨을 누리는 것은 인간에게는 주어지지 않기 때문이다.

다음 날 아침, 일벌 떼가 윙윙대며 분가를 준비하는 벌집처럼, 붉은 집이 일찍부터 웅성대고 사람들로 가득 차 있을 때, 우리는 차도를 따라 조그만 자동차 한 대가 다가오는 것을 보았다. 자동차는 아주 소수만이 지나다녔기 때문에 우리에게 호기심을 불러일으켰다. 군용차가 아니었기 때문에 더했다. 자동차는 들판 앞에서 속도를 줄이더니 방향을 틀어 기이한 건물의 앞쪽으로 펼쳐진 황무지로 덜컹거리며 들어왔다. 그러자, 그것이 우리 모두에게 친숙한 자동차인 피아트 500A임을, 녹슬고 낡아빠진, 판스프링이 불쌍하게도 찌그러진 생쥐 피아트 500A임을 알 수 있었다.

자동차는 현관 앞에 멈춰 섰고, 곧 호기심 어린 군중으로 둘러싸였다. 놀랄 만한 인물이, 너무나 힘들게 차에서 나왔다. 나와도 나와도 끝이 없었다. 굉장히 키가 크고 덩치가 좋은, 얼굴이 발그스름한 남자였는데 우리가 한 번도 보지 못한 제복을 입고 있었다. 소련의 장군, 그것도 엄청나게 지위가 높은 장군인 육군원수였다. 차문 밖으로 몸이 다 나오자 그 조그만 자동차가 한 뼘은 족히 올라갔다. 판스프링이 한숨을 내쉬는 것 같았다. 남자는 문자 그대로 차보다 더 컸고 도대체 어떻게 안에 들어갈 수 있었는지 이해가 되지 않았다. 이러한 그의 대단한 덩치는 잠시 후 더 커지고 부각되었다. 그는 차에서 검은색 물건을 하나 꺼내 펼쳤다. 나무로 만든 딱딱한 두 개의 긴 견장에 매달려 바닥까지 내려오는 망토였다. 그 특이한 의복에 아주 친숙함을 보여주면서 그는 거침없는 몸짓으로 망토를 뒤로 휙 하고 넘기더니 어깨에 둘러멨다. 그 때문에 둥글둥글하던 그의 윤곽선은 각이 지게 되었다. 뒤에서 보면 남자는 1미터 곱하기 2미터짜리 검은색의 네모난 기념비였다. 머리가 완전히 사람들 위로 올라오는 그는 당황한 사람들의 양 진영 사이로 붉은 집을 향해 장엄한 균형미를 보이며 위풍당당하게 걸어갔다. 저 넓은 덩치로 어떻게 문을 통과할까? 그러나 그는 두 견장을 마치 날개처럼 뒤로 접고는 안으로 들어갔다.

진흙탕 속을 다 망가진 낡은 소형차를 타고 혼자 여행한 이 천상의 전령은 바로 육군원수 티모솅코였다. 세미욘 콘스탄티노비치 티모솅코. 그는 볼셰비키 혁명과 카렐리야와 스탈린그라드의 영웅이었다. 지역 러시아군의 영접을 받은 후 (이 영접은 유난히 간소했고 몇 분 이상 끌지 않았는데) 그는 다시 건물 밖으로 나와서, 풀밭 위, 익어가는 생선이 담긴 냄비들과 말리려고 널어놓은 세탁물들 사이에서, 친근한 태도로 우리 이탈리아 사람들과 잠시 머물렀다. 그는 『전쟁과 평화』의 거친 쿠투조프✢와 비슷했다. '루마니아 사람들'과는 유창하게 루마니아어로 말했고(왜

✢ Kutuzov 제정 러시아의 실존했던 장군으로(1745~1813) 나폴레옹이 러시아를 침공했을 때 총사령관으로서 나폴레옹을 격퇴했다.

냐하면 그는 베사라비아 출신이었기, 아니, 출신이기 때문에), 심지어 약간의 이탈리아어도 알았다. 대식가에 술고래인, 햇볕에 그을리고 붉은 군인의 얼굴빛과 대조를 이루는 그의 은발이 습한 바람에 나부꼈다. 그렇다, 정말 사실이다, 빨리, 굉장히 빨리, 우리는 출발하게 될 것이다, '전쟁은 끝났고, 모두 집으로' 가게 된다, 호송대는 이미 준비되어 있고 여행을 위한 식량도 마찬가지고 서류도 준비되었다, 라고 그는 우리에게 말했다. 며칠 안으로 스타리에 도로기 역에서 기차가 우리를 기다릴 것이었다.

스타리예 도로기에서 이아시로
Da Staryje Doroghi a Iasi

◆ 연극에서 야만인이 말한 대로 엄격한 의미에서 '내일' 출발할 거라고 기대해서는 안 된다는 사실에 실제로는 아무도 놀라지 않았다. 절대로 이유 없이 일어나지 않는 저 의미의 편차들 중 하나 때문에 내일에 대응하는 러시아 말은 우리의 '내일'보다 훨씬 덜 정확하고 덜 확정적인 무언가를 의미하며, 그보다는 차라리, 러시아인들의 습관과 조화를 이루어 '가까운 시일 중 하루', '이번 아니면 다음번', '멀지 않은 때'를 의미한다는 것을 이미 여러 경우에서 확인할 수 있었다. 그러니까 시제 결정의 엄격함이 부드럽게 약화된 것이다. 그것은 우리를 놀라게 하지도 않았고 정도 이상으로 우리를 괴롭게 하지도 않았다. 출발이 확실해졌을 때, 우리를 구원해준, 전쟁을 지켜본 저 광활한 대지와 들판과 숲들, 저 원시적이고 닿을 수 없는 지평선, 삶을 사랑하고 활기

넘치는 저 사람들이 우리 마음속에 들어왔다는 사실을, 우리 안에 스며들어왔고 우리 인생에서 유일한 시절의 생생하고도 영광스러운 장면들로 오랫동안 마음속에 남아 있으리라는 사실을 우리 스스로도 놀라워하면서 깨달았다.

그러니까 말 그대로 '내일'은 아니었지만 고지가 난 후 며칠 뒤인 1945년 9월 15일, 우리는 긴 행렬을 지어 붉은 집을 떠나서 축제 분위기로 스타리예 도로기 역에 도착했다. 열차는 있었다. 우리를 기다리고 있었다. 우리의 감각이 만들어낸 환영이 아니었다. 석탄도, 물도 있었다. 그 자체로 기념비 같은 거대하고 웅장한 기관차는 올바른 방향에 서 있었다. 우리는 서둘러 가서 열차의 옆면을 만져보았다. 이런! 차가웠다. 60개의 칸이 있었다. 다소 허름한 화차들이 정차 선로에 서 있었다. 우리는 맹렬한 기쁨을 느끼며 그것들을 점령했다. 실랑이도 없었다. 우리는 1,400명이었으므로 각 칸마다 20명에서 25명이 타면 되었다. 그리고 그것은 우리가 겪었던 이전의 열차 여행 경험들에 비추었을 때 편안하게 쉴 수 있는 여행을 의미했다.

열차는 금방 출발하지 않았다. 아니, 다음 날이 될 때까지 출발하지 않았다. 그 조그만 역의 역장에게 질문해봤지만 헛일이었다. 그는 아무것도 몰랐다. 이 막간의 시간 동안 두세 대의 열차밖에는 지나가지 않았다. 그 열차들은 정차하지 않았다. 속도를 늦추지도 않았다. 열차들 중 한 대가 가까워졌을 때 역장은 플랫폼에서, 자루가 달린, 나뭇가지로 만든 왕관 모양의 고리를 높이 들고 열차를 기다렸다. 달려오는 기관차에서 기관사가 오른팔을 갈고리 모양으로 접고서 몸을 내밀었다. 재빨리 고리를 팔에 끼워 낚아채고는 곧이어 바닥에 똑같이 생긴 다른 고리를 던졌다. 그 고리에도 자루가 달려 있었다. 이것이 우편 업무였다. 스타리예 도로기가 나머지 세상과 하는 유일한 접촉이었다.

그 외 나머지는 아무것도 움직이지 않고 조용했다. 약간 지대가 높은 역의 주위로는, 서쪽으로 숲의 검은 윤곽선이 한계를 그리고 있을 뿐, 철로의 현기증 나는 띠에 잘린 끝도 없는 평원이 펼쳐져 있었다. 거기서 가축의 무리들이 서로 드문드문 떨어져 풀을 뜯고 있었다. 평원의 단조로움을 깨는 유일한 것들이었다. 떠나기 전날 긴긴 저녁에, 목동들의 가늘고 구성진 노랫소리를 들을 수 있었다. 한 사람이 노래를 시작하면 두번째 사람이 수 킬로미터 떨어진 곳에서 그에게 대답했다. 잠시 후 다른 사람이, 그리고 또 다른 사람이, 수평선의 모든 점들에서 들려왔다. 마치 대지 자체가 노래하는 것 같았다.

밤을 보낼 준비를 했다. 여러 달 옮겨 다니고 나서 우리는 이미 조직된 공동체를 건설했다. 그래서 우리가 화차들에 나누어 탄 것은 우연이 아니라 자발적인 공생집단에 따른 것이었다. '루마니아 사람들'이 열 칸 정도를 차지했다. 세 칸은 산 비토레의 도둑들이 관할했다. 그들은 아무도 원하지 않았고, 또 아무도 그들을 원하지 않았다. 다른 세 칸은 여성 전용이었다. 네다섯 칸은 합법적인 커플이든 아니든 간에 커플들이 자리 잡았다. 수평 칸막이를 쳐서 2층으로 나뉘어 있고 널어놓은 빨래들 때문에 눈에 띄는 두 칸은 어린이가 있는 가족들에 속했다. 그 가운데 가장 눈길을 끄는 칸은 오케스트라 칸이었다. 거기에 '기울어진 홀'의 극단 전원이, 출발할 때 러시아 군인들이 고맙게도 선물한 모든 악기와 함께(피아노도 포함해서) 자리를 잡았다. 우리 칸은 레오나르도의 발의로 의무실로 지정되었는데, 이것은 허무맹랑하고 오만한 명칭이었다. 레오나르도가 가진 의료 기구라고 해봐야 고작 주사기 한 개와 청진기 하나밖에 없었고, 그렇다고 바닥이 다른 칸들보다 푹신한 나무로 되어 있는 것도 아니었기 때문이다. 게다가 열차 전체에는 병자가 한 명도 없었고, 여행 내내 모습을 보이는 환자 손님도 없었다. 이 칸에서 우리는 20명 정도 기거했다. 그중에는 당연히 체사레와 다니엘레가 있었고, 좀 덜 당연하게 모로와 시뇨르 운버도르벤, 자코만토니오와 벨레트라노가 있었다. 그 외에 15명 정도의 포로였던 군인들이 있었다.

우리는 화물칸의 맨바닥에서 불안하게 졸면서 밤을 보냈다. 날이 밝았다. 기관차가 증기를 뿜어댔다. 기관사도 자기 자리에 앉아, 보일러가 압력을 받도록 태연하고 침착하게 기다리고 있었다. 오전 나절에 기관차는 깊고 놀라운 금속음을 내며 포효하더니 힘차게 몸을 털며 검은 연기를 토했다. 연결봉들이 늘어나고 바퀴들이 돌아가기 시작했다. 우리는 거의 어쩔 줄 모르고 서로를 쳐다보았다. 모든 것이 지난 뒤, 결국 우리는 견뎌냈다. 우리는 이겼다. 라거에서의 고통과 인내의 해가 지난 뒤, 해방에 뒤이어 몰아친 죽음의 파도가 지나간 뒤, 추위와 배고픔, 그리고 그리스인의 경멸과 그와 함께한 자랑스러운 동행 뒤에, 카토비체에서의 질병과 비참함이 지난 뒤에, 우리가 러시아의 공간들을 빛이 꺼진 쓸모없는 별들처럼 중력에 끌려 영원히 맴돌도록 저주받았다고 느끼게 만든 어처구니없는 이동들 뒤에, 스타리예 도로기에서의 무위도식과 쓰라린 향수 뒤에, 우리는 다시 올라가고 있었다. 그러니까 위를 향한 여행, 집으로 돌아가는 길에 있었다. 시간은 마비된 2년을 보낸 뒤, 생기와 가치를 되찾았고 다시 우리를 위해 움직이기 시작했다. 그리고 이것은 기나긴 여름의 무감함에, 다가올 겨울의 위협에 종지부를 찍고 우리를 안절부절못하게 하며, 앞으로의 나날들과 달려나갈 킬로미터들을 갈망하게 만들었다.

그러나 곧, 여행의 처음 몇 시간이 지나자 우리는 인내하지 않아도 되는 시간이 아직 시작종을 울리지 않았음을 깨달아야만 했다. 그 행복한 여정은 여전히 길고, 고생스럽고, 놀라움이 없지 않은 것으로 윤곽을 드러냈다. 우리의 더욱 큰 모험 안에 들어가는 하나의 조그만 철길 모험. 아직도 인내가 필요했다. 얼마만큼일지 모를 또 다른 인내가.

✚   우리의 열차는 500미터가 넘게 길었다. 열차의 칸들은 상태가 좋지 않았고 철로들도 마찬가지였다. 시속 40~50킬로미터를 넘지 않는, 조롱하는 듯한 속도로 가고 있었다. 철로는 단선이었다. 우리 열차의 정차를 허용할 만큼 긴 선로를 가진 역들이 적어서 자주 열차는 두 부분 또는 세 부분으로 분리되어야 했고, 다른 열차들의 통과를 허용하기 위해 선로 위에서 복잡하고 느리기 그지없는 수동 작업으로 열차를 밀어야 했다.

기관사와, 우리를 이끌고 가기 위해 오스트리아에서 온 일곱 명의 열일곱 살짜리 군인들로 이루어진 호위대 외에는 어떠한 재량권자도 열차에 동승하지 않았다. 이 군인들은 머리끝까지 무장하고 있었지만, 순수하고 온화한 마음을 가진 상냥하고 때 묻지 않은 인간들이었다. 그들은 방학을 맞은 학생들처럼 아무 걱정이 없고 활기가 넘쳤으며 아무런 권위도 실제적인 감각도 전혀 가지고 있지 않았다. 열차가 정차할 때마다 우리는 그들이 루거 권총을 어깨에 대각선으로 둘러멘 채 뻐기듯 딱딱한 분위기를 띠고 플랫폼을 아래위로 산책하는 것을 보았다. 그들은 마치 위험한 강도들의 이송을 호위하기라도 하는 것처럼 자신들이 대단하다는 듯한 태도를 취했다. 그러나 이것은 모두 겉모습에 지나지 않았다. 곧 우리는 열차 중간쯤에 자리 잡은 두 량의 가족 칸에 그들의 순찰이 점점 더 집중된다는 것을 알게 되었다. 그들은 젊은 부인들에게 끌린 것이 아니라, 그 집시 같은 떠돌이 거처가 발산하는, 그리고 아마도 멀리 떨어진 집과 지난 지 얼마 되지 않은 유년 시절을 떠올리는, 막연하게 가족적인 분위기에 끌린 것이었다. 무엇보다도 그들은 아이들에게 매료되었다. 처음 몇 번의 정차 뒤에는, 낮 동안 자신들의 거처를 아예 가족 칸들로 정하고 밤을 보내기 위해서만 전용 칸으로 물러갔다. 그들은 예의 바르고 일을 잘 도와주었다. 어머니들을 기꺼이 도왔고 물을 뜨러 갔으며 난로에 땔 장작을 팼다. 그들은 이탈리아 소년들과 기묘하고도 어울리지 않는 우정을 맺었다. 그들은 소년들에게서 여러 가지 놀이를 배웠는데 그중에는 '회로' 놀이도 있었다. 이것은 복잡한 회로를 따라 구슬을

굴리면서 하는 놀이였다. 이탈리아에서는 구슬을 자전거 삼아 사이클 일주를 우의愚意적으로 본뜬 놀이로 알려져 있다. 그래서 우리에게는, 자전거도 드물고 사이클 경기라고는 존재하지도 않는 고장에서 온 러시아 청년들이 놀이를 배울 때 보여준 그 열광이 신기했다. 어쨌든, 그들에게는 하나의 발견이었다. 아침에 처음으로 정차하자마자 침실 칸에서 내린 일곱 명의 러시아 군인들이 가족 칸으로 달려가서 마음대로 문들을 열고는 아직도 졸음에 겨운 아이들을 땅에 내려놓는 모습은 드문 광경이 아니었다. 그리고 재빠르게 총검으로 바닥에 회로를 파느라 분주했고, 열차가 출발 기적을 울리기 전까지 1분도 놓치지 않으려고 안달하면서 등에는 루거 권총을 메고 바닥에 엎드린 채 조급하고 열광적으로 놀이에 빠졌다.

16일 저녁에는 보브루이스크에, 17일 저녁에는 오브루치에 도착했다. 우리는 즈메린카에서 슬루츠크와 스타리예 도로기로 우리를 데려갔던, 북쪽을 향했던 우리의 마지막 여행 경로가 거꾸로 반복되고 있다는 것을 깨달았다. 졸기도 하고 잡담을 하거나 장엄하고 황량한 대초원이 펼쳐지는 것을 지켜보면서 우리는 끝없이 긴 낮 시간들을 보냈다. 처음 며칠 이후로 우리의 낙관주의는 조금은 그 빛을 잃었다. 겉보기에 모든 면에서 마지막 여행일 거라는 희망을 갖게 했던 우리의 여행은 러시아 군인들에 의해, 상상할 수 있는 가장 모호하고 서투른 방식으로 계획된 것이었다. 좀더 정확히 말해, 전혀 계획되지 않은 것 같았고, 오히려 누군지도 모르는 사람이 어딘지도 모르는 곳에서 펜으로 단순한 선을 그어 결정된 것 같았다. 열차 전체를 통틀어 두세 개의 지도밖에는 없었고, 서로 차지하려고 끊임없이 다퉈가며 지도 위에 우리의 이 문제 많은 행로를 힘들게 찾았다. 열차가 남쪽으로 가고 있다는 것은 의심할 여지가 없었다. 그러나 때로는 24시간 동안 단지 몇십 킬로미터만을 갈 만큼 분통이 터지도록 느리고 불규칙했으며, 이해가 가지 않는 정차들과 우회들을 했다. 우리는 문의를 하러 자주 기관사를 찾아갔다(호위대와는 이야기할 게 못 되었다. 그들은 기차 여행을 한다는 사실 하나만으로도 행복해하는 것 같았고, 어디에 있는지, 어디로 가는지는 그들에게 전혀 중요하지 않았다). 그러나 기관사는 달구어진 자신의 조종석에서 지옥의 마왕처럼 나타나, 두 팔을 벌리고 어깨를 움찔하고는 손으로 동에서 서로 반원을 휩쓸듯이 그리고는 매번 이렇게 대답했다. "우리가 내일 어디로 가느냐고? 나야 모르지, 친구들아, 난 몰라. 철로가 있는 곳으로 가는 거지."

이런 불확실함과 강요된 하릴없음을 우리 중 가장 못 견뎌한 사람은 체사레였다. 그는 병든 짐승처럼 털을 곤두세우고 우울증에 걸린 듯이 열차 칸의 구석에 앉아 있었고 바깥의 풍경과 열차 안의 우리에게 눈길 한 번 주지 않았다. 그러나 그것은 겉으로 보이는 무기력함일 뿐이었다. 활동이 필요한 사람은 어디서든 기회를 찾아내는 법이다. 우리가 오브루치와 쥐토미르 사이에 흩뿌려져 있는 작은 마을들을 지나는 동안 그의 관심은, 카토비체의 광장에서 함께 일한, 그다지 추천할 만한 인물은 못 되는 그의 전 동업자 자코만토니오의 손가락에 끼워져 있는 놋쇠 반지에 쏠려 있었다.

"그거 나한테 팔래?" 체사레가 그에게 물었다.

"아니." 결과야 어찌되든 그만이라는 듯, 자코만토니오는 단호하게 대답했다.

"2루블 줄게."

"8루블 줘."

협상은 오랫동안 계속되었다. 양쪽 다, 하나의 기분전환 거리와 즐거운 정신적 훈련을 발견했고 반지는 단지 실전 감각을 잃지 않으려고 하는 일종의 친선 경기, 혹은 거래를 하기 위한 하나의 연습 기회, 하나의 구실에 지나지 않는다는 것이 분명해 보였다. 그런데 그렇지가 않았다. 체사레는 언제나 그렇듯이, 매우 구체적인 계획을 가지고 있었던 것이다.

우리 모두가 놀라는 가운데 체사레는 상당히 일찍 양보했고 그가 굉장히 중요하게 여기는 듯 보이는 반지를 4루블에 샀다. 물건의 가치에 비해 약간 과한 금액이었다. 그러고 나서 그는 자신의 구석자리로 물러나, 그에게 질문을 하는, 모든 궁금해하는 사람들을(가장 집요한 사람은 자코만토니오였다) 으르렁대며 화를 내어 쫓아버리고 나서 오후 내내 불가사의한 일에 전념했다. 그는 질이 다른 천 조각들을 주머니에서 꺼내어, 가끔 입김을 불어가며 조심스럽게 반지를 안팎으로 반들거리게 닦았다. 그러다가 담배 종이갑을 꺼내더니 그 종이들로 꼼꼼하게, 극도로 섬세하게, 더 이상 손가락으로 금속을 건드리지 않으면서 일을 계속했다. 창문에서 들어오는 빛에 간간이 반지를 들어, 마치 다이아몬드라도 되는 양 천천히 돌리면서 관찰했다.

드디어 체사레가 기다리던 일이 일어났다. 열차가 속도를 줄이더니 너무 크지도 또 너무 작지도 않은 한 마을의 역에 정차했다. 열차가 분리되지 않고 통과 철로에 남아 있었기 때문에 정차 시간은 짧을 것으로 예상되었다. 체사레는 내려서 플랫폼을 아래위로 산책하기 시작했다. 반지는 윗도리 아래, 가슴에 반쯤 숨기고 있었다. 음모가의 분위기를 띠고서 그는, 기다리고 선 러시아 농부들에게 한 번에 한 사람에게만 다가가서 반지를 살짝 보여주고 조바심을 내며 속삭였다. "토바리치, 졸로토, 졸로토!"(동무, 금이야, 금!)

처음에 러시아 사람들은 그에게 귀를 기울이지 않았다. 잠시 후에 한 노인이 가까이서 반지를 관찰하더니 가격을 물었다. 체사레는 주저없이 말했다. "스토." 금반지 값으로는 굉장히 싼 금액이지만 놋쇠 반지 값으로는 가히 범죄적이었다. 노인은 40으로 맞섰다. 체사레는 자존심이 상한 척하고는 다른 사람에게 갔다. 그런 식으로 그는 시간을 끌면서, 그리고 더 많은 돈을 내놓을 사람을 찾으면서 여러 명의 고객들과 거래를 시도했다. 한편으로는, 거래를 마무리 짓고 곧바로 뛰어와 열차에 올라타기 위해 기관차의 기적 소리에 귀를 기울이고 있었다.

체사레가 이 사람 저 사람에게 반지를 보이고 있는 동안, 다른 사람들이 삼삼오오로 모여 미심쩍고 흥분해서 쑥덕거리는 것이 보였다. 바로 그때 기관차가 기적을 울렸다. 체사레는 가장 마지막으로 가격을 부른 사람에게 반지를 넘겨주고 50루블을 챙겨 넣었다. 그리고 이미 움직이기 시작한 열차에 재빨리 올라탔다. 그런데 열차가 1미터, 2미터, 10미터를 전진하고는 다시 속도를 줄이더니 브레이크를 밟는 끼익 하는 굉음을 내면서 멈춰버렸다.

열차 칸의 미닫이문들을 닫아놓았던 체사레는 문틈으로 처음에는 의기양양하게, 그다음은 불안하게, 마지막으로 공포에 사로잡혀서 밖을 주시했다. 반지의 남자가 동네 사람들에게 산 물건을 보이고 있었다. 사람들은 손에서 손으로 건네가면서 모든 방향으로 그것을 돌려보고는 의심스럽고 실망스러운 기색으로 고개를 저었다. 그러다가 분명히 후회를 하고 있는 그 경솔한 구매자가 고개를 들더니 체사레가 숨은 곳을 찾아 열차를 따라 단호하게 걸어오는 것이 보였다. 찾기는 참으로 쉬웠다. 우리 칸이 문이 닫힌 유일한 칸이었으니까.

일이 결정적으로 나쁘게 돌아가고 있었다. 분명 독수리는 아닌 그 러시아인은 아마도 혼자서는 우리 칸을 구별해내지 못했을 터이지만, 이미 두세 명의 그의 친구들이 그에게 맞는 방향을 열렬하게 가리켜주고 있었다. 체사레는 잽싸게 문틈에서 뒤로 물러나더니 특단의 조치를 취했다. 그는 열차 칸의 한쪽 구석에 웅크리고 숨어 가능한 모든 덮을 것들로 급히 사람들에게 자기 몸을 덮게 했다. 순식간에 그는 담요, 누비이불, 자루, 윗도리들의 거대한 더미 밑으로 사라졌다. 귀를 기울였더니 그 더미에서 가늘고 누그러진, 그리고 그 상황에서는 오히려 신성모독적인 기도의 말들이 올라오는 것 같았다.

이미 그 러시아 사람들이 우리 칸 아래에서 큰 소리로 떠들며 열차의 문을 주먹으로 두드리는 소리가 들려왔다. 그때 열차가 격렬하게 흔들리면서 다시 움직이기 시작했다. 체사레는 마치 죽은 사람처럼 창백한 얼굴로 다시 나타나더니 즉시 활기를 되찾았다. "이젠 날 찾아도 돼!"

✛   다음 날 아침, 눈부신 태양 아래 열차는 카자틴에 정차했다. 내게는 이 지명이 낯설게 들리지 않았다. 어디서 이 지명을 읽거나 들었을까? 전쟁 상황 보도에서였나? 그러나 나는, 마치 최근에, 그러니까 내 기억들의 사슬을 두 쪽으로 갈라놓은 아우슈비츠의 공백 이전이 아닌 이후에, 누군가가 이 이름에 대해 장황하게 말을 한 것처럼, 좀더 가까운 현재의 기억이라는 인상을 받았다.

바로 여기, 그 흐릿한 기억이 사람의 모습을 하고서 바로 우리 칸 아래, 플랫폼에 서 있었다. 갈리나, 카토비체의 처녀, 코만단투르의 번역자이자 무용가이자 타이피스트이던 카자틴의 갈리나였다. 나는 이 뜻밖의 만남에 기쁨과 놀라움으로 가득해서, 그녀에게 인사를 하러 열차에서 내렸다. 이 광활한 나라에서 유일한 러시아 친구를 다시 만난 것이다!

그녀가 많이 바뀐 것 같지는 않았다. 옷을 조금 더 잘 입었고, 뽐내는 듯한 양산 아래 햇빛을 피하고 있었다. 나 역시 많이 바뀌지 않았다. 적어도 외적으로는. 그때보다 영양 부족이 약간 덜하고 약간 덜 비참한, 그리고 똑같이 남루한 모습이었지만 새로운 풍요로움으로 가득했다. 내 어깨 뒤에는 열차가, 느리지만 확실한 기관차가, 매일 더 가까워지는 이탈리아가 있었다. 그녀는 내게 잘 돌아가라고 기원해주었다. 우리는 당황스럽고 급한 몇 마디 말을 그녀의 언어도 아니고 내 언어도 아닌, 침략자의 차디찬 언어로 주고받았다. 그러고는 곧 헤어졌다. 열차가 다시 출발했기 때문이다. 덜컹거리며 국경을 향해 달리는 화물칸 안에서 나는 내 손에서, 그녀의 손이 물들인 값싼 향수 냄새를 맡으며 앉아 있었다. 그녀를 다시 만나서 기뻤고, 그녀와 보낸 시간들에 대한, 미처 말하지 못한 것들에 대한, 붙잡지 못한 기회들에 대한 기억에 슬펐다.

우리는 다시 즈메린카를 통과했다. 몇 개월 전에 우리가 보냈던 그 불안한 나날들을 잊지 못하는 우리로서는 의심스러운 마음이었다. 그러나 기차는 방해를 받지 않고 계속 나아갔고, 9월 19일 저녁에는 베사라비아를 신속하게 통과해서 국경선에, 프루트 강 위에 있었다. 짙은 어둠 속에서 러시아 국경 경찰이 작별인사로, 유출이 금지되어 있는 루블을 찾아(그들의 설명으로는) 소란스럽고 무질서한 열차 수색을 벌였다. 그러나 우리는 루블을 다 써버리고 없었다. 다리를 건너 반대쪽 강변에서, 날이 밝아 루마니아 땅을 우리에게 드러내 보이기를 고대하면서 우리는 정차한 열차 속에서 잠을 잤다.

사실 그것은 극적인 드러냄이었다. 이른 아침 문을 활짝 열어젖혔을 때, 우리의 눈앞에는 놀랄 만큼 친숙한 장면이 펼쳐졌다. 더 이상 황량한, 지질학적인 대초원이 아니라 농가들과 짚더미들, 포도나무가 줄 서 있는 몰다비아*의 푸릇푸릇한 언덕들이었다. 바로 우리 칸 앞에는 녹청빛이 감도는 하늘색의 기울어진 작은 집 위에 더 이상 키릴문자 같은 수수께끼 글자가 아니라, '파이네, 랍테, 빈, 카르나추리 데 푸르첼'✛이라고 아주 선명하게 적혀 있었다. 아닌 게 아니라, 그 집 앞에는 한 여자가 발치에 놓인 바구니에서 엄청나게 긴 소시지를 한아름 꺼내서, 줄을 재듯이 한쪽 팔을 벌려 길이를 재고 있었다.

야윈 얼굴과 창백한 이마를 하고, 재킷과 조끼를 갖춘 검은색 옷을 입고 배 위에 시곗줄을 늘어뜨린, 우리네 농부들 같은 이들이 보였다. 걸어가거나 자전거를 타고 가는 처녀들은 거의 우리네 처녀들처럼 옷을 입고 있었는데, 베네토나 아브루초 지방의 처녀들로 착각할 지경이었다. 염소와 양, 젖소, 돼지, 닭들. 그러나 집에 온 것 같은 모든 성급한 환상들에 제동이 걸리면서, 열차는 우리를 타지로 되돌려놓는 건널목의 낙타 앞에서 멈춰 섰다. 노쇠하고 털이 북실북실하고 자루들을 실은 회색 낙타, 선사 시대의 토끼 주둥이를 하고 있는 데다가 바보스러운 엄숙함과 거드름을 피우는 낙타였다. 그 지역 언어도 우리 귀에는 마찬가지로 이중적으로 들렸다. 우리가 알고 있는 어근과 어미들은 이국적이고 야생적인 음이 나는 다른 어근, 어미들과 함께 천 년간 성장하면서 복잡하게 얽히고 혼성混成되었다. 음악적으로는 익숙하지만, 의미적으로는 난해한 언어였다.

✛ 루마니아 북동부 프루트 강과 카르파티아 산맥 사이에 있는 지역의 옛 이름. 현재는 루마니아와 몰도바 공화국으로 나뉘었다.
✛ Paine, Lapte, Vin, Carnaciuri de Purcel. (루마니아어) 빵, 우유, 포도주, 돼지고기.

국경에서는 소련의 궤간에 맞는 형편없는 화물칸들로부터 서양의 궤간에 맞는 마찬가지로 형편없는 화물칸들로 옮겨 타는, 복잡하고 괴로운 의식이 거행되었다. 그리고 잠시 후에 우리는 이아시* 역으로 진입했다. 여기서 열차는 힘들게 세 부분으로 나뉘었다. 정차가 여러 시간 갈 것이라는 신호였다.

이아시에서는 두 가지 주목할 만한 사건이 일어났다. 숲 속에서 독일 여자 둘이 불쑥 나타났고, 부부인 '루마니아 사람들' 모두가 사라진 것이다. 두 독일 여자의 소련 국경을 통한 밀입국은 이탈리아 군인들 집단에 의해 대단한 수완과 담력을 가지고 '조직'된 것임에 틀림없었다. 자세한 내용은 결코 정확하게 알려지지 않았으나, 국경을 통과하던 결정적인 밤을 두 여자가 화물칸의 바닥 밑에, 판스프링과 연결봉 사이에 웅크리고 숨어서 보냈다는 소문이 돌았다. 다음 날 아침 우리는 그녀들이 소련 군인들의 옷을 껴입고 온통 진흙과 기름투성이인 채로 거만하고 거리낌 없이 플랫폼을 산책하는 것을 보았다. 이미 자신들이 안전한 곳에 있다고 느끼고 있었다.

동시에, '루마니아 사람들'의 칸 여기저기에서 격렬한 집안 싸움이 터져 나오는 광경을 볼 수 있었다. 그들은 전에 외교 기관에 소속되었던 사람이거나 ARMIR에 의해 동원 해제되거나 아니면 스스로 동원 해제한 사람들이었는데, 그들 중 많은 사람들이 루마니아에 정착했고 루마니아

---

* 루마니아의 동북부에 있는 도시. 860년에 설립된, 루마니아에서 가장 오래된 대학이 있다.

여자들과 결혼했다. 전쟁이 끝나자 거의 모두가 귀국을 선택했고, 러시아군은 오데사에서 배를 타려는 그들을 위해 그곳으로 데려다줄 열차를 조직해주었다. 그러나 즈메린카에서 그들은 우리의 초라한 군용열차에 합류하게 되었고 우리의 운명을 따라왔다. 그것이 계획적이었는지 혼란 때문이었는지는 결코 알려지지 않았다. 루마니아인 아내들은 이탈리아인 남편들에게 분노했다. 놀라움과 모험, 군용열차, 야영은 신물이 난다는 것이었다. 이제 루마니아 영토로 들어왔으니 그녀들은 자신들의 고향에 있는 것이었고 거기 남고 싶어했다. 그녀들은 설득당하려 하지 않았다. 어떤 아내들은 말다툼을 하고 울었으며 다른 아내들은 남편들을 땅바닥에 끌어내리려고 애썼다. 제일 흥분한 아내들은 화물칸 밖으로 짐 가방들과 살림 도구들을 내던졌다. 그러는 동안, 놀란 아이들은 소리를 지르며 주위를 이리저리 뛰어다녔다. 호송대의 러시아 군인들이 달려왔지만 무슨 일인지 이해하지 못했고 어찌할 바를 모르고 당황한 채 바라보고만 있었다.

이아시에서의 정차가 하루 종일 지속될 징후를 보였기에 우리는 역에서 나와 인적 없는 길들로, 진흙 빛깔의 나지막한 집들 사이로 이리저리 다녔다. 굉장히 조그맣고 고풍스러운 전차가 도시의 한쪽 끝에서 다른 쪽 끝으로 유일하게 왕복 운행했다. 종점에 매표원이 있었는데 이디시어를 사용했다. 유대인이었다. 약간의 노력으로 우리는 서로를 이해하는 데 성공했다. 그는 내게, 이미 다른 귀환열차들이, 프랑스인, 영국인, 그리스인, 이탈리아인, 네덜란드인, 미국인 등 모든 민족을 실은 열차들이 이

아시를 지나갔다고 알려주었다. 그들 중 상당수가 도움을 필요로 하는 유대인들이어서 그 지역 유대인 공동체에서 지원 센터를 설치했다는 것이었다. 그는 만약 우리가 한두 시간 정도 시간이 있다면 이 지원 센터에 대표로 가보라고 조언했다. 우리가 도움과 조언을 얻을 수 있을 것이라는 얘기였다. 아니 이럴 게 아니라, 자신의 전차가 지금 출발하려 하므로 우리에게 타라고, 맞는 정거장에서 내리도록 해주겠다고, 표는 자기가 알아서 하겠다고 나섰다.

레오나르도, 시뇨르 운버도르벤과 내가 차에 올랐다. 활기라고는 없는 도시를 가로질러 다 쓰러져가는 어느 초라한 건물에 다다랐다. 문과 창문들은 임시 판자가 대신하고 있었다. 어둡고 먼지투성이인 사무실에서 두 명의 원로가 우리를 맞았다. 그들의 모습은 우리보다 그저 약간 더 풍족하고 건강해 보일 뿐이었다. 그러나 그들은 애정 어린 배려와 선한 의도로 가득했고 쓸 수 있는 단 세 개뿐인 의자에 우리를 앉히고는 우리에게 관심을 쏟았고, 그들과 소수의 다른 사람들만이 살아남은 끔찍한 시련에 대해 이디시어와 프랑스어로 허둥지둥 얘기해주었다. 그들은 쉽게 눈물을 보이고 웃음을 터뜨렸다. 작별인사를 할 때 그들은 끔찍한 정제 알코올로 건배할 것을 단호히 권했다. 그러고는 열차의 유대인들과 함께 나눠 먹으라고 달걀이 든 바구니를 건넸다. 또 모든 서랍과 자신들의 주머니를 털어 '레우'✤ 화로, 그 자리에서는 우리에게 천문학적으로

✤ 루마니아의 화폐 단위.

보인 금액을 모아 주었다. 그러나 돈을 분배했을 때, 그리고 인플레이션을 따져 계산을 했을 때 우리는 그 금액이 무엇보다 상징적인 것임을 깨달았다.

이아시에서 국경선으로
Da Iasi alla Linea

✦ 　　　아직 여름인 시골들을 통과하면서, 이국적인 유성음 지명(치우레아, 스칸테아, 바슬루이, 브라일라, 포고아넬레)을 가진 소도시들과 마을들을 통과하면서, 우리는 여전히 여러 날 동안 남쪽을 향해 짧은 구간들을 가고 서고 하며 계속 나아갔다. 9월 23일 밤에 우리는 플로이에슈티의 유정들에서 불꽃이 빛나는 것을 보았다. 그런 다음, 우리의 불가사의한 기관사는 서쪽으로 방향을 잡았다. 다음 날, 우리는 태양의 위치로 노정이 바뀌었다는 것을 알았다. 우리는 다시 북쪽을 향하여 가고 있었다. 왕의 거처인 시나이아 성들을, 무엇인지 알지도 못한 채 우리는 탄복하며 바라보았다.

우리 칸에서는 현금은 이미 동이 났고 구매력을 가진 것은 무엇이든, 아무리 적은 가치를 가진 것이라도 모두 팔거나 교환했다. 그러므로 뜻밖의 행운이 있거나 강도질을 하지 않는 이상 러시아 군인들이 우리에게 배급하는 것밖에는 먹을 수가 없었다. 상황은 극적이지는 않았지만 혼란스럽고 신경을 닳게 만드는 것이었다.

누가 보급품을 감독하는지는 결코 명확하지 않았다. 십중팔구는 바로 러시아 호송대였을 것이다. 그들은 사정거리 내에 들어오는 모든 군대 병참부나 민간인 저장 창고에서 각양각색의 식료품들을, 아마도 그저 거기 있는 것들을 닥치는 대로 꺼내왔다. 열차가 정차하고 둘로 분리되면 각 칸은 두 명의 대표자를 러시아 군인들의 칸으로 보냈다. 그들의 칸은 점차 혼란스러운 떠돌이 장터로 변해갔다. 이 대표들에게 러시아 군인들은 해당 칸에 대한 식량을 아무런 기준 없이 배급했다. 매일 벌어지는 도박이었다. 배급량은 어떤 때는 부족했고, 어떤 때는 어마어마하게 많았으며, 또 어떤 때는 전혀 없었다. 질적으로는, 러시아의 모든 것이 그렇듯 예측 불가능했다. 당근을 받았다. 그리고 당근을 받았고 또 당근을 받았다. 며칠을 연달아 그러고 나서야 당근이 사라지고 완두콩이 나왔다. 말린 완두콩으로 자갈처럼 단단했다. 그것을 요리하려면 반합, 깡통, 임시변통으로 마련한 용기 등에 넣어 열차 칸의 하늘에 매달아 놓고 몇 시간이고 물에 불려야 했다. 밤에 기차가 갑자기 멈춰 설 때 공중에 매달린 도구들의 숲은 격렬한 진동 상태로 들어가고, 자는 사람들 위로 물과 완두콩 비가 쏟아졌다. 뒤이어 싸움과 한바탕 웃음, 어둠 속을 작은 소요가 훑고 지나갔다. 감자가 배급되고, 다음에는 '카샤'가, 다음에는 오이가 무쳐 먹을 기름 없이 배급되었다. 그다음에, 오이가 동났을 때 기름이 1인당 반합의 절반만큼씩 배급되었다. 다음에는 해바라기 씨. 이건 인내심 테스트였다. 어느 날은 빵과 소시지를 풍족하게 받아서 모두가 숨을 돌렸다. 그 다음에는 1주일 내내 밀이 배급되었다. 마치 우리가 닭인 것처럼.

가족 칸들에만 난로가 실려 있었다. 다른 모든 칸에서는, 기차가 정차하자마자 황급히 내려 모닥불을 지펴놓고 땅바닥에 요리 준비를 했다. 기차가 다시 출발할 때는 싸우고 욕하는 가운데 요리가 반쯤 익은 상태에서 해산하고 돌아가야 했다. 한 귀는 기관차의 기적 소리에 팽팽하게 긴장하고, 한 눈은 냄새를 맡은 사냥개처럼 연기에 끌려 떼거지로 모여드는 배고픈 시골 부랑자들을 주시하면서, 고개를 숙이고 맹렬하게 요리했다. 우리 선조들처럼 돌 세 개를 놓고 그 위에서 요리했다. 종종 돌이 없었으므로 각 칸은 결국 자신의 장비들을 갖추게 되었다. 쇠꼬챙이와 기발한 받침대들이 등장했고 칸타렐라의 냄비들이 다시 나타났다.

물과 장작의 문제가 시급해졌다. 필요는 일을 단순하게 한다. 개인 장작 창고들이 번개같이 약탈당했다. 그 지방들에서 여름철에 선로 옆에 쌓아두는 눈막이 방책들이 도둑맞아 사라지고, 울타리는 허물어지고 침목은 떼어졌다. 한번은(가져갈 것이 전혀 없어서) 상태가 좋지 않던 화물열차 한 칸이 완전히 약탈되었다. 우리 칸에 있던 모로와 그의 유명한 도끼의 존재는 천우신조였다. 물을 저장하기 위해서는, 무엇보다 적합한 용기가 필요했다. 각 칸은 물물교환을 통해서든, 훔치든 아니면 사든지 간에 양동이를 마련해야 했다. 우리 양동이는 정식으로 산 것이었는데 한 번 쓰고 나자 구멍이 나버렸다. 우리는 의무실의 반창고를 붙여 수리했는데, 브렌네로에 당도하기까지 기적적으로 조리를 견뎌주었고 거기서 반창고가 떨어졌다.

역에서 물을 비축하는 것은 대개 불가능했다. 분수식의 물 마시는 곳 앞에는(그것이 있을 때는) 몇 초 내로 끝도 없는 줄이 섰고, 단지 몇 통만이 채워질 수 있을 뿐이었다. 몇몇은 기관차용으로 비축해둔 물을 담아놓은 '급수기'까지 살그머니 기어갔다. 그러다가 기관사가 알아차리면 노발대발했고, 뜨거운 석탄과 온갖 욕설로 그 무모한 자들에게 폭탄세례를 퍼부었다. 그럼에도 몇 번은 바로 기관차의 뱃속에서 따뜻한 물을 따라내는 데 성공했다. 물은 미끈거렸고 녹물이어서 요리에는 적합하지 않았으나 몸을 씻는 데는 쓸 만했다.

최고의 수원지는 시골의 우물들이었다. 열차가 밭들 사이에 있는 신호등의 빨간불 앞에 서는 경우가 자주 있었다. 단 몇 초일 수도 있었고 몇 시간일 수도 있었지만 그것을 예측하기는 불가능했다. 그러면 모두가 재빨리 바지의 허리띠들을 풀었고 그것들을 같이 묶어서 긴 줄을 만들었다. 그런 다음 그 칸에서 가장 날랜 사람이 줄과 물통을 들고 우물을 찾아 달려 나갔다. 우리 칸에서 가장 날랜 사람은 나였고 자주 임무에 성공했다. 그러나 한번은 열차를 놓칠 뻔한 아슬아슬한 고비를 넘긴 적이 있었다. 이미 우물 안에 내린 양동이를 힘들게 끌어올리던 중에 나는 기관차의 기적 소리를 들었다. 만약 내가 소중한 공동 재산인 양동이와 허리띠들을 포기했다면 영원히 치욕을 안고 살게 될 것이었다. 나는 있는 힘을 다해 줄을 당겨 올려 양동이를 붙잡았고 물을 땅에 버리고는, 얽히고설킨 허리띠들이 거치적거렸지만 이미 움직이기 시작한 열차를 향해 냅다 뛰기 시작했다. 1초 늦는 것이 한 달 늦는 게 될 수도 있었다. 나는 목숨을 걸고 온 힘을 다해 뛰었다. 울타리 나무와 방책을 뛰어넘고 선로 아래 자갈 둔덕의, 발이 푹푹 들어가는 자갈들 위로 달려들었을 때 기차는 내 앞을 스치고 있었다. 우리 칸은 이미 지나가버렸다. 인정 어린 손들이 나를 향해 뻗어와 허리띠와 양동이를 붙잡았고 또 다른 손들이 내 머리카락과 어깨와 옷을 부여잡고 나를 번쩍 들어 마지막 칸 바닥에 올려놓았다. 거기서 나는 30분 동안 반쯤 기절한 채 누워 있었다.

열차는 북쪽을 향하여 계속 전진했다. 갈수록 폭이 좁아지는 계곡으로 들어갔고 9월 24일, 살을 에는 추위 속에서 험준한 벌거숭이 산들 사이 프레데알 고개를 통해 트란실바니아 알프스 산맥을 지나 브라쇼프로 다시 내려갔다. 여기서 기관차는 분리되었다. 오랜 정차를 보장하는 것이었으므로 늘상 벌어지던 예의 그 행사가 펼쳐지기 시작했다. 다급하고 험악한 분위기의 사람들이 조그만 도끼를 손에 들고 역의 안팎을 돌아다녔고, 다른 사람들은 물통을 들고서 물 때문에 싸우고, 또 다른 사람들은 헛간에서 짚을 훔치거나 지역 주민들과 거래를 했다. 아이들은 말썽거리나 혹은 작은 약탈거리를 찾아 주위로 흩어졌다. 여자들은 뭔가를 씻거나, 사람들이 다 보는 데서 몸을 씻었고, 이 칸에서 저 칸으로 서로 방문하고 소식을 주고받았으며, 기차가 이동하는 중에 곰곰이 되새긴

말싸움에 다시 불을 지피고 더 크게 싸우기 시작했다.

우리 열차 옆에는 지프차, 장갑차, 연료통들을 실은 소련군 수송열차가 정차해 있었다. 부츠를 신고 헬멧을 쓴 두 명의 덩치 좋은 여군이 머스켓총을 어깨에 둘러메고 총검을 꽂고 경비를 하고 있었다. 짐작할 수 없는 나이에, 나무처럼 뻣뻣하고 무뚝뚝한 모습이었다. 그녀들은 기름통 바로 밑에서 불을 지피는 것을 보고는 우리의 무모함에 당연히 분개했고 "녤쟈, 녤쟈"(안 돼! 안 돼!)라고 고함치며 즉시 불을 끄도록 명령했다.

욕을 하면서도 모두들 복종했다. 러시아의 전쟁에서 살아 돌아온 산악 군인들의 소대를 제외하고는 말이다. 가죽처럼 질긴 자들이었다. 그들은 거위 한 마리를 준비해서 구이를 하는 중이었다. 어깨 너머로 두 여자가 맹위를 떨치고 있는 와중에도 그들은 간단한 몇 마디 말로 서로 의견을 주고받더니 그중 두 사람이 과반수의 지명을 받아 일어섰다. 공익을 위하여 의식적으로 자신을 희생하는 자의 엄격하고 단호한 얼굴들이었다. 그들은 두 여군에 맞섰고 나지막한 목소리로 그녀들에게 말했다. 협상은 놀라우리만치 짧았다. 두 여자는 헬멧과 무기를 내려놓았고, 그러니까 네 명이 진지하고 의연하게 역에서 멀어져갔다. 그들은 골목길로 접어들었고 우리의 시선에서 사라졌다. 그들은 약 15분 뒤에 돌아왔다. 약간 나긋해져서 살짝 홍조를 띤 여자들이 앞서고 남자들은 자랑스럽고 평온한 모습으로 그 뒤를 따랐다. 조리도 거의 다 되었다. 네 명은 다른 사람들과 같이 바닥에 쪼그리고 앉았고 그들은 평화롭게 거위를 자르고 나누었다. 짧은 휴식 뒤에 러시아 여자들은 무기를 다시 들고 경비 근무로 돌아갔다.

브라쇼프에서부터 이동 방향은 다시 서쪽으로, 헝가리 국경을 향했다. 비가 와서 상황이 악화되었다. 불을 지피기가 어려웠고 우리는 입고 있는 젖은 옷 한 벌밖에 없었으며 도처에 진흙이었다. 열차의 지붕은 주석으로 된 것이 아니었다. 열차 바닥에서 단지 몇 제곱미터에만 있을 만했고 나머지 자리 위로는 무자비하게 빗방울이 떨어졌다. 잠을 자러 누울 때는 경쟁과 심한 말다툼이 벌어졌다.

모든 인간 집단에는 미리 운명 지워진 희생자가 있다는 것은 태곳적부터 고찰된 바다. 고통을 짊어지고 가는 사람, 모두가 비웃는 사람이다. 그에 대한 모욕적이고 악의적인 험담이 생겨난다. 불가사의한 합의를 이루며 모두가 자신들의 언짢은 기분과 가해의 욕망을 그에게 쏟아낸다. 우리 칸의 희생자는 바로 헌병이었다. 그 이유를, 혹시 이유라는 것이 존재한다 하더라도, 규명해내기는 어려울 것이다. 헌병은 친절하고 온화하고 잘 도와주는, 그리고 잘생긴 외모를 지닌 아브루초 출신의 젊은이였다. 그는 특별히 둔감하지도 않았다. 오히려 다소 성마르고 예민했다. 그래서 우리 칸의 다른 군인들에게 당하는 핍박을 그는 날카롭게 느끼며 괴로워했다. 그러나 그가 바로 헌병이었다. 헌병대(별칭으로 그렇게 부르듯이)와 다른 군대들 사이의 관계가 좋지 않다는 것은 익히 알려져 있다. 사람들은 헌병들에 대해서 그들의 지나친 규율과 진지함, 정결함, 정직함을, 그들의 유머 없음을, 그들의 분별없는 복종을, 그들의 관행을, 그들의 제복을 악의적으로 비난한다. 그들에 대해서는 괴기스럽고 바보 같은 가공의 전설들이 난무한다. 이 전설들은 병사兵舍에서 대대로 전해 내려온다. 망치의 전설, 맹세의 전설 같은 것들이다. 전자에 대해서는 너무 유명하고 악명이 높으므로 입을 다물겠다. 후자는, 내가 이해한 바로는, 헌병대에 들어온 젊은 신병은 한 가지 비밀스럽고 혐오스러운, 지옥 같은 맹세를 해야 한다는 것이다. 여기에는 무엇보다 '자신의 아버지와 어머니를 죽이는 데' 엄숙하게 전념한다는 것이 있다. 그러므로 모든 헌병은 부모를 죽였거나 죽일 것이다. 안 그러면 졸병 신세를 면할 수 없다. 그 불행한 젊은이는 입도 뗄 수 없었다. "넌 조용히 해. 엄마 아빠를 죽여놓고는." 그러나 그는 한 번도 반항하지 않았다. 이것과 또 기타 100가지 모욕을 그는 성인군자 같은 굳은 인내심으로 묵묵히 견뎌냈다. 어느 날 그는 중립자로 나를 한쪽으로 데려가더니 "맹세의 이야기는 사실이 아니다"라고 내게 장담했다.

우리를 성마르고 슬프게 만드는 비가 내리는 가운데, 우리는 알바 율리아라는 영광스러운 이름을 가진 진흙투성이 마을에서 고작 몇 시간 정차하고는 거의 멈추지 않고 사흘을 여행했다. 9월 26일 저녁, 루마니아 땅을 800킬로미터 이상 달린 후에 우리는 헝가리 국경, 아라드 주에 있는 쿠르티차라는 마을에 당도했다.

나는 쿠르티차의 주민들이 우리가 지나간 재앙을 아직도 기억하고 있으리라 확신한다. 심지어 그것은 그 지역 구전口傳들의 일부가 되어, 모닥불 옆에서 대대로 이야기될 것이라고 믿는다. 다른 어느 곳에선가 아직도 아틸라*와 티무르*에 대해 이야기되듯이 말이다. 우리 여행의 이 부분도 역시 모호하게 남을 운명이다. 루마니아군 당국이나 철도 당국은 더 이상 우리를 원하지 않았거나 아니면 이미 우리를 '하적'했고, 헝가리 당국은 우리를 받아들이고 싶어하지 않거나 아니면 우리를 '인수'하지 않았다는 것이 명백했다. 결과적으로, 우리와 열차와 호위대는 저 탈진하게 만드는 7일 동안, 쿠르티치에 꼼짝없이 묶여 있었다. 그리고 우리는 마을을 쑥대밭으로 만들었다.

쿠르티치는 아마도 인구 1,000명 정도 되는 농촌 마을이었고 가진 것이 별로 없었다. 우리는 1,400명이었고 모든 것이 필요했다. 7일 동안 우리는 모든 우물을 비워버렸고, 비축된 장작을 모두 태워버렸으며, 역에 있던 연료가 될 만한 모든 것에 심각한 손상을 입혔다. 역의 공중화장실에 대해서는 말을 않는 게 낫다. 우유, 빵, 옥수수, 가금류의 무서운 가격 인상을 유발시켰다. 그러다가 우리의 구매력이 제로가 되자 밤에 절도가 발생했다. 나중에는 낮에도 발생했다. 거위는 이 지역의 주요 자원을 이루는 것으로 보였는데, 처음에는 진흙탕인 오솔길들을 질서정연하고 장중한 비행소대들을 이루며 자유롭게 돌아다니고 있었다. 그러던 것이 일부는 서리당했고 일부는 우리에 갇힘으로써 우리 눈앞에서 완전히 사

✤ 5세기 훈족 최후의 왕이자 유럽 훈족 가운데 가장 강력한 군주였다. 그의 제국은 중부 유럽부터 흑해, 도나우 강을 지나 발트 해까지 이어졌다. 후에 유럽의 역사에서 전설적인 인물로 그려지며 중세 기독교의 영향으로 잔인한 야만인 왕으로 기억되기도 한다.
✤ 14세기 이슬람교를 믿는 투르크인 정복자로 인도에서 러시아를 거쳐 지중해까지 정복하는 과정에서 자행한 야만적 행위와 그가 세운 왕조의 문화적 업적으로 널리 알려져 있다.

라져버렸다.

매일 아침 우리는 우리가 잠든 사이 열차가 우리 모르게 움직였을 거라는 터무니없는 희망 속에서 문을 열었다. 그러나 아무것도 변하지 않았다. 변함없이 우중충한, 비 오는 하늘과 변함없이 우리 눈앞에 있는 진흙 집들, 모래톱에 든 배처럼 무기력하고 무능한 열차. 우리는 바퀴들을, 우리를 집으로 데려다줘야 할 그 바퀴들을 살펴보려고 몸을 구부렸다. 아니, 1밀리미터도 움직이지 않았다. 바퀴들은 선로에 용접되어버린 것 같았다. 다만 비가 그것들을 녹슬게 하고 있었다. 우리는 춥고 배가 고팠다. 그리고 우리 자신이 버려지고 잊힌 것 같았다.

엿새째 되는 날, 다른 누구보다 더 활기를 잃고 사나워진 체사레가 우리를 떠났다. 그는 쿠르티치와 러시아 군인들, 열차와 우리에게 신물이 난다고, 미치광이가 되고 싶지 않다고, 그리고 굶어죽거나 쿠르티치 주민들 손에 죽고 싶지 않다고 선언했다. 사람이 유능하면 혼자서 더 잘해나갈 수 있다, 만약 용의가 있다면 자신을 따라와도 좋다고 말했다. 분명하게 말해두지만 비참하게 지내는 것은 지긋지긋하다, 자신은 위험을 감수할 준비가 되어 있으니 일을 서둘러서 재빨리 돈을 벌고, 그런 다음 로마로 비행기를 타고 돌아가겠다고 말했다. 우리 중 누구도 그를 따라갈 마음이 나지 않았다. 체사레는 떠났다. 그는 부쿠레슈티행 기차를 탔고 많은 모험을 했다. 그리고 자신의 계획에 성공했다. 즉, 그는 우리보다 좀 늦긴 했지만 비행기를 타고 로마로 돌아갔다. 하지만 이것은 또 다른 스토리, '자극적인' 스토리이므로 나는 이야기하지 않을 것이다. 또는 다른 곳에서, 단 체사레가 내게 허락한다면, 그때 이야기할 것이다.

루마니아에서는 갈라티, 알바 율리아, 투르누 세베린과 같은 이름들을 음미하면서 어떤 미묘한 언어학적 희열을 느꼈다면, 헝가리로 들어선 첫 입구에서는 베케슈초보를 만났다. 호드메죄바샤르헤이와 키슈쿤펠레디하조가 그 뒤를 이었다. 마자르의 평원은 물을 흠뻑 머금고 있었고 하늘은 납빛이었다. 그러나 무엇보다도 체사레가 없음이 우리를 슬프게 했다. 우리 사이에 그는 고통스러운 빈자리를 남겼다. 그가 없으니 아무도 얘기를 할 줄 몰랐고 더 이상 그 누구도 이 끝없는 여행의 권태를, 열차에서 보낸, 이미 우리 어깨를 무겁게 짓누르고 있는 열아흐렛날의 피로를 이겨내지 못했다. 우리는 막연한 죄의식을 가지고 서로를 바라보았다. 왜 체사레가 떠나도록 내버려뒀단 말인가? 헝가리에서는, 그 읽을 수도 없는 지명들에도 불구하고 이미 우리가 유럽에 있다고 느꼈다. 우리의 것인 문명의 날개 아래, 몰다비아에서의 낙타의 출현 같은 심상치 않은 것들로부터도 안전한 곳에 있다고 느꼈다. 열차는 부다페스트를 향해 갔다. 그러나 10월 6일 부다페스트로는 들어가지 않고, 폐허와 임시 막사들, 인적 없는 길들의 유령 같은 광경들을 우리에게 보여주면서, 우이페스트와 다른 변두리 화물역들에 여러 차례 정차했다. 그리고 드리워진 가을 안개의 베일과 퍼붓는 비 사이로 열차는 다시 평원으로 들어갔다.

스조브에서 열차는 멈춰 섰다. 장이 서는 날이었다. 우리 모두는 다리를 펴고 가지고 있던 얼마 안 되는 돈을 쓰려고 열차에서 내렸다. 내 수중에는 더 이상 아무것도 없었다. 하지만 배가 고팠기에 그때까지 아끼며 간직하고 있던 아우슈비츠의 윗도리를, 강렬한 향기로 나를 사로잡은, 양파와 발효 치즈로 만든 귀한 반죽덩어리와 맞바꿨다. 열차가 기적을 울리자 우리는 화차에 올라 인원을 세었다. 두 사람이 더 있었다.

한 사람은 빈첸초였고 아무도 이에 놀라지 않았다. 빈첸초는 까다로운 소년이었다. 열여섯 살의 칼라브리아 목동이던 그는 어떻게 된 영문인지 독일까지 흘러 들어가게 되었다. 그는 벨레트라노만큼이나 야성적이지만 본성이 달랐다. 벨레트라노가 난폭하고 다혈질적인 반면, 빈첸초는 수줍고 폐쇄적이고 명상적이었다. 그는 거의 여성스러운, 감탄할 만한 하늘색 눈을 가졌고 얼굴은 섬세하고 표정이 풍부하며 창백했다. 그는 거의 말이 없었다. 그의 영혼은 유목민이었다. 그는 불안해했고, 스타리예 도로기에서는 마치 보이지 않는 악마들에 매료된 것처럼 숲에 매료되었다. 또한 열차 위에서도 어느 칸에 일정한 거처를 두지 않고 모든 칸들을 돌아다녔다. 곧 우리는 그가 불안한 이유를 이해하게 되었다. 열차가 스즈브에서 출발하자마자 빈첸초는 바닥에 쓰러졌다. 눈은 온통 흰자위뿐이었고 턱은 돌처럼 굳게 닫혀 있었다. 그는 맹수처럼 으르렁거렸고 몸부림쳤다. 그를 붙잡고 있던 산악 군인들 네 명보다 더 힘이 셌다. 간질 발작이었다. 스타리예 도로기에서 그리고 그 이전에도 물론 발작은 여러 번 있었다. 그러나 매번 경고 신호를 느낄 때마다 빈첸초는 자신의 본능적인 자존심에 떠밀려, 아무도 자신의 병을 알지 못하도록 숲 속으로 피신했다. 또는 폭풍 앞에서 새들이 도망치듯 그는 어쩌면 병

앞에서 도망친 것인지도 몰랐다. 긴 여행 동안 땅에 머무를 수가 없었기 때문에 발작이 오는 것을 느낄 때면 칸을 바꾸었다. 그는 우리와 함께 며칠을 머무른 뒤 사라졌다. 우리는 다른 칸의 지붕 위에 웅크리고 있는 그를 다시 발견했다. 왜 그러고 있지? 그 위에서는 들판이 더 잘 보이기 때문이라고 그는 대답했다.

다른 새 손님도 역시, 여러 가지 이유로 까다로운 경우임이 드러났다. 아무도 그를 알지 못했다. 그는 건장한 소년으로, 맨발에 붉은 군대의 상의와 바지를 입고 있었다. 그는 헝가리어만을 할 줄 알았고 우리 중 누구도 그와 의사소통을 하는 데 성공하지 못했다. 헌병이 우리에게, 자기가 열차에서 내려 빵을 먹고 있는 동안 소년이 다가와서 손을 내밀더라고 얘기해주었다. 소년에게 자신의 식량 절반을 양보했는데 그때부터 소년을 떼어낼 수가 없더라는 것이었다. 모두가 열차에 서둘러 오르고 아무도 소년에게 신경 쓰지 않는 사이에 헌병을 따라왔음에 틀림없었다. 우리는 그를 좋게 받아주었다. 먹여야 할 입이 하나 더 는 것은 걱정되지 않았다. 그는 총명하고 명랑한 소년이었다. 열차가 움직이기 시작하자마자 그는 아주 위엄 있게 자기 소개를 했다. 그의 이름은 피스타였고 열네 살이었다. 아버지와 어머니는? 이 대목에서 그에게 우리가 하는 말을 이해시키기가 어려웠다. 나는 몽당연필과 종이 한 조각을 찾아 남자 하나와 여자 하나 그리고 가운데에 어린아이 하나를 그린 다음 '피스타'라고 말하면서 어린아이를 가리켰다. 그러고 나서 기다렸다. 피스타는 심각해지더니 끔찍하게도 분명한 그림을 그렸다. 집 한 채, 비행기

한 대, 떨어지는 폭탄 하나. 그러고는 집을 지우더니 그 옆에 연기 나는 거대한 더미 하나를 그렸다.

그러나 그는 슬픈 이야기들을 내켜하지 않았다. 그 종이를 구겨 말아버리고는 다른 종이를 달라고 말했다. 그리고 유난히 자세하게 나무통 하나를 그렸다. 원근법으로, 통의 바닥과 눈에 보이는 쪽의 모든 통널 하나하나를, 그리고 쇠테와 피스톤 핀이 달린 구멍을 그렸다. 우리는 어리둥절해서 서로를 쳐다보았다. 메시지에 담긴 뜻이 무엇일까? 피스타는 흐뭇하게 웃더니 그 옆에다가 한 손에 망치를, 다른 손에 톱을 들고 있는 자기 자신을 그렸다. 우리가 아직도 이해를 못했느냐고? 그것은 그의 직업이었다. 그는 통장이였다.

금세 다들 그를 좋아하게 되었다. 게다가 그는 스스로 쓸모 있게 행동했다. 매일 아침 바닥을 쓸고, 열심히 반합을 씻고, 물을 뜨러 갔으며 여러 정류장에서 '장을 보러' 자신의 동포들에게 파견될 때면 행복해했다. 브렌네로에서 그는 이미 이탈리아어로 표현할 줄 알았다. 자기 나라의 아름다운 노래들을 불렀는데 아무도 이해하지 못했다. 그러자 그는, 모두를 웃게 만들면서, 또 자신이 먼저 아주 유쾌하게 웃으면서 우리에게 그 노래들을 몸짓으로 설명하려 애썼다. 피스타는 동생처럼 헌병에게 정이 들었고, 조금씩 조금씩 헌병에게서 원죄를 씻어주었다. 비록 부모를 죽였지만, 피스타가 그를 따라다닌 순간부터 그도 알고 보면 착한 아들임에 틀림없었다. 피스타는 체사레가 남긴 공백을 메워주었다. 우리는 그에게 왜 우리와 같이 왔는지, 이탈리아에 무얼 찾으러 가는지 물었다.

그러나 그 답을 알아낼 수가 없었다. 부분적으로는 서로의 말을 이해하기 어려웠기 때문에, 그러나 대개는 아이 자신도 잘 모르는 것 같았기 때문이다. 여러 달 동안 그는 떠돌이 개처럼 역들을 떠돌아다녔고, 동정심을 가지고 자신을 바라본 첫번째 사람을 따라온 것이었다.

우리는 헝가리에서 오스트리아로 국경에서의 복잡한 절차 없이 통과할 수 있기를 바랐다. 그러나 그렇지가 않았다. 10월 7일 아침, 열차 여행 22일째 되는 날, 우리는 아우슈비츠의 침울한 지평선을 두르고 있던 바로 그 베스키드 산맥이 보이는, 슬로바키아의 브라티슬라바에 와 있었다. 다른 언어, 다른 화폐, 다른 길. 우리는 한 바퀴를 돌아 고리를 완성하게 될 것인가? 카토비체는 200킬로미터 거리에 있었다. 우리는 유럽을 돌아 또 다른 부질없고 기진맥진하게 만드는 일주를 다시 시작하게 될 것인가? 그러나 저녁에 우리는 독일 땅으로 들어갔다. 8일에는 비엔나의 변두리 역인 레오폴다우의 화물 관리소에서 멈췄다. 우리는 이미 거의 집에 다 왔다고 느꼈다.

비엔나의 변두리는 우리에게 친숙한, 밀라노와 토리노의 변두리들처럼, 우리가 기억하는 마지막 모습의 그 변두리들처럼 파괴되고 전복되어 있었다. 행인들은 적었다. 여자들, 아이들, 노인들뿐이었다. 남자들은 한 사람도 없었다. 또한 그들의 말도 내게는 역설적으로 친근하게 들렸다. 몇몇 사람들은 이탈리아어조차 알아들었다. 별 생각 없이 우리가 가진 돈을 그 지역의 통화와 바꾸었지만 쓸데없는 일이었다. 3월에 크라코비아에서 그랬던 것처럼 모든 상점이 문을 닫았거나 아니면 배급품들만을 팔고 있었던 것이다. "도대체 비엔나에서 신분증 없이 살 수 있는 게 뭐지?" 나는 불과 열두 살밖에 되어 보이지 않는 한 소녀에게 물었다. 그녀는 누더기를 입었지만 하이힐을 신고 눈에 띄게 화장을 하고 있었다. "위베어하웁트 니히츠."+ 소녀는 비웃듯이 내게 대답했다.

우리는 밤을 보내기 위해 열차로 돌아왔다. 많이 흔들리고 삐걱거리는 소음으로 가득한 밤 동안 우리는 몇 킬로미터를 나아가 또 다른 화물역인 비엔나-예들러스도르프 역으로 이동했다. 우리 옆으로 안개 속에서 다른 열차가, 아니 고문당한 열차의 시체가 나타났다. 기관차는 마치 하늘로 올라가려는 것처럼 앞머리를 하늘로 향한 채 어처구니없게도 수직으로 서 있었다. 약탈 본능과 조롱하고 싶은 충동에 떠밀려 우리는 가까이 다가갔다. 독일 것들의 파괴된 잔해 위에 손을 댐으로써 오는 심술궂은 만족감을 기대했던 것이다. 그러나 조롱에는 조롱이 돌아왔다. 한 칸은 불타버린 악기들의 일부가 틀림없는 이런저런 금속 조각들과 유일하게 살아남은, 점토를 구워 만든 오카리나 수백 개. 다음 칸은 녹아버린 녹슨 자동권총들이 있었다. 세번째 칸은 구부러진 검들이 복잡하게 엉켜 있었다. 불꽃과 비가 그것들을 앞으로 올 모든 세기 동안 칼집 속에 있도록 용접해버렸다. 허영 중의 허영, 그리고 파멸의 차디찬 맛.

우리는 거기서 나와 발길 닿는 대로 이리저리 배회하다가 도나우 강의 강둑에 이르렀다. 강물은 가득 차 있었고 누렇고 느릿느릿 흐르며 위협

+ Überhaupt nichts. (독일어) 아무것도 없죠.

적으로 부풀어 있었다. 그 지점에서 강줄기는 거의 직선으로 흐르고, 악몽 속에서처럼 안개 자욱한 전경前景 속에 한 다리 너머 또 다른 다리가, 일곱 개의 다리 모두가 정확하게 가운데에서 끊어져 있고, 그 두 동강 난 부분들이 소용돌이치는 물 속에 잠겨 있는 것이 보였다. 우리의 떠돌이 거처로 돌아오는 동안, 우리는 유일하게 살아 있는 것인 전차의 끼익 하는 새된 소리에 정신이 번쩍 들었다. 전차는 인적 없는 도로를 따라 상태가 나쁜 선로 위를 정류장에 서지도 않고 미친 듯이 달리고 있었다. 우리는 유령같이 창백한 얼굴로 자리에 앉아 있는 운전사를 얼핏 보았다. 그의 뒤에는 우리 호송대의 일곱 군인들이 열광의 도가니에 빠져 있었고 승객은 한 명도 없었다. 그것은 그들의 인생에서 맨 처음 타본 전차였다. 일부는 "우라! 우라!" 소리를 지르면서 창문 밖으로 몸을 내미는가 하면 다른 군인들은 운전사에게 더 빨리 달리라고 재촉하고 위협했다.

커다란 광장에는 시장이 열려 있었다. 역시 자생적이고 불법적인 시장이었지만, 내가 그리스인과 체사레와 함께 다녔던 폴란드의 시장들보다 훨씬 더 보잘것없고 은밀했다. 한편 그곳은 가까이에서 보면 다른 장면을, 우리 기억에서 지울 수 없는 라거의 시장을 연상시켰다. 좌판도 벌이지 않고 선 채로, 추위에 떨고 불안함에 떨면서 삼삼오오로, 도망갈 준비가 되어 있는, 가방과 트렁크를 손에 들고 주머니가 불룩한 사람들. 그들은 보잘것없는 조그만 물건들, 감자, 빵조각들, 담뱃잎, 경화, 낡아 빠진 잡동사니 가재도구들을 서로 교환했다.

비탄스러운 심정으로 다시 열차에 올랐다. 우리는 패배한 독일인들과 파괴된 비엔나를 보면서 아무런 기쁨도 느끼지 못했다. 오히려 가슴 아팠다. 연민이 아니라 좀더 폭넓은 의미의 아픔이었다. 그것은 우리 자신의 비참함과 혼동되는, 가혹하고 곧 닥쳐올 듯한 느낌, 회복될 수 없고 결정적이고 도처에 있는 병의 느낌, 유럽의, 세계의 뱃속에 궤양처럼, 미래 재앙의 씨앗처럼 자리 잡은 병마의 느낌과 혼동되는 아픔이었다.

열차는 비엔나와 떨어질 수 없는 것처럼 보였다. 정차하여 수리를 마친 사흘 뒤, 10월 10일에 우리는 굶주리고 비에 젖고 슬픔에 젖은 채, 또 다른 교외 지역인 누스도르프에 와 있었다. 그러나 11일 아침에는 갑자기 잃어버린 자취를 되찾은 듯 열차는 장크트푈텐, 로스도르프, 암스테텐을 통과했고 저녁에는, 선원들에게 육지가 가까워졌음을 알리는 새들처럼 우리 눈에는 놀라워 보이는 어떤 징조가 철로와 평행으로 달리는 길을 따라 나타났다. 그것은 우리에게는 새로운 차량이었다. 땅딸막하고 볼품없는, 상자처럼 납작한 군용차량으로 옆면에 붉은 별이 아닌 흰 별이 그려져 있었다. 그러니까 그것은 지프차였다. 흑인이 그 차를 운전하고 있었다. 차에 탄 사람들 중 하나가 우리를 향해 팔을 흔들면서 나폴리 방언으로 소리쳤다. "이봐요, 집으로 가는 거요!"

국경선은 그러니까 가까이에 있었다. 우리는 린츠에서 몇 킬로미터 떨어진 장크트발렌틴에 와서 국경선에 닿았다. 우리는 여기에 내려졌고 호송대의 젊은 야만인들과, 인사받을 자격이 있는 기관사에게 작별인사를 했다. 그리고 나서 우리는 미군에 인계되었다.

이동수용소는 평균적으로 머무르는 기간이 더 짧은 만큼 더 나쁜 상태로 조직되어 있었다. 장크트발렌틴에서는 보통 몇 시간, 기껏해야 하루밖에는 머무르지 않았다. 따라서 한 뼘 높이의 진흙탕 가운데에 있는, 몹시 지저분하고 원시적인 수용소였다. 전기도, 난방 시설도, 침대도 없었다. 유일하게 효율적인 설비는 목욕탕과 살균실이었다. 이런 유의 정화와 푸닥거리를 거친 후에야 서방은 우리를 소유했다.

사제의 임무를 맡은 이들은 몇몇 G.I.*들로, 거인같이 크고 말이 없으며 무장하지는 않았지만, 그 의미와 쓰임새를 알 수 없는 하찮은 물건들로 잔뜩 치장하고 있었다. 목욕은 모두 순조롭게 진행되었다. 미지근한 물로 샤워를 할 수 있고 목욕 가운이 있는, 나무로 된 조그만 부스가 스무 개 정도 있었는데 수용소에서는 그때 이후로 본 적이 없는 사치품이었다. 샤워를 한 뒤 우리는 벽돌로 된 넓은 장소로 인도되었다. 이곳은 파이프로 양분되어 있었는데, 대충 에어 해머와 비슷하게 생긴 열 개의 희한한 도구들이 이 파이프에 매달려 있었다. 바깥에서 압축기가 요동치는 소리가 들렸다. 우리 인원 1,400명 전원이, 남녀가 함께, 양분된 공간의 한쪽에 빽빽하게 채워졌다. 열 명의 관리들이 하얀 우주복으로 몸을 감싸고 헬멧과 방독면을 쓴 채 그다지 지구 사람 같지 않은 모습으로 무대에 등장했다. 무리 중 첫번째 사람들을 잡더니 매달린 기구의 주둥이를 신속하게 그들의 칼라 속과 허리 속, 바지는 위로 치마는 아래쪽으로,

---

* G.I. Government Issued의 약자로 미 정부에서 발급한 관급품을 말하며, 복장과 장비 일체가 관급품인 데서 미군 병사를 가리키는 속칭으로 바뀌었다.

옷의 터진 부분으로 모두 집어넣었다. 살충제를 불어넣는 일종의 공기 펌프였다. 살충제는 DDT였는데 지프차, 페니실린, 얼마 후에 소식을 접하게 될 원자폭탄과 마찬가지로 우리에게는 완전히 새로운 것이었다.

욕을 하거나 간지러워 웃어가면서 모두들 그 처치를 받아들였다. 해군 장교와 그의 아름다운 약혼녀의 차례가 되기 전까지는 말이다. 우주복을 입은 자들이 그녀에게 결백하지만 거친 손을 댔을 때 장교는 힘차게 가운데로 막아섰다. 건장한 그 청년은 단호했다. 감히 누구든지 자신의 여자에게 손대는 자는 큰일 날 것이었다.

완벽하게 돌아가던 메커니즘이 뚝 하고 멈췄다. 우주복을 입은 사람들은 알아들을 수 없는 콧소리로 짧게 서로 의견을 주고받더니 그중 한 명이 마스크와 우주복을 벗고서 두 주먹을 불끈 쥐고 방어 자세로 장교 앞에 섰다. 다른 이들은 질서 있게 원을 둘렀다. 그러자 정식 권투 대결이 시작되었다. 조용하고 기사도적인 결투를 시작한 지 몇 분 뒤에 장교는 코피를 흘리며 바닥에 쓰러졌다. 우주복의 사나이들은 화를 내거나 보복하려는 기미 없이, 어쩔 줄 모르고 하얗게 질린 여자에게 규정대로 온몸 구석구석 가루를 입혔다. 그러고는 모든 것이 미국식 질서 속으로 다시 들어왔다.

다시 깨어나기
Il risveglio

✤ 오스트리아는 이탈리아와 국경을 접하고 있다. 장크트발렌틴은 타르비시오에서 300킬로미터 이상은 떨어져 있지 않다. 그럼에도 여행한 지 31일째 되는 10월 15일, 우리는 새로운 국경을 통과하여 뮌헨으로 들어갔다. 우리는 열차 여행에 달랠 길 없이 지쳐갔다. 철로에, 판자 바닥 위에서 자는 선잠과 열차의 덜컹거림에, 역들에 심한 구토증을 느끼고 있었다. 세계의 모든 철길이 공통적으로 가지는 친숙한 냄새, 축축하게 젖은 침목들의, 뜨거운 제동 장치의, 연소된 석탄의 코를 찌르는 냄새가 깊은 역겨움으로 우리를 괴롭혔다. 우리는 모든 것에 지쳐 있었고, 특히 불필요한 국경선들을 통과하는 것에 지쳐 있었다.

그러나 한편으로는, 처음으로 우리의 발밑에 독일의, 상上슐레지엔이나 오스트리아가 아니라, 바로 독일의 한 자락을 느낀다는 사실은 피곤함에 더하여, 견딜 수 없는 초조함과 좌절과 긴장으로 이루어진 복잡한 심정을 한층 가중시켰다. 우리는 독일인 한 사람 한 사람에게 무언가 할 말이 있을 것 같았다. 엄청난 것들을 말해야 할 것 같았다. 그리고 독일인 각각은 우리에게 할 말이 있을 것 같았다. 우리는 결산을 해야 할, 체스 선수들이 경기가 끝날 때 그러는 것처럼 질문하고 설명하고 논평해야 할 절박함을 느꼈다. 아우슈비츠에 대해, 자기 집 문으로부터 한 걸음 떨어진 곳에서 일어난, 일상적으로 자행된 조용한 대학살에 대해 '그들'은 알고 있었던가? 만약 그렇다면, 어떻게 길을 가고 집으로 돌아와 자기 자식들을 바라보고 교회의 문턱을 넘어 들어갈 수 있었단 말인가? 만약 아니라면 그들은 경건하게 우리에게서, 나에게서 모든 것을 당장 들어야 하고 배워야 한다. 그래야 한다. 나는 내 팔에 문신으로 새겨진 숫자가 쓰라린 상처처럼 비명을 지르고 있는 것을 들었다.

또 한 번 우리의 열차가 좌초하여 누워 있는 역 주변, 잔해로 가득한 뮌헨의 거리들을 배회하면서 나는 마치 각자가 내게 무언가를 갚아야 하지만 갚기를 거부하는 것처럼, 지불 불능의 채무자 무리들 사이를 헤매고 다니는 것 같았다. 그들 사이에, 아그라만테✢의 진영에, '지배 민족'의 한가운데에 나는 있었다. 그러나 사람들은 적었고, 많은 이들이 불구자였고, 많은 이들이 우리처럼 누더기를 입고 있었다. 그들 각자가 우리

✢ 이탈리아 르네상스의 시인 아리오스토의 장편 서사시 「미친 오를란도」에 등장하는 이슬람교도 무어인의 왕. 샤를마뉴가 파리에서 아그라만테 왕에게 포위당하자 하늘이 천사장 미카엘에게 명하여 '혼란의 신'을 보내어 무어군을 교란시킨다.

에게 당연히 질문을 할 것이라고, 우리가 누구인지 우리 얼굴에서 읽을 것이라고, 겸손하게 우리의 이야기를 경청할 것이라고 나는 기대했다. 그러나 아무도 우리의 눈을 쳐다보지 않았고 아무도 대면해서 이야기하려 하지 않았다. 그들은 귀머거리, 벙어리에 장님이었다. 의도적인 무지의 요새 속에 있는 양 자신들의 폐허 속에 피신해 방어하고 있었다. 그들은 아직도 강하고, 아직도 증오와 멸시를 할 수 있는, 오만과 죄의 그 오래된 매듭에 묶인 포로들이었다.

나는, 그들 사이에서, 봉인된 얼굴들의 저 이름 없는 군중 사이에서 다른 얼굴들을, 분명히 알아볼 수 있는 유명한 얼굴들을, 모를 수 없고 기억하지 않을 수 없고 대답하지 않을 수 없는 유명한 얼굴들을, 명령을 내리고 복종을 하고 죽이고 굴욕을 주고 타락하게 만든 그 얼굴들을 찾고 있다는 사실에 스스로 놀랐다. 부질없고 어리석은 시도였다. 그들을 찾는다 해도 그들이 아니라 다른 사람들, 소수의 올바른 자들이 그들 대신에 대답해왔을 것이기 때문이다.

✦ 우리가 스즈브에서 손님 한 사람을 태웠다면, 뮌헨을 지난 뒤에는 둥지에 든 새들을 통째로 태웠다는 사실을 깨달았다. 우리의 열차 칸들은 더 이상 60량이 아니라 61량이었다. 열차의 꼬리에, 동유럽의 온갖 나라에서 온 소년 소녀들, 유대인 젊은이들로 가득한 새로운 객차가 우리와 함께 이탈리아를 향해 여행하고 있었던 것이다. 그들 중 누구도 스무 살을 넘어 보이지 않았지만, 지극히 확신에 차 있고 단호

했다. 그들은 젊은 시오니스트*들로, 지날 수 있는 곳이면 어디든 지나면서, 할 수 있는 대로 길을 터가면서 이스라엘로 가고 있었다. 배 한 척이 바리에서 그들을 기다리고 있었다. 그들은 객차 한 량을 구입했다. 그것을 우리 열차에 연결하기 위한 방법은 세상에서 가장 간단한 것이었다. 그들은 아무에게도 허가를 요청하지 않았다. 그냥 객차를 연결했고 그뿐이었다. 나는 그것에 대해 놀랐지만 그들은 내가 놀라는 것을 보고 웃었다. "혹시 히틀러가 안 죽었나요?" 매처럼 강렬한 눈빛을 한 그들의 대장이 내게 말했다. 그들은 스스로를 한없이 자유롭고 강인하며 세상과 자기 운명의 주인이라 느끼고 있었다. 가르미슈파르텐키르헨을 통과하고 저녁에 우리는 믿을 수 없을 정도로 무질서한 가운데 오스트리아 국경선 위의 첩첩산중에 있는 미텐발트의 이동수용소에 도착했다. 그곳에서 우리는 밤을 보냈다. 춥디추운 우리의 마지막 밤이었다. 다음 날 기차는 인스부르크로 내려갔고, 여기서 열차는 이탈리아 밀수업자들로 만원이 되었다. 우리를 마중 나온 공직자라고는 없었고, 그들이 대신 우리를 맞아 조국의 인사를 전해주며 너그럽게도 초콜릿, 그라파, 타바코를 나눠주었다.

이탈리아 국경을 향한 오르막길에서, 우리보다 더 피곤한 열차는 마치 지나치게 팽팽해진 줄처럼 둘로 끊어졌다. 부상자가 여러 명 발생했고 이것이 우리의 마지막 모험이었다. 밤이 되자 우리는 브렌네로를 통과

✦ 팔레스타인 지역에 유대인 국가를 건설하고자 일어난 유대인 민족주의자들. 19세기 말에 시작되어 1948년에 유대인 국가인 이스라엘을 세우는 데 성공했다.

했다. 20개월 전에 유배를 향해 넘어갔던 곳이었다. 덜 지친 동료들은 떠들썩한 명랑함에 들떠 있었다. 레오나르도와 나는 기억으로 가득한 침묵에 잠겨 있었다. 출발할 때의 인원 650명 중에 단 세 명이 돌아가고 있었다. 그 20개월 동안 우리는 얼마나 많은 것들을 잃었을까? 집으로 돌아가면 무엇을 되찾게 될까? 우리 자신의 얼마나 많은 부분이 침식당하고 꺼져버렸을까? 돌아가는 우리는 더 풍요로워졌을까 아니면 더 가난해졌을까, 더 강해졌을까 아니면 더 공허해졌을까? 우리는 알지 못했다. 그러나 우리 집의 문턱에서, 결과가 좋은 쪽으로든 나쁜 쪽으로든 판가름이 날 하나의 시련이 우리를 기다리고 있음은 알고 있었다. 그리고 두려움을 가지고 그것을 미리 상상하고 있었다. 혈관 속에서, 기진맥진한 피와 함께 아우슈비츠의 독이 흐르는 것을 느꼈다. 어디에서 우리가 다시 살아나가기 위한 힘을, 버림받은 집집마다 텅 빈 둥지마다 그 주위로 아무도 없는 동안 저절로 자라나는 울타리와 장벽들을 허물기 위한 힘을 끌어올린단 말인가? 조만간, 내일 당장, 우리 안에 그리고 우리 밖에 있는, 아직 우리가 알지 못하는 적들에 대항해서 싸움을 시작해야 할 텐데, 무슨 무기로, 무슨 기력으로, 무슨 의지로 한단 말인가? 1년간의 잔혹한 기억들에 짓눌려 우리는 공허해지고 무장해제되고 수백 년은 늙어버린 것 같았다. 이제 막 지나간 달들은 문명의 언저리를 서성이던 힘겨운 시간이었지만, 지금 우리에게는 하나의 휴전으로, 무한한 자유로움의 막간으로, 하늘이 내려준 그러나 다시는 되풀이될 수 없는 운명의 선물로 보였다.

열차가 인적 없고 어두운 아디제 골짜기를 천천히 내려가는 동안, 잠 못 이루게 하는 이러한 생각들에 빠진 채 우리는 이탈리아에서의 첫 밤을 보냈다. 10월 17일, 베로나 근처의 페스칸티나 수용소가 우리를 맞아주었다. 여기서 우리는 각자 자신의 운명을 향해 해산했다. 하지만 다음 날 저녁이 되어서야 겨우 토리노 방향의 기차가 출발했다. 수천 명의 난민과 귀환자들의 혼란스러운 소용돌이 속에서 우리는 피스타를 얼핏 보았다. 그는 이미 자신의 길을 발견했다. 바티칸 자선원이 흰색과 노란색 완장을 차고서, 열성적으로 기쁘게 수용소의 일거리에 동참하고 있었던 것이다. 그리고 바로 여기, 군중들 위로 머리 하나가 완전히 올라오는, 우리를 향해 걸어오는 인물이, 아는 얼굴이 보였다. 바로 베로나의 모로였다. 그는 레오나르도와 나에게 인사를 하러 왔다. 그의 고향인 아베사는 몇 킬로미터 거리에 있기 때문에 그는 일행 가운데 제일 먼저 집에 도착한 셈이었다. 그 욕쟁이 노인이 우리에게 축복을 해주었다. 마디 굵은 커다란 손가락 두 개를 들더니 교황의 엄숙한 손짓으로 축복을 내리면서 우리에게 무사 귀가와 축복을 빌어주었다. 우리는 그의 기원이 고마웠다. 축복의 기원이 필요하다고 느끼고 있었기 때문이다.

35일간의 여행 뒤, 10월 19일에 나는 토리노에 도착했다. 집은 그대로 있었고 가족 모두 살아 있었다. 아무도 나를 기다리고 있지 않았다. 얼굴이 붓고 수염이 덥수룩하고 차림새가 남루해서 나를 알아보게 하기가 힘들었다. 활기 넘치는 친구들과 확실한 음식이 있는 식탁의 온기, 일상적인 노동의 구체성과, 겪은 것을 이야기함으로써 얻는 해방의 기쁨을 되찾았다. 저녁이면(한순간 공포가 스치고) 나의 체중 아래 부드럽게 눌리는 넓고 깨끗한 침대를 되찾았다. 그러나 마치 먹을 것이나 또는 재빨리 주머니에 집어 담을 만한, 그래서 빵을 얻기 위해 팔 만한 무언가를 찾는 것처럼 시선을 바닥에 고정시킨 채 걸어가는 습관은 여러 달이 지난 뒤에야 비로소 사라졌다. 간간이, 때로는 자주 때로는 드물게, 공포로 가득한 꿈이 여전히 나를 찾아왔다.

그것은 세부적으로는 다양하지만 본질적으로는 한 가지인, 또 다른 꿈속에 든 꿈이다. 나는 가족들이나 친구들과 함께 식탁에 앉아 있거나 일터에 있거나 푸른 전원에 가 있다. 그러니까 외관상으로는 긴장과 고통이 없는 평온하고 느긋한 환경 속에 있다. 그럼에도 미묘하고도 깊은 불안감을, 닥쳐오는 위협에 대한 뚜렷한 느낌을 갖는다. 아닌 게 아니라 꿈이 진행되면서 조금씩 조금씩 또는 돌연히 매번 다른 식으로, 장면과 벽들과 사람들과 내 주위의 모든 것이 무너지고 흐물흐물 해체된다. 그리고 불안감은 더욱 짙어지고 명확해진다. 모든 것은 이제 카오스로 변한다. 나만 홀로, 온통 잿빛의, 무감한 무無의 한가운데에 있다. 그리고 이제 이것이 무엇을 의미하는지 나는 **안다**. 그리고 내가 그것을 항상 알고 있었다는 것을 안다. 그것은 내가 다시 라거 안에 있고, 라거 밖에 있는 그 무엇도 진짜가 아니었다는 사실이다. 나머지는, 가족과 꽃이 핀 자연과 집은 짧은 휴가 또는 감각들의 속임수, 곧 꿈이었다. 이제 안의 꿈, 즉 꿈속의 꿈은, 평화의 꿈은 끝이 난다. 차갑게 계속되는 바깥의 꿈속에서 나는 익히 알려진 어떤 목소리를 듣는다. 고압적이지도 않고 오히려 짧고 낮은 한마디다. 아우슈비츠에서 들려오는 새벽의 명령 소리, 두려워하면서 기다리는 외국어 한마디, '브스타바치'.

1961년 12월~1962년 11월, 토리노

옮긴이의 말

증언문학 작품의 백미로 손꼽히는 『이것이 인간인가』로 널리 알려진 프리모 레비는 특이한 경력의 작가다. 그는 대학에서 화학을 전공하고 평생을 주로 실험실에서 보낸 화학자였다. 스물네 살, 청춘의 한가운데에서 아우슈비츠 수용소로 끌려간 뒤, 자신이 보고 겪은 끔찍한 경험들을 증언하고 두 번 다시 그런 역사적 만행이 되풀이되지 않도록 해야겠다는 뚜렷한 윤리적 의지에 의해, 그리고 자신의 '내적 해방'을 위해 처녀작 『이것이 인간인가』를 펴낸 레비는 자신이 화학자라는 사실에 만족했고, 작가로서 명성을 얻고 생활이 안정된 뒤에도 화학자의 길을 결코 포기하지 않았다. 과학과 문학, 이 두 가지 길은 출발은 달랐으나 레비의 마음속에 그 어떤 갈등도 빚지 않고 서로 영감을 불러일으키면서 평생을 나란히 달렸다. 이탈리아인이면서 유대인, 화학자이면서 작가라는 두 가지 모습을 한몸에 담고 있는 그는 자주 스스로를 이물질, 잡종이라 부르고 반인반수인 켄타우루스에 비유했다.

대학시절 레비는 친구들과 반파시즘 서클 활동을 하면서 토마스 만과, 스턴, 오웰, 헉슬리의 작품들에 심취했으며, 특히 프랑스 인문주의자 라블레에 매료되었다. 『가르강튀아와 팡타그뤼엘』은 훗날 자신의 두번째 작품 『휴전』의 등장인물들의 성격 묘사에 영향을 끼쳤다. 1943년 7월 무솔리니의 정권이 무너질 무렵, 지하조직인 행동당과 처음으로 접촉하게 되고, 그 시절 지식인이면 흔히 그랬듯이 레비 역시 동료들과 함께 로셀리 형제가 이끄는 저항운동단체 '정의와 자유'에 가담하여 빨치산으로서 발 다오스타 계곡으로 들어갔다. 그러나 그는 같은 해 12월 13일 파시스트 군대에 체포되어 이듬해인 1944년 2월 아우슈비츠로 압송되면서 한 치 앞도 내다볼 수 없는 거대한 운명의 소용돌이에 휩쓸리게 되었다. 홀로코스트라는 예기치 못한 비극적 경험은 그의 인생을 완전히 전복시켰고, 촉망받는 화학자의 길을 걷고 있던 평범하고 조용한 청년 레비를 작가의 길로 들어서게 했다. 역설적이게도 홀로코스트라는 가장 끔찍한 역사적 사건이 이탈리아 문학사에 길이 빛날 보석과도 같은 훌륭한 작가를 탄생시킨 것이다.

1963년에 출간된 『휴전』은 성홍열을 앓아 수용소의 병동에 입원한 레비가 러시아의 붉은 군대에 의해 해방을 맞은 뒤, 폴란드에서 러시아, 루마니아, 헝가리, 오스트리아, 독일을 거쳐 고향 토리노로 돌아오는 9개월간의 기나긴 여정을 피카레스크적 요소를 가미하여 흥미진진하고 생동감 넘치게 그린 작품으로, 레비 특유의 유머가 압권이다. 이 책은 여러 측면에서 첫 작품 『이것이 인간인가』의 제2부인 것처럼 보인다. 사실, 두 작품은 내용적으로도 연결선상에 있을 뿐 아니라 구조적으로도 서로 완벽한 대칭을 이루고 있다. 두 작품 다 한 편의 시로 시작되고, 독립적으로 완결된 내용과 구조를 가지고 있는 17개의 에피소드들로 구성되어 있으며, 첫번째 작품의 마지막 장면은 16년이라는 기나긴 휴면기를 지낸 뒤, 두번째 작품을 여는 첫 장면이 되어 돌아온다.

『휴전』은 첫 작품과 비교해가면서 각 장의 행 수, 각 페이지의 단어 수를 조사하고 그 단어들의 사용빈도까지 계산하는 치밀한 계획에 의해 탄생한 것으로, 마치 실험실에서 화학자가 갖가지 재료를 선별한 뒤 모든 조합의 개연성을 가늠하고 실험한 끝에 얻어낸 결정체와 같은 것이었다. 레비에게 언어는 단어라는 재료들을 엄선하고 정제하여 새로운 물질을 만드는 것으로, 실험재료처럼 손에 잡히는 구체적인 것이자 객관화되는 대상이다. 그의 문체가 군더더기 없이 깔끔하고 간결하며 객관적인 이유는 기본적으로 그의 과학자적인 자질에 있다. 레비에게 있어 글쓰기는 실험실에서의 작업과 같이 고도의 정교함과 치밀함을 요구하는 작업이며, 작가는 실험을 즐기는 화학자에 다름 아니다. 레비가 이러한 실험의 즐거움을 만끽했으며 매우 성공적인 결과를 도출했음은 작품의 곳곳에 나타난다.

『휴전』에서 레비는 때로는 자유롭고 더할 나위 없이 경쾌한 어조로, 때로는 인간 사회의 권력구조에 대한 비판의식과 섬세한 윤리적 성찰이 돋보이는 날카로운 어조로 모든 에피소드들을 역동적으로 이끌어간다. 그러나 무엇보다 돋보이는 부분은 날카로운 객관성을 견지하며 사람과 사물, 모든 사건을 관찰하면서도 레비 특유의 유머 넘치는 표현으로 묘사한다는 점에 있다. 이는 독자에게 유쾌한 웃음을 선사하고, 나아가 독자로 하여금 자칫 외면하고 싶은 부끄러운 인간 본성에 대한 작가의 성찰에 자신도 모르게 좀더 '가벼운' 마음으로 동참하게 만든다. 번역을 하면서 가장 어려웠던 점이 바로 이러한 그의 언어를 그대로 살리는 것이었다. 레비 특유의 유머가 가득한 그 독특한 언어를, 단어 하나하나를 고르고 또 골라 썼음이 역력한 그 뛰어난 언어의 묘미를 독자들에게 그대로 전달하기 위해 역자는 최선을 다하고자 했다. 가급적 원문에 충실하면서 역자 또한 단어 하나하나를 고르고 또 골라 정제된 우리말로 옮기려고 노력했으나 아쉬움은 여전히 남는다.

번역에 있어서 또 한 가지 어려운 점은 외국어 문제였다. 작품 속에서 레비는 독일어, 불어, 라틴어, 폴란드어, 러시아어, 이디시어 등의 여러 외국어를 자주 사용하고 종종 해석을 붙이지 않은 채 그대로 둠으로써 독자들을 당황스럽게 만든다. 그러나 이러한 외국어의 사용은 등장인물들이 처한 복잡한 혼돈의 상황 속으로 독자를 끌어들여 등장인물들이 느끼는 당혹스러움을 효과적으로 전달하려는, 그리고 사건의 현장을 다분히 영화적으로 생생하고 활기 있게 전달하려는 문학적 장치로서 작가의 의도가 담긴 것이다. 그러나 이탈리아어와 유럽의 다른 언어들과의 차이보다 우리말과 그것들과의 간극이 훨씬 더 크기 때문에 번역본에서는 불가피하게 각주를 단 부분들이 있지만, 작가의 의도를 존중하여 책을 읽어나가는 데 큰 방해가 되지 않는 선에서 가급적이면 '덜 친절하려고' 노력했다. 이 점은 독자들이 널리 양해해주기 바란다. 뛰어난 번역가이기도 했던 레비는 (특히 1983년에 그가 번역하여 에이나우디 출판사에서 출간된 카프카의 『심판』은 그 빼어난 번역으로도 유명하다) 자신의 작품이 제대로 번역되는지 확인하기 위해, 예컨대 일본어나 루마니아어의 경우 사전과 문법책을 사서 해당 번역판을 읽으려 노력하기까지 했다는데, 그런 그가 한글판 『휴전』을 본다면 무어라 했을까? '번역은 반역'이라지만 이 책에 그다지 큰 반역이 없다면 그것은 여러 사람들의 큰 도움이 있었기 때문이다. 함께 작업하는 동안 놀라운 텍스트 분석력과 언어적 감수성으로 나를 감탄해 마지않게 만들면서 부족한 역자의 능력을 채워준 김희진, 김태권, 소은주 님께 감사드린다. 그리고 특히, 난해한 레비의 작품을 내가 제대로 이해할 수 있도록 도와주고 이 책을 처음부터 끝까지 함께 읽으며 그 감동과 웃음과 전율의 순간들을 함께 나눈 이탈리아의 내 오랜 친구이자 동료, 파트리치아 마리아 키나 Patrizia Maria China에게 감사의 말을 전한다. 레비를 따라나선 이 여행길에 그녀가 함께 있어줘서 정말 행복했다.

2010년 초가을
이소영

부록 1 프리모 레비와 『일 조르노』지의 인터뷰 ✢

나는 화학자, 우연히 된 작가

그는 속이 비치는 얇은 반팔 셔츠에 회녹색의 여름 재킷을 입고 있다. 소매 아래로 매끄럽고, 깡말라 힘줄이 불거진 두 팔이 나와 있고 손목에는 유행 지난 사각 시계를 차고 있다. 그리고 그보다 약간 위로, 햇볕에 그을린 피부 위에 살짝 빛바랜 쪽빛으로 쓰여 있는 수인번호, 174517. 보기에도 그리고 느끼기에도 해프틀링 프리모 레비는 이게 다. 작고 왜소한 남자. 늘 입고 있는 그 스웨터에 유격대원 같은 분위기를 띤, 책의 표지 안쪽에 인쇄된 예의 그 사진에서 상상하게 되는 것보다 훨씬 더 연약한 모습. 그의 청춘을 불살라버리고, 작가로서의 운명을 새겨버린 수인번호. 소박하고 온화한 모습 속에 조용히 깃든, 모든 사실들, 다시

✢ 이 인터뷰는 1963년 8월 7일 이탈리아 일간지 『일 조르노』에 실렸다. 인터뷰 원고는 피에르 마리아 파올레티 기자가 정리한 것이다.

말해 구체적인 사람들과 사물들에 대해서 그가 즐기는 아이러니의 필터를 통해 여과되지 않은 직접적이고 격렬한 원한의 감정이라고는 들어 있지 않은 조용하고 점잖은 대화 속에 깃든 모질고 고집스러운 도덕적 엄격함. 그의 말대로, 가혹했던 자신의 과거에 만났던 괴물 같은 인물들—실제로 확실히 존재하는 말쑥한 아리아인들—아니, 좀더 정확히 말하면 동물학적 샘플들인 그들을 기괴하고 모욕적인 캐리커처로 만드는 일을 그가 아이러니를 통해 즐긴다는 점은 분명하다.

당연히 곧장 『휴전』에 대한 이야기로 들어간다. 절멸의 수용소로부터 돌아오는 자신의 오디세이인 『휴전』은 그의 첫 작품 『이것이 인간인가』의 번역본들이 나오고 국제적으로 인정을 받은 뒤, 올해의 스트레가 상이 발굴해낸 진정한 '발견'이다. "다른 사람들을 참여시키기" 위해서, 단숨에 써내려간 『이것이 인간인가』는 아우슈비츠에서 기적적으로 생환한 뒤 출판되었는데, 당시는 시대적으로 통상 작품들의 문학적 요소들이 그다지 큰 반향을 불러일으키지 못하는 시기였다. "스트레가 상 때문에 괴로워하진 않았어요." 피에몬테식 억양이 다소 강한, 높은 음성으로 그가 말했다. "제가 수상했다면 당연히 아주 기뻤겠죠. 하지만 수상하지 못했더라도 물론 기쁘기는 마찬가지였을 거예요. 저는 제가 말해야 했던 것을 말했을 뿐이에요. 아무튼 진정한 의미에서 문학세계로의 저의 첫 입문이었어요." 그는 잠시 말을 멈춘다. 자신의 생각을 매듭짓기 전에 한순간 경련하듯 눈꺼풀을 깜빡이면서 생각에 잠겨 혼자 미소 짓는 그 멈춤들 중 하나다. "그런데 저는 제가 일종의 이물질이란 걸 깨달

있어요."

"그 책을 왜 썼냐고요?" 그는 스스로 질문을 던지면서 말을 이었다. "휴전의 이야기는 제가 수년간 변함없이 친구들에게, 여기 토리노에 있는 몇 안 되는 내 친구들, 학창시절 옛 친구들에게 카페에서, 우리 집에서, 포$_{Po}$ 강 강변도로를 산책하면서 했던 이야기들을 모은 스토리예요. 친구들은 저더러 왜 그 얘기들을 출판하지 않느냐고 말하곤 했죠." 다시 잠깐 멈춤. "자유 시간과 제 자신의 욕구 그리고 친구들의 압력, 이 사이의 방정식이 완벽해진 날이 오기 전까지 그랬죠." 이물질, 방정식. 그의 언어는 정확하고 과학적이다. 그는 다시 말을 잇는다. "휴전을 집필하는 데 한 달에 한 챕터씩 200시간이 걸렸어요. 회사에서 퇴근한 뒤 저녁에만 글을 쓸 수 있었고, 작가로 변신하는 데 평균적으로 족히 한 시간은 걸린 것을 감안하면 책은 삼, 사백일 그러니까 1년 걸려 탄생했다고 할 수 있겠네요."

이제 피해갈 수 없는 질문을 할 차례다. 『휴전』의 갑작스러운 성공과 『이것이 인간인가』의 재출판 뒤에 지금은 자기 자신을 어떻게 생각하는지, 화학자의 일도 하는 작가로 생각하는지 아니면 두 권의 책을 쓴 화학자로 생각하는지? "아, 분명하게 말해두지만 저는 화학자예요. 오해 없으시길 바랍니다. 제가 쓴 두 권의 책은 우연히 쓴 겁니다."

알다시피 프리모 레비는 셋티모 토리네제의 수지 및 페인트 생산 공장의 기술 국장이다. 회사의 임원으로서 그는 고객들을 맞이해야 하고 그들에게 공장을 안내하고 설비들을 보여줘야 한다. 그닥 좋아하지는 않는 일이다. 가끔씩 공장에서 또는 독일의 라인 지방으로 나가는 잦은 출장에서 174517 문신을 새긴 깡마르고 매끈한 자신의 팔을, "레비입니다, 반갑습니다"라고 분명하게 또박또박 발음하면서(급소를 바로 찌르도록 먼저 성을 말한다) IG 파르벤 사와 협력하는 독일인 기업가들에게 보여줄 때의 만족감은 그 누구도 앗아갈 수 없지만.

기술자로서 그는 훨씬 더 즐거워한다. 일이, 그가 말하는 것처럼 자신의 진짜 직업이 그를 열광시킨다는 말이다. 고객이 그에게 어떤 특정한 기계적·기술적·전기적 조건하에 놓인 특수한 수지를 요구한다거나, 예를 들어 염분을 함유한 대기 속에 특정한 햇수 동안 특정한 온도에 견디는, 대서양 횡단선들의 난방기에 쓰이는 페인트를 요구할 때 그는 그것들을 연구해야 한다. 그러고는 저녁이면, 유년기의 그 집, 아피아 고도古道에 있는, 레 움베르토 가의 자유의 집으로 돌아가 (깔끔하고 쾌적한 그의 서재에는 자신이 좋아하는 책들이 말끔하게 정리되어 있는데 그 수가 엄청나다. 무엇보다 역설적 또는 반항적 판타지 작품들, 비용, 라블레, 스위프트, 콘래드 등이 있다. 이탈리아 고전은 소수인데 단테와 아리오스토가 있고 포스콜로나 레오파르디는 전혀 눈에 띄지 않는다. 그들은 고등학교 시절부터 레비의 기억 속에 영원히 '매몰되어 있다') 그가 반복해서 말하듯이, 허물을 벗고 작가가 된다. 그러나 결코 어쩌다 된 작가는 아니다. 그는 진정한 작가, 타고난 작가다. 그는 겸손하게 굴지만, 자신도 그것을 잘 알고 있다.

그토록 엄격하고, 비타협적이며, 피에몬테 성향이 강한 레비는, 자신은 우연히 두 권의 책을 쓴 화학자일 뿐이라고 주저 없이 말하는 유희를 즐길 줄 안다. 그러다가 친숙해지고 나면 진심을 말한다. 오랫동안 숙고해온, 간결하고 정확한 말로.

"어쨌든 지금은 아마도 화학자 일보다 글 쓰는 일이 더 재미있는 것 같아요. 하지만 남몰래 가꿔야 할 또 다른 소망이 있다면 그것은 합일점을 찾는 일이겠죠. 말하자면, 과학적 연구의 의미를, 실험실 안에서 벌어지는 일에 대한 환상적인 증거(사실 알고 보면 그다지 환상적이지만은 않은)를 대중에게 이야기하는 일인데 이것은 인간의 가장 오래되고 가장 신비스러운 감정들을 현대적인 모습으로 재현하는 일이고, 예를 들면 버팔로를 죽일 것인가 말 것인가, 구하는 것을 찾을 것인가 말 것인가를 결정할 때와 같은 불확실성의 순간을 재현하는 일이죠. 광부나 의사들, 또는 매춘부들의 삶에 대한 서술문학의 전통은 있죠. 하지만 화학자의 정신적 모험에 대한 것은 거의 없어요."

그는 바라보며 미소를 짓는다. 이게 다는 아니다. "환상과학은요?" 나는 그의 단편 작품들을 생각하며 그에게 물어본다. "그렇군요, 환상과학이 있군요. 이것 역시 나를 즐겁게 하고 열광시키는 수많은 주제들을 갖고 있어요. 저는 환상과학을, 변장하고 가면을 쓴 도덕적 이야기들로 바라보죠. 기술 국장으로서의 일이 허락하는 한에서, 자투리로 버리는 시간에, 아니 좀더 정확히 말하자면 힘들게 얻은 시간에 그 이야기들을 많이 쓰죠." 그 단편들을 책으로 엮을 의향은 없는지 물어보았다. "물론 몇 년 지난 다음이라면 전혀 나쁘지 않을 것 같은데요. 지금으로서는 내용상 『휴전』과 결부시키기에는 거의 이해하기 힘들겠죠." 예의 그 잠깐 멈춤. "몇 년 뒤에 출판사 측에서 동의한다면 말입니다"라고 덧붙인다.

"그렇다면, 수용소 경험에 대한 이야기는 완전히 끝난 건가요?" "네. 더 이상 쓸 게 없어요. 한마디도 없습니다. 내가 말해야 했던 것은 모두 말했어요. 완전히 끝났어요." 아마도 영감을 불러일으키는 테마로서는 끝났을지도 모른다. 그러나 등장인물들은 그의 마음속에 남아 있고 질문들도 남아 있다. 이 모든 일이 왜 벌어졌는지, 왜 "푸른 눈에 금발을 한 사람들은 본질적으로 사악한지"는 그의 말대로, 그가 아직 해답을 발견하지 못한 미스터리다. 레비는 종전 후 수년 동안, 화학시험의 시험관이었던 코만도 98의 판비츠 박사를 만나기 위해 고집스럽고 집요하게 지칠 줄 모르고 전 유럽을 찾아 헤맸다. 복수하기 위해서가 아니라 중단된 대화를 계속하기 위해서, 그 사람의 "인간의 (또는 비인간의) 내면적 기능"이 어떻게 이루어져 있는지 이해하기 위해서였다. 그리고 나서 그는 결국 판비츠가 사망했다는 것을 알게 되었다.

『휴전』에 나오는 변덕스럽고 광기 어리고 피카레스크적인 인간 군상들은? 그들은 언제나 다시 그의 이야기 속으로 돌아온다. 예를 들어, 체사레는 "태양의 아들, 온 세상의 친구"이자 허풍선이고, 사기꾼에, 다재다능하고 명랑하며 무모하고 천진난만하다. "당연히 그의 이름은 체사레가 아니지요. 하지만 제발 본명은 밝히지 말아주세요. 지금은 로마에 살고 있고, 재정적·도덕적 책임이 막중한 직책에 있어요. 내 책이 그에게 해를 끼칠 수도 있어요. 한번은 그가 내게 편지를 보냈는데 로마 사람들은 너무 똑똑해서 로마에서 일하기가 어렵다고 하더군요. 그가 말하는 일이라는 게 뭔지 아시겠지만, 그는 아무튼 북부로 오고 싶어했고 제가 그에게 아내를 구해줬으면 했죠. 『휴전』이 나온 후 그는 내게 더 이상 편지를 쓰지 않더군요. 어쩌면 그가 이해를 못했거나, 어쩌면 모욕을 받았다고 느꼈는지도 모르겠어요. 부탁이니 제발 그의 본명은 쓰지 말아주세요. 그가 저로 인해 그 어떤 방해도 받는 것을 원치 않아요."

레비는 '그리스인' 역시 방해받는 것을 원치 않았다. 『휴전』의 스무 쪽에 걸쳐 등장하는 인물인 모르도 나훔. 이미 모든 문학에 등장하는 유명한 인물 유형의 하나가 된 그는 슈퍼 그리스인이고 영악한 상인이자 무정부주의자에, 남자다움에 대한 자신의 이상한 원칙에 있어서 비타협적이며, 빛에 놀란 야행성 맹금류의 모습으로 그려진다. 테살로니키에 살고 있는 그의 본명은 당연히 모르도 나훔이 아니다. "제발 본명을 적지 말아주세요. 지금은 어쩌면 명예로운 직업을 갖고 있을지도 모르지요." 레비는 기꺼운 마음으로 그를 방문하고 싶지만 그를 알아보지 못할까봐, 그가 일상생활의 침전물을 모두 흡수해버려 예전의 그 모습이 아닌 퇴색한 그를 보게 될까 봐 두렵다.

아니다, 그는 절멸의 수용소에 대해서는 더 이상 아무것도 쓰지 않을 것이다. 해야 했던 모든 말은 다 했다. 가차 없이 냉정하게. 이제『휴전』은 캄피엘로 상 후보작으로 올라 있다. 이미 따놓은 당상이다. 이 사실에 대해 그는 너무나 당황한 듯하다. 그는 벨론치 가家 사람들에게 모욕이 될까 봐, 자신에게 "그토록 친절하게 대해준 그들"이 캄피엘로 상+을 수상할 거라는 사실을 레비의 치기 어린 복수로 생각할까 봐 걱정이다. "저와는 아무 상관 없이 벌어진 일이에요. 정말 아무 상관도 없습니다. 이 모든 것은 다른 사람들이 다 한 일이에요. 모든 일이 제 의지와는 상관없이, 아니 저도 모르게 벌어졌어요."

이제 프리모 레비 박사는 자리에서 일어나 상의에 단추를 채우고 감사를 표한 뒤 자리를 떠야 하는 것에 대해 사과한다. 그는 회사로 돌아가야 하는 것이다. 난해한 페인트와 수지들을 연구하기 위해, 중요한 고객들을, 어쩌면 금발 머리의, 털 한 오라기 없이 매끈한, IG 파르벤의 모범적인 전前 경영진을 안내해주기 위해서 말이다.

+ 이탈리아의 권위 있는 문학상 중 하나인 스트레가 상을 제정, 운영하고 있는 유명한 가문. 1963년 레비는 『휴전』으로 최종 결선에 올랐지만 3위에 그쳤고 이 상은 여류 소설가 나탈리아 진즈부르크의 『가족의 언어』Lessico Famigliare에 돌아갔다.
+ 1962년 제정된 문학상. 프리모 레비는 『휴전』으로 1963년 제1회 캄피엘로 상을 수상했다.

부록 2 프리모 레비 작가 연보

1919년　　프리모 레비는 7월 31일 토리노에서 태어나, 자기가 태어난 집에서 평생을 살아간다. 레비의 조상들은 스페인과 프로방스 출신으로 이탈리아 피에몬테 지방에 자리 잡은 유대인들이었다. 레비는 『주기율표』의 첫 장에서 그들의 관습과 생활 방식 그리고 은어들을 묘사했지만, 조부모에 대한 것 이외에는 개인적으로 그들에 관해 간직하고 있는 기억은 없었다. 친할아버지는 토목기사로 베네 바지엔나에 살았다. 할아버지는 그곳에 집과 작은 농장을 소유하고 있었고, 1885년 사망했다. 외할아버지는 포목상이었고 1941년 사망했다. 아버지 체사레는 1878년에 태어났고 1901년 전기공학부를 졸업했다. 외국(벨기에, 프랑스, 헝가리)에서 일한 뒤 1917년, 1895년생인 열일곱 살 연하 에스테르 루차티와 결혼했다.

1921년　　동생 안나 마리아 탄생. 프리모는 평생 동생과 강한 유대감을 지닌 채 살았다.

1925~1930년 초등학교에 다님. 건강이 좋지 않았다. 결국 초등학교 마지막에는 1년 동안 개인 교습을 받는다.

1934년 파시즘에 반대하는 저명한 교사들이(아우구스토 몬티, 프랑코 안토니첼리, 움베르토 코스모, 지노 지니, 노르베르토 보비오 등) 재직하기로 유명한 다첼리오 고등학교에 입학. 다첼리오 고등학교는 이미 '정화'되어 정치적으로 불가지론不可知論의 입장을 취했다. 레비는 수줍음을 많이 타는 모범생이었다. 화학과 생물학에 관심을 보였고 역사나 이탈리아어에는 별다른 관심이 없었다. 특별히 눈에 띄는 학생은 아니었지만 단 한 과목도 낙제하지 않았다. 고등학교에 입학하자마자 몇 달 동안은 체사레 파베제가 국어 교사였다. 파베제와 평생 동안 지속될 우정을 다진다. 토레 펠리체, 바르도네키아, 코녜에서 긴 방학을 보낸다. 산에 대한 애정이 싹트기 시작한다.

1937년 10월 대학입학자격시험에서 국어 시험을 다시 보게 된다. 토리노 대학 과학부의 화학과에 입학한다.

1938년 파시스트 정부가 최초의 인종법을 공포한다. 유대인들이 공립학교에 다니는 것이 법으로 금지된다. 그렇지만 이미 대학에 등록해 다니고 있던 사람들은 학업을 계속하는 것이 허용되었다. 레비는 유대인과 비유대인으로 결성된 반파시스트 서클에 나가기 시작한다. 아르톰 형제와 친구가 된다. 토마스 만, 올더스 헉슬리, 스턴, 베르펠, 다윈, 톨스토이의 책을 읽는다.

대학의 자유는 이런 소리를 들었을 때의 상처와 겹쳐졌다. "조심해. 넌 다른 학생들과 달라. 아니 다른 학생들보다 훨씬 가치가 없어. 넌 인색하고 이방인이고 더럽고 위험하고 믿을 수 없는 인물이야." 나는 공부에 더욱 몰두하며 무의식적으로 반항했다.

인종법은 나뿐 아니라 다른 사람들에게도 신의 섭리 같은 것이었다. 그것은 파시즘의 어리석은 불합리를 증명했다. 파시즘이 지닌 범죄자의 얼굴(말하자면 범죄자 마테오티의 얼굴)은 이미 잊혀졌다. 그것의 어리석은 측면만을 볼 수 있게 되었다. 〔……〕 우리 가족은 참을 수 없어하면서도 결국 파시즘을 받아들였다. 아버지는 마지못해 당에 가입하긴 했지만 어쨌든 검은 서츠를 입었다. 나는 바릴라 소년단(파시즘 체제하의 소년 훈련 조직)이었고 그 뒤 애국청년단원도 했다. 인종법은 다른 사람들에게 그랬듯 내게도 오히려 자유 의지를 되찾게 해주는 계기가 되었다.

1941년　　7월 레비는 최우등으로 대학을 졸업한다. 그의 졸업증서에는 '유대인'이라고 기재되었다. 레비는 부지런히 일자리를 찾았다. 가족의 생계가 막막했고 아버지가 말기 암 투병 중이었기 때문이다. 그는 란초의 석면 광산에서 반+합법적인 일자리를 구한다. 공식적으로 임금 대장에 오르지는 않았지만 화학연구소에서 일한다. 레비가 열심히 몰두한 문제는 폐기물에서 소량으로 발견되는 니켈을 분리하는 것이었다(『주기율표』의 「니켈」장 참고).

1942년　　밀라노, 반더 스위스 제약 공장에서 경제적으로 좀더 나은 일자리를 구한다. 이 공장에서 당뇨병 치료를 위한 신약 개발 업무를 맡는다.

이때의 경험은 『주기율표』의 「인」에서 이야기하고 있다.

11월 연합군이 북아프리카에 상륙한다.

12월 소련군이 스탈린그라드를 성공적으로 방어한다. 레비와 그의 친구들은 파시즘에 저항하는 몇몇 요인들과 접촉해 정치적으로 급속히 성숙해진다. 레비는 지하 조직인 행동당에 가입한다.

1943년 7월 파시스트 정권이 몰락하고 무솔리니가 체포된다. 레비는 미래의 국민해방위원회를 구성할 당들의 연락망으로 활발히 활동한다.

9월 8일 바돌리오 정부가 휴전을 선언하지만 "전쟁은 계속된다." 독일 무장군이 이탈리아 북부와 중부를 점령한다.

레비는 발 다오스타에서 활동하는 유격대에 합류하지만 12월 3일 새벽 다른 동료들과 브루손에서 체포된다. 레비는 카르피-포솔리 임시수용소로 보내진다.

1944년 2월 포솔리 수용소는 독일군의 감독을 받는다. 독일군은 레비와 노인, 여자, 어린이들을 포함한 다른 포로들을 아우슈비츠로 가는 화물 수송 열차로 보낸다. 여행은 5일 동안 지속된다. 아우슈비츠에 도착해 남자들은 여자와 아이들과 격리되어 30호 바라크로 보내진다. 레비는 자신이 아우슈비츠에서 생존한 것을 주변 상황이 운 좋게 돌아간 덕으로 돌린다. 독일어에 대한 충분한 지식 덕분에 그는 간수들의 명령을 잘 이해할 수 있었다. 게다가 1943년 말, 스탈린그라드에서의 패배 이후 독일에서는 노동력이 급격히 부족해져서 돈이 전혀 들지 않는 노동력인 유대인들을 이용하는 것이 불가피해졌다.

물자 부족, 노역, 허기, 추위, 갈증들은 우리의 몸을 괴롭혔지만, 아이러니하게도 우리 정신의 커다란 불행으로부터 신경을 돌릴 수 있게 해주었다. 우리는 완벽하게 불행할 수 없었다. 수용소에서 자살이 드물었다는 게 이를 증명한다. 자살은 철학적 행위이며 사유를 통해 결정된다. 일상의 절박함이 우리의 생각을 다른 곳으로 돌려놓았다. 우리는 죽음을 갈망하면서도 자살할 수 있다는 생각은 하지 못했다. 나는 수용소에 들어가기 전이나 그 후에는 자살에, 자살할 생각에 가까이 간 적이 있다. 하지만 수용소 안에서는 한 번도 없었다.

수용소에 머무르는 동안 레비는 다행히 병에 걸리지 않았다. 하지만 1945년 1월 소련 군대가 가까이 다가오는 가운데 독일군이 수용소를 비우며 병자들을 각자의 운명에 맡긴 채 버려두고 떠나던 바로 그때 성홍열에 걸렸다. 다른 포로들은 부헨발트와 마우트하우젠 수용소로 재이송당했고 거의 다 사망했다.

아우슈비츠에서의 내 경험은 내가 받았던 종교 교육 중 그나마 남아 있던 것을 모두 일소해버리는 것과 같았다. 〔……〕 아우슈비츠가 있다. 그러므로 신은 있을 수 없다. 이런 딜레마의 해결점은 아직 찾지 못했다. 찾고 있지만 찾지 못했다.

1945년   레비는 몇 달 동안 카토비체의 소련군 이동캠프에서 생활한다. 간호사로 일한다.

        6월 귀향이 시작된다. 이 여행은 터무니없게도 10월까지 이어진다. 레비와 그 동료들은 미궁 같은 여정을 통과해야만 했다. 처음에는 벨로루시, 우크라이나, 루마니아, 헝가리, 오스트리아를 거쳐 마침내 고국에 도착한다(10월 19일). 이때의 경험을 레비는 『휴전』에서 이야기한다.

1946년   전후에 피폐해진 이탈리아에 힘들게 복귀한다. 레비는 토리노 근교 아빌리아나에 있는 두코-몬테카티니 페인트 공장에 일자리를 구한다. 자신의 처참한 경험을 떨쳐버리지 못한 그는 열정적으로 『이것이 인간인가』를 쓴다.

> 『이것이 인간인가』에서 가장 크고 무겁고 중요한 이야기를 쓰려 애썼다. 분노의 테마가 우세해 보였다. 그러나 이 책은 거의 법적인 차원의 증언이었다. 고발을 하려는 의도가 담겨 있었던 게 틀림없지만—보복, 복수, 처벌을 야기시키려는 목적이 아니라—그저 증언을 하려 했을 뿐이다. 그래서 어떤 주제들은 다소 한 옥타브 낮은 주변적인 것으로 보이기도 했다. 그런 것들은 나중에 세월이 많이 흐른 뒤에 다루었다.

1947년   두코 사社를 그만둔다. 독립해서 친구와 잠깐 사업을 하지만 쓰라린 경험만 한다.

        9월 루치아 모르푸르고와 결혼한다. 레비는 에이나우디 출판사에 원고를 보내지만 형식적인 말과 함께 출판이 거부된다. 프랑코 안토니첼리의 소개로 책은 데실바 출판사에서 2,500부만 출판된다. 훌륭한 평가를 받았지만 판매 면에서 성공을 거두지 못했다. 레비는 작가-증언자로서의 자신의 임무를 다했다고 결론 내리고 화학자로서의 일에 몰두한다.

      12월 레비는 토리노와 세티모 토리네제 사이에 있는 조그만 페인트 공장 시바의 연구소에서 화학자로 일할 기회를 받아들인다. 불과 몇 달 뒤 그는 총감독이 되었다.

1948년   딸 리사 로렌차가 태어난다.

1956년   토리노에서 열린 수용소 전시회에서 놀라운 성공을 거둔다. 레비는 자신의 수용소 경험을 묻는 젊은이들에게 에워싸인다. 그는 자신의 표현 수단에 대한 신뢰를 되찾아 『이것이 인간인가』를 에이나우디 출판사에 다시 보낸다. 이번에는 출판사에서 이 책을 '에세이' 시리즈에 넣어 출판하기로 한다. 그 뒤 책은 중쇄를 거듭했고 여러 나라에서 번역된다.

1957년   아들 렌초가 태어난다.

1959년   『이것이 인간인가』가 영국과 미국에서 번역된다.

1961년   『이것이 인간인가』 프랑스어판과 독일어판이 나온다.

1962년   『이것이 인간인가』의 성공에 용기를 얻어 수용소 생활에서 돌아오던 모험으로 가득 찬 여행을 다룬 일기 『휴전』의 초고를 쓰기 시작한다. 전작과는 달리 이 작품은 계획에 의해 쓴다. 레비는 밤과 휴일, 휴가 때 글을 써서 한 달에 한 장(章)씩 정확하게 완성시킨다. 단 한 시간도 근무 시간을 빼서 쓰지 않았다. 그의 생활은 가정, 공장, 글쓰기 이 세 영역으로 정확히 구분되어 있었다. 철저히 화학자로서 활동한다. 독일과 영국으로 몇 차례 출장을 다녔다.

> 『휴전』은 『이것이 인간인가』를 발표하고 14년 후에 썼습니다. 그러니까 훨씬 더 의식적이고 문학적이고 언어 면에서도 훨씬 더 많은 공을 들였습니다. 사실들을 이야기했지만 그것은 여과된 사실들입니다. 이 책 이전에 수없이 구두로 발표했습니다. 저는 모든 모험을 여러 계층의 사람들에게(특히 중학생들에게) 수없이 이야기했고, 그러면서 차츰차츰 그 모험들은 더 호의적인 반응을 불러일으킬 만한 방향으로 수정되어갔습니다.

1963년 4월 에이나우디 출판사에서 『휴전』을 출판하고 매우 호의적인 평가를 받는다. 이탈로 칼비노가 표지글과 추천사를 썼다.

9월 베네치아에서 『휴전』으로 제1회 캄피엘로 상을 수상한다.

1964~1967년 연구실과 공장의 업무를 통해 영감받은 생각들을 정리해서 과학기술을 배경으로 한 단편들을 써서 『일 조르노』와 다른 신문에 발표한다.

1965년 폴란드에서 거행한 아우슈비츠 해방 20주년 기념식을 위해 아우슈비츠를 방문한다.

> 다시 아우슈비츠를 찾았으나 그것은 생각보다 그리 극적이지 않았다. 너무 소란스러웠고 주의를 집중하기도 힘들었으며 모든 것이 너무나 잘 재정돈되어 있었고 건물 정면은 너무 깨끗했으며 대부분의 대화들이 형식적이었다.(1984년 인터뷰에서)

1967년   그동안 쓴 단편들을 『자연스러운 이야기』라는 제목으로 출간한다. 다미아노 말라바일라라는 필명을 사용한다.

1971년   두번째 단편집 『형식의 결함』을 발표하는데 이번에는 본명을 사용한다.

1972~1973년   소련으로 수차례 출장 간다(『멍키스패너』, 『멸치 1』, 『멸치 2』 참고).

>나는 톨리야티를 방문했다. 그리고 소련인들이 우리 숙련공들을 존경 어린 마음으로 대한다는 것에 주목했다. 나는 이런 사실에 호기심을 느꼈다. 그 숙련공들과 구내식당에서 나란히 앉아 식사를 하게 되었다. 그들은 위대한 인류의 기술적인 유산을 상징했다. 그러나 그들은 익명의 존재들로 남겨질 뿐이었다. 아무도 그들에 대해 글을 쓰지 않기 때문에……. 『멍키스패너』는 어쩌면 바로 그곳, 톨리야티에서 탄생했는지 모른다. 게다가 그곳이 소설의 배경이기도 하다. 도시 이름은 한 번도 확실히 거명된 적이 없지만.

1975년   퇴직을 결심하고 시바 총감독 자리를 떠난다. 2년 동안 고문으로 일하게 된다. 레비는 샤이빌러에서 그동안 쓴 시들을 모아 『브레마의 선술집』이라는 제목의 시집을 낸다.

회고록·명상록의 성격을 띤 『주기율표』를 출판한다.

1978년   철탑, 다리, 석유시추 설비들을 건설하기 위해 전 세계를 떠도는 피에몬테 출신의 노동자 파우소네의 이야기 『멍키스패너』를 출판한다.

주인공은 사람들과의 만남, 모험, 자신의 일에서 매일 부딪히게 되는 어려움들을 이야기한다.

> 이 책은 '창조적인' 노동 혹은 간단히 말해 노동에 대한 재평가를 겨냥한다. 존재하는 수천 명의 파우소네의 노동이든, 다른 직업과 다른 사회적인 노동이든 노동은 창조적일 수밖에 없다……. 파우소네는 내가 책에서 암시했듯이, 실존하지 않으면서도 존재한다. 그는 내가 알았던 실존 인물들을 응집시킨 인물이다…….

1980년 7월 『멍키스패너』로 스트레가 상을 수상한다.
『멍키스패너』 프랑스어판 출간. 저명한 인류학자 클로드 레비스트로스는 이렇게 썼다.

> 매우 즐겁게 읽었다. 내가 특히 노동에 대한 대화를 좋아하기 때문이다. 이런 면에서 프리모 레비는 위대한 민속학자다. 게다가 책도 정말 재미있다.

1981년 줄리오 볼라티의 제안으로 에이나우디 출판사에서 개인 작가 선집, 즉 그의 문화적 형성에 영향을 주었거나 좀더 단순하게는 자신과 닮았다고 느끼는 작가들의 작품을 모은 책을 준비한다. 이 책은 『뿌리 찾기』라는 제목으로 출판된다.
11월 1975년부터 1981년까지 쓴 단편들을 『릴리트와 단편들』이라는 제목으로 출판한다.

> 단편들을 모아보려고 했다. 그리고 이따금 단편들을 끝내면서 그것들을 분류해보니, 『이것이 인간인가』와 『휴전』의 테마를 다시 다룬 첫번째 그룹의 단편들이 모아졌다. 두번째로는 『자연스러운 이야기』와 『형식의 결함』의 테마를 다룬 것들이었고 세번째는 어느 정도는 실제적인 등장인물들의 그룹이다.

1982년   4월 소설 『지금이 아니면 언제?』를 발표한다. 출간하자마자 대성공을 거둔다. 이 작품으로 6월에는 비아레조 상을, 9월에는 캄피엘로 상을 수상한다. 두번째로 아우슈비츠를 방문한다.

> 우리 일행은 몇 명 되지 않았다. 이번에는 깊은 감동을 받았다. 나는 처음으로 아우슈비츠에 있던 수용소 가운데 하나로 가스실이 있었던 비르케나우 기념관을 방문했다. 철로가 보존되어 있었다. 녹슨 철로는 수용소 안으로 이어져 일종의 텅 빈 공간 가장자리에서 끝났다. 앞에는 화강암 벽돌로 만든 상징적인 기차가 있었다. 벽돌마다 나라의 이름이 하나씩 적혀 있었다. 선로와 벽돌들. 기념관은 이것이었다. 나는 감각을 되찾았다. 가령 그 장소의 냄새 같은 것 말이다. 무해한 냄새. 석탄냄새인 것 같았다.

8~9월 이스라엘의 레바논 침공. 사브라와 샤틸라 팔레스타

인 구역에서 대학살이 일어난다. 레비는 특히 9월 24일 『라 레프블리카』에 발표된 잠파올로 판사Giampaolo Pansa와의 대담에서 자신의 입장을 밝힌다.

> 우리 디아스포라 유대인들은 두 가지, 즉 도덕적인 것과 정치적인 면에서 베긴 수상에 반대할 수 있다. 먼저 도덕적인 것은 다음과 같다. 아무리 전쟁 중이라 해도 베긴과 그의 동료들이 보여주었던 잔인한 오만함을 정당화할 수 없다. 정치적인 주장도 이와 마찬가지로 분명하다. 이스라엘은 지금 완전한 고립의 상태 속으로 급속히 추락하고 있다. 〔……〕 우리는 보다 냉철한 이성으로 현재 이스라엘 지도부의 실수에 판결을 내리기 위해 이스라엘과의 감정적인 연대감을 억눌러야만 한다.

『지금이 아니면 언제?』가 프랑스어로 번역된다. 줄리오 에이나우디의 권유로 '작가가 번역한 작가' 시리즈를 위해 카프카의 『심판』을 번역하기 시작한다.

1983년 레비스트로스의 『가면을 쓰는 법』 번역. 카프카의 『심판』 번역 출간. 레비스트로스의 『먼 곳으로부터의 시선』 번역. 번역 문제에 대해서는 『타인의 직업』에 수록된 「번역한 것과 번역된 것」을 참조.

1984년 6월 토리노에서 물리학자 툴리오 레제를 만난다. 두 사람 사이의 대담은 녹음되어 코무니타 출판사에서 『대화』라는 제목으로 12월에 출판된다.

10월 1975년 샤이빌러에서 이미 출판되었던 27편의 서정시와 일간지 『라 스탐파』에 발표했던 34편의 시, 그리고 스코틀랜드의 무명 시인, 하이네와 키플링 시를 번역해 모은 시집 『불확실한 시간에』를 가르잔티 출판사에서 출판한다.

11월 『주기율표』가 미국에서 번역되어 출판, 비평가들의 극찬을 받는다. 특히 솔 벨로우의 다음과 같은 평가가 커다란 반향을 일으킨다.

> 우리는 항상 꼭 필요한 책을 찾는다. 『주기율표』 몇 페이지를 넘기자 나는 바로 거의 감사와 기쁨에 빠져 이 책에 몰입하게 되었다. 이 책에는 과도한 겉치레 따위는 전혀 없다. 모든 게 없어서는 안 될 본질적인 것들이다. 놀라울 정도로 순수하고 번역도 뛰어나다.

솔 벨로우의 이러한 평가에 영향을 받아 레비의 책들이 여러 나라에서 번역된다. 이에 덧붙여 닐 애컬슨(『뉴욕타임스 북리뷰』), 앨빈 로젠펠트(『뉴욕타임스 북리뷰』), 존 그로스(『뉴욕타임스』)의 매우 호의적인 서평이 뒤를 이었다.

1985년   1월 주로 『라 스탐파』에 발표했던 50여 편의 글을 모아 『타인의 직업』이라는 제목으로 발표한다.

2월 『아우슈비츠 소장 루돌프 회스의 자전적 기억』 문고판의 서문을 쓴다.

4월 미국에서 어빙 하우의 서문이 실린 『지금이 아니면, 언제?』가 번역되는 것과 때를 맞춰, 그리고 여러 대학의 강연을 위해 미국을 방문한다.

1986년　　4월 아우슈비츠의 경험에서 우러난 사유를 집대성한 책 『가라앉은 자와 구조된 자』 출간. 미국에서 『멍키스패너』와 『릴리트』에서 발췌된 단편들이 '유예의 순간'Moment of reprieve이라는 제목으로 번역 출간된다. 『지금이 아니면 언제?』가 독일에서 번역된다. 런던과(여기서 필립 로스를 만난다) 스톡홀름을 방문한다.

　　　　　　9월 토리노에서 로스의 방문을 받는다. 그에게 『뉴욕타임스 북리뷰』에 실릴 대담 제의를 받아 동의했다.

1987년　　3월 『주기율표』 프랑스어판과 독일어판 출간. 외과 수술을 받는다.

　　　　　　4월 11일 토리노 자택에서 사망했다.

부록 3 작품 해설

이 책은 20세기 이탈리아를 대표하는 작가 프리모 레비의 자전적 소설이다.

저자인 프리모 레비는 한국에서는 최근까지 거의 알려지지 않았지만, 2007년에 그의 대표작 『이것이 인간인가』와 『주기율표』가 동시에 출간되어 지금은 꽤 알려진 존재가 되었다. 이 책은 한국에서 간행되는 프리모 레비의 세번째 작품이다.

프리모 레비는 아우슈비츠 강제수용소의 생존자이며 그 경험을 기반으로 한 작품으로 세계적인 '증언문학' 작가 중 한 사람이 되었다. 그는 또한 온 생애에 걸쳐 평화를 위한 살아 있는 증인으로서 활동했지만, 1987년 4월에 토리노의 자택에서 자살하여 전 세계에 충격을 주었다(자세한 내용은 『이것이 인간인가』의 해설 및 서경식의 『시대의 증언자 쁘리모 레비를 찾아서』를 참조하기 바란다).

이 책 『휴전』은 레비의 두번째 작품이며 『이것이 인간인가』의 속편이라고도 할 수 있는 작품이다. 첫번째 작품은 아우슈비츠로 수용되어 해방되기까지의 과정을 다루고 있고, 이 책은 해방에서 귀향까지의 혼란과 고난에 가득 찬 방랑의 나날을 그리고 있다.

제2차 세계대전 말기, 반파시즘 저항운동 참가로 파시스트군에 체포된 레비는 유대계였기 때문에 아우슈비츠로 송치되었다. 아우슈비츠에서는 가스실행을 피해 통상 '부나'라고 불리는 제3수용소에서 가혹한 강제노동을 하게 됐다. 거기에서 대다수의 수인囚人이 나치의 '노동에 의한 절멸' 정책에 희생되었다.

아우슈비츠 수용소는 1945년 1월 27일, 소련군에 의해서 해방되었다. 그 시점까지 살아남은 수인 중 5만 8,000명은 철군한 독일군에 의해 연행되어 대부분은 그 '죽음의 행진' 도중에 목숨을 잃었다. 소련군에 의해 구출된 사람은 중병 때문에 수용소에 남겨졌던 약 7,000명에 불과했다. 프리모 레비는 그 생존자 중 한 사람이었다.

하지만 그는 곧장 토리노로 귀향할 수 없었다. 『휴전』의 청소년판(이 책의 「작가의 말」 참조)에는 저자 자신이 서문을 썼는데, 거기에서 저자는 이렇게 적고 있다.

> 이탈리아에 빨리 귀국하고 싶다는 우리들의 희망은 실망으로 바뀌어야 했다. 이유는 알 수 없었지만, 어쩌면 그저 전쟁이 유럽 전역에 그리고

특히 러시아에 남겨놓은 극도의 혼란 때문이었는지, 우리들의 귀국은 10월이 되어서야 겨우 실현되었다. 그것은 폴란드, 우크라이나, 벨로루시, 루마니아, 헝가리, 오스트리아를 통과하는, 예측 불가능하고 부조리한 너무도 긴 여정을 거쳐야 했다. (이 책의 11쪽)

귀국 후 레비는 앞서 서술한 첫번째 작품 『이것이 인간인가』를 썼지만 생활을 위해 또한 그 자신이 가지고 있던 전문 지식과 기능을 활용하기 위해 화학공장에서 기사로 일했다. 그리고 첫번째 작품을 쓰고 15년이 흘러 그 속편인 이 책을 썼던 것이다.

『이것이 인간인가』는 성공을 거두었지만, 나 자신을 완전한 작가로 느끼게 할 정도는 아니었다. 나는 내가 말해야 했던 것을 말했고, 화학자로서의 일을 재개했다. 나에게 펜을 쥐도록 강요한 그 필요성을, 이야기해야 할 그 필연성을 나는 더 이상 느끼지 않았다. 하지만 이러한 새로운 경험은 내 일상적인 직업의 세계에서는 너무 생소한 것이었다. 쓴다는 체험, 무에서의 창조, 올바른 말을 찾고 발견하는 일, 균형 잡힌 표현력이 넘치는 어떤 문장을 만들어내는 일은 너무나도 강렬하고 행복한 경험이었기 때문에 또다시 그런 시도를 하고 싶어졌다. 나는 아직 해야할 말을 한참 가지고 있었다. 그것은 숙명적이고 불가피하며 공포스러운 일이 아니라, 슬프고도 유쾌한 모험, 광활하고 기묘한 국가들, 여행길의 무수한 친구들의 나쁜 짓, 제2차 세계대전 후 유럽의 다채롭고 매력적인 혼돈 등이었다. 당시 유럽은 자유에 취해서 새로운 전쟁의 불안에 떨고 있었다. 이것이 『휴전』, 즉 긴 귀환의 여정을 그린 이 책의 주제이다. (이 책의 12~13쪽)

여기에서 레비 자신이 밝힌 것처럼, 이 책은 해방 직후 마음속에서 분출하는 것의 명령에 따라 한 번에 다 써내려간 첫번째 작품과는 다르며, 숙성에 필요한 충분한 시간을 들여 심사숙고한 구성과 탁월한 선택에 의해서 쓰인 문학작품이다. 그런 의미에서 프리모 레비가 작가로서 쓴 최초의 작품이라고 해도 무방할 것이다. 이 작품은 문학적으로 높은 평가를 받아 1963년 제1회 캄피엘로 상을 수상했다.

이번에 나는 이 해설을 쓰기 위해서 이 책을 다시금 읽었지만 이전에 몇 번씩이나 읽었음에도 이번에 또 그 재미에 빠져들어 몇 군데에서는 읽으면서 소리 내어 웃고 말았다. 잔학, 기아, 죽음, 나쁜 짓, 범죄……, 인간이 지닌 어둡고 부정적인 측면을 묘사하고 있는데도 이만큼 흥미롭고 재미있는 것은 왜일까? 특히 이 책에 등장하는 인물들이 너무나 기묘하고 강렬하여 현실의 존재라고는 생각할 수 없을 정도인데, 레비의 펜의 힘에 의해 모두가 생생한 실재감을 갖추고 있는 것이다.

여기서 레비가 묘사한 것은 우리들 일상의 상식이나 통념을 초월한 현실에 내던져진 인간들의 불가사의하고, 공포스럽고, 흥미로우며, 기묘하게 매력적인 초상肖像 모음집이다.

예를 들어 후루비넥이라는 아이의 묘사를 보자.

> 후르비넥은 아무도 아니었다. 죽음의 자식, 아우슈비츠의 자식이었다. 아이는 세 살가량 되어 보였고 아무도 그에 대해 아는 바가 없었다. 아이는 말할 줄 몰랐고 이름도 없었다. 후르비넥이라는 이상한 이름은 우리가, 아마도 여자들 중 한 명이 그랬을 터인데, 어린아이가 가끔씩 내뱉는 분명치 않은 소리들 가운데 하나를 후르비넥으로 해석하여 그에게 붙여준 것이었다. 아이는 허리 아래로 마비가 되었고 위축된 두 다리는 꼬챙이처럼 가늘었다. 그러나 수척한 삼각형의 얼굴 속에 푹 꺼진 아이의 두 눈은 끔찍하리만치 생생하게 빛을 발하고 있었고, 요구와 주장들로, 침묵의 무덤을 깨부수고 나오려는 의지로 가득했다. (이 책의 33~34쪽)

아우슈비츠에서 자란 헤넥이라는 소년이 후루비넥을 보살피며 말을 할 수 있도록 한다. 하지만 후루비넥은 죽고 말았다. "그에 대한 건 아무것도 남아 있지 않다. 그는 이렇게 나의 말을 통해 증언한다."라고 레비는 쓰고 있다.
또한 이 책의 등장인물 중에서 1, 2위를 다툴 정도로 인상적인 '그리스인'의 묘사.

> 그는 모국어 외에도 (테살로니키 출신의 모든 유대인들처럼) 스페인어, 프랑스어를 구사했고 이탈리아어는 유창하진 않았지만 발음이 좋았다. 또한 터키어와 불가리아어도 할 줄 알았고 알바니아어도 조금은 알고 있었다. 마흔 살인 그는 다소 큰 키였지만 근시안처럼 머리를 앞으로 내

밀고 구부정하게 걸었다. 머리카락도 피부도 붉은 그는 희멀건, 물기 어
린 커다란 두 눈과 큰 매부리코를 가졌는데 이것은 그의 페르소나 전체
에 강탈적인 면과 저지당한 듯한 인상을 동시에 부여하고 있었다. 거의
빛에 놀란 야행성 조류나 자신의 고유한 환경을 벗어난 육식 어류의 모
습과 흡사했다. (이 책의 54쪽)

프리모 레비는 이 그리스인 모르도 나훔과 해방 직후의 혼란 속을 얼마
간 함께 행동했지만, 그것은 주인과 노예, 스승과 제자, 형과 동생과 같
은 관계였다. 나훔은 낡은 구두가 찢어져 곤란을 겪고 있던 레비를 "넌
바보냐"라고 질책했다. 이런 상황에서 가장 중요한 것은 구두이며, 그다
음이 먹을 것이라고. 왜냐하면 구두가 없으면 먹을 것을 구하러 돌아다
닐 수 없기 때문이다. "하지만 전쟁은 끝났다"라고 대답하는 레비에게
나훔은 "전쟁은 늘 있는 거야"라고 "잊을 수 없는 대답"을 내뱉는다.

그의 인생은 전쟁으로 점철되었고 자신의 이러한 철의 세계를 거부하는
자는 눈 멀고 비겁한 사람으로 간주했다. 라거는 우리 두 사람 모두에게
도래했다. 그런데 나는 라거를 세계의 역사와 나의 역사의 어떤 추악한
변형으로, 괴물스러운 뒤틀림으로 인식한 반면, 그는 이미 알려진 사실
들의 슬픈 확인으로 인식했다. '전쟁은 늘 있다', '인간을 잡아먹는 늑
대는 바로 인간이다'라는 오래된 이야기였다. 그는 아우슈비츠에서 보
낸 2년에 대해서는 나에게 결코 말하지 않았다. (이 책의 78~79쪽)

소련군의 젊은 종군 간호사 갈리나의 묘사도 훌륭하다.

> 갈리나에게는 걱정이라고는 그림자도 찾아볼 수 없었다. 아침이면 머리 위에 아슬아슬하게 빨래통을 이고 종달새처럼 노래를 부르면서 세탁장으로 가는 그녀를 만날 수 있었다. 사령부의 사무실에서는 타자기를 두들기는 맨발의 그녀를 볼 수 있었고, 일요일에는 매번 다른 병사와 팔짱을 끼고서 보루 위를 산책하는 모습을 볼 수 있었다. (중략) 그녀는 영리하고 순진했으며, 약간의 바람기가 있었고 매우 명랑했다. 또 특별히 교양 있는 것도 아니고 특별히 진지하지도 않은 시골 처녀였다. 그런데도 그녀의 내부에서 그녀의 동지이자 친구이자 약혼자들이 가진 것과 똑같은 덕목이, 똑같은 존엄성이, 노동을 하고 노동하는 이유를 아는 자의 존엄성이, 투쟁을 하고 자신이 옳다는 것을 아는 자의 존엄성이, 생을 앞에 둔 자의 존엄성이 꿈틀거리는 것을 볼 수 있었다. (이 책의 101~102쪽)

이런 식으로 인용하기 시작하면 한도 끝도 없다. 또 한 명의 중요한 등장인물인 체사레에 대해서도 그 묘사의 재미를 직접 이 책에서 맛보기 바란다.

독자 여러분도 아마 눈치 챘겠지만 레비는 결코 자신을 대상과 깊이 일체화하려고 하지 않는다. 대상의 심리나 감정을 길게 묘사하거나 하지 않는다. 오히려 대상을 객관적으로 관찰하고 그 외모와 생태의 특징을 정확하고 짧은 언어로 묘사한다. 마치 동물학자나 곤충학자인 듯한 시선과 재주다. 동물이나 곤충의 심리를 묘사하고 더구나 그것을 상투적인 도덕률로 심판해봤자 도대체 무엇이 된다는 말인지? 그것과 마찬가지로 강제수용소나 전쟁 직후의 황폐 속으로 내던져진 인간들의 행동을 일상의 상식으로 판단하여 어쩌라는 것인지?

오히려 레비는 인간들의 행동에 억누를 수 없는 호기심을 품고 그것을 관찰하고 과학자와 같은 재주로 분류 정리하여 기록하는 것이다. 지극히 무거운 주제임에도 읽고 있는 우리들의 흥미를 끌어내는 것은 그 건조한 필치와 속도감 넘치는 문체의 힘일 것이다. 인간의 혼을 파괴하는 강제수용소를 체험하면서 레비가 그와 같은 인간에 대한 생생한 흥미, 편견 없는 관찰자의 눈, 정확한 기억력을 지닐 수 있었다는 것, 게다가 그것을 이만큼 생기 넘치는 초상화로 묘사했다는 것에 우리 독자는 놀라지 않을 수 없을 것이다.

이 책은 아우슈비츠라는 실재의 지옥에서 해방되어 귀환하는 서사인 만큼 전체적으로 '혼돈 중의 명랑함'이라고 할 만한 톤으로 일관하고 있다. '독일인'적인 규율이 어둡고 차가운 세계에, 러시아적인 혼돈의 세계의 축제 분위기가 선명하게 대비되어 있다. 하지만 물론 이 작품이 그저 낙천적인 것만은 아니다. 그 점은 『휴전』이라는 제목 그 자체에 드러나 있다. 그 명랑한 세계는 짧게 붕괴하기 쉬운 '휴전' 동안의 세계일 뿐이며 금방이라도 다음 전쟁이 시작될지 모르는 것이다. 그리스의 현인 나훔이 말한 대로 인간의 삶은 "늘 전쟁"인 것이다.

수용소에서 해방되어 얼마 지나지 않아 레비는 한 시골 마을에서 친절한 폴란드인 변호사가 통역을 해주어서 호기심 가득 그를 둘러싼 폴란드인들에게 수용소에 대해, 즉 "문명 세계를 향해 쏟아내야 할 절박한 이야기들"을 맹렬한 기세로 이야기했다. 하지만 변호사는 마을 사람들에게 그가 '유대인'이라고 통역하지 않고 '정치범'이라고 밝혔다. 레비가 놀라서 항의하자 변호사는 "당신에게는 그게 더 낫습니다. 전쟁은 아직 끝나지 않았으니까요"라고 대답했다. "내 청중들은 하나둘 가버렸다. 그들도 그 사실을 이해했음에 틀림없었다. 나는 이와 비슷한 무언가에 대한 꿈을 꾼 적이 있었다. 아우슈비츠에서 보낸 밤들 동안, 우리 모두가 꾸었다. 말을 하지만 들어주지 않는, 자유를 되찾았지만 외톨이로 남는 꿈들을."

8개월에 걸친 방랑의 끝에 드디어 레비는 토리노의 자택에 도착했다. 이 서사는 거기에서 끝을 맺는다. 하지만 그것은 해피엔딩이 아니다. 자택에서 잠든 그는 공포로 가득 찬 꿈을 꾸었던 것이다.

> 내가 다시 라거 안에 있고, 라거 밖에 있는 그 무엇도 진짜가 아니었다는 사실이다. 나머지는, 가족과 꽃이 핀 자연과 집은 짧은 휴가 또는 감각들의 속임수, 곧 꿈이었다. 이제 안의 꿈, 즉 꿈속의 꿈, 평화의 꿈은 끝이 난다. 차갑게 계속되는 바깥의 꿈속에서 나는 익히 알려진 어떤 목소리를 듣는다. 고압적이지도 않고 오히려 짧고 낮은 한마디다. 아우슈비츠에서 들려오는 새벽의 명령 소리, 두려워하면서 기다리는 외국어

한마디, '브스타바치'. (이 책의 328~329쪽)

이 결말이 해방의 기쁨을 구가하는 것이 아니라 다음에 올 위기 혹은 이미 시작된 위기에 대한 경종인 것은 두말할 필요도 없다.
이 작품 이후로도 프리모 레비는 화학 공장에 기술자로 근무하면서 소설, 에세이, 시를 계속 썼다. 『멍키스패너』(1975)로 스트레가 상, 『지금이 아니면 언제?』(1982)로 비아레조 상을 수상하는 등 현대 이탈리아 문학계에서 중요한 지위를 차지했지만, 1987년에 자살했다. 유서처럼 남겨진 최후의 평론집은 『가라앉은 자와 구조된 자』(1986)이다.
『휴전』은 프란체스코 로시 감독에 의해 〈아득한 귀향〉(원제: The Truce)이라는 제목으로 영화화되었다. 하지만 이 영화는 원작에 충실하지 않았다. 프리모 레비가 남긴 메시지의 가장 중요한 부분이 자의적으로 왜곡되었거나 누락되어 있었다. 그것이 가장 잘 드러난 장면은 프리모 레비 등 이탈리아인 수인을 실은 귀환열차가 뮌헨 역에 일시 정차하는 장면이다. 영화에서는 역에서 노역에 종사했던 전 독일군 병사가 그들에게 발각되었을 때 레비가 유대인임을 나타내는 수인복을 보여주자 그 독일인은 회한과 고뇌의 표정을 지으며 풀이 죽어 무릎을 꿇었다.
하지만 원작에서는 그 장면이 정반대로 그려져 있다.

> 잔해로 가득한 뮌헨의 거리들을 배회하면서 나는 마치 각자가 내게 무언가를 갚아야 하지만 갚기를 거부하는 것처럼, 지불 불능의 채무자 무

리들 사이를 헤매고 다니는 것 같았다. (중략) 그들 각자가 우리에게 당연히 질문을 할 것이라고, 우리가 누구인지 우리 얼굴에서 읽을 것이라고, 겸손하게 우리의 이야기를 경청할 것이라고 나는 기대했다. 그러나 아무도 우리의 눈을 쳐다보지 않았고 아무도 대면해서 이야기하려 하지 않았다. 그들은 귀머거리, 벙어리에 장님이었다. 의도적인 무지의 요새 속에 있는 양 자신들의 폐허 속에 피신해 방어하고 있었다. 그들은 아직도 강하고, 아직도 증오와 멸시를 할 수 있는, 오만과 죄의 그 오래된 매듭에 묶인 포로들이었다. (이 책의 323~324쪽)

로시 감독의 영화가 제작된 것은 1996년. 프리모 레비의 죽음으로부터 거의 10년이 지난 시점이다. 이 입맛대로 잘 만들어진 오락영화를 보았을 때, 나는 이제 겨우 사후 10년이 지난 시점에 프리모 레비도 이렇게 감상적으로 윤색되어 화석화되어가는 것일까 하고 생각했다. 아우슈비츠의 증언이 화석화되는 것에, 즉 무력화되는 것에 프리모 레비가 그토록 저항했건만.

우리들은 이 『휴전』이라는 작품의 더할 나위 없는 재미를 즐기는 동시에 레비가 울린 경종에도 숙연히 귀를 기울여야 한다. 이 『휴전』이라는 말이 우리 한민족에게는 더욱 특별한 현실감을 띠고 있음은 굳이 덧붙일 필요도 없을 것이다.

2010년 8월

서경식

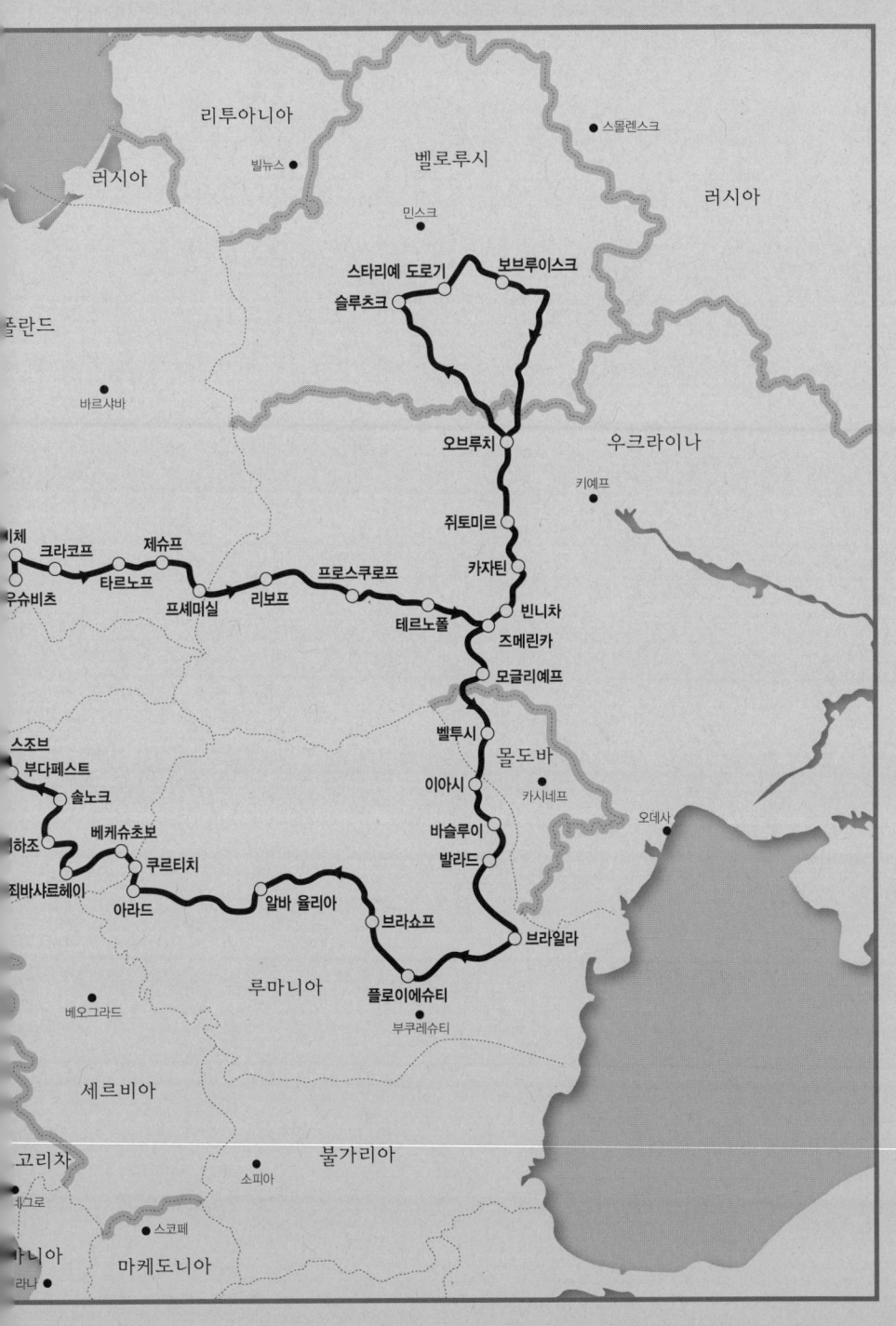